应然追求

小学数学教师教学行为的

XIAOXUE SHUXUE JIAOSHI JIAOXUE XINGWEI DE

YINGRANZHUIQIU

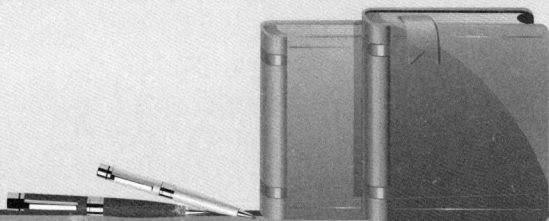

邢 艳 著

天津社会科学院出版社

图书在版编目（CIP）数据

小学数学教师教学行为的应然追求 / 邢艳著.

天津：天津社会科学院出版社, 2024. 8. -- ISBN 978

-7-5563-1004-3

Ⅰ. G624.502

中国国家版本馆 CIP 数据核字第 20249G9J53 号

小学数学教师教学行为的应然追求

XIAOXUE SHUXUE JIAOSHI JIAOXUE XINGWEI DE YINGRANZHUIQIU

选题策划：柳　晔
责任编辑：柳　晔
装帧设计：高馨月
出版发行：天津社会科学院出版社
地　　址：天津市南开区迎水道 7 号
邮　　编：300191
电　　话：（022）23360165
印　　刷：高教社（天津）印务有限公司
开　　本：787×1092　　1/16
印　　张：18.25
字　　数：260 千字
版　　次：2024 年 8 月第 1 版　　2024 年 8 月第 1 次印刷
定　　价：88.00 元

前　言

　　教育的本质就是帮助学生成长,它是一种由内而外的过程,就是使每个人的天性和与生俱来的能力得到出壮成长。求知是每个人灵魂里固有的能力。当今世界,社会进步一日千里,科技发展日新月异,知识更新的周期越来越短。

　　教师角色在以人为本的教育理念下发生了重大的变化。教师的素质、能力和教学行为也面临更高的要求。教育,是民族振兴的基石;教师,是教育发展的根基。如何增强学生的主体意识,发展学生的主体能力,塑造学生的主体人格等问题,成为教师在目前教育、教学中亟待解决的问题。施教者的能力决定着教育的效果,教育改革的落实,教育效果的提升无不体现在教师身上。"教师是人类文明的传承者,推动着教育事业不断地向前发展,培养高素质人才,教师是关键,没有高水平的教师队伍,就没有高质量的教育。"

　　本书选题的最大特点是作者把教育改革与实践中涌现的先进理念、成果、方法及存在的问题进行剖析,且娓娓道来,希望对广大教育者有所帮助,另一方面也是抛砖引玉,希望更多的教育工作者参与百家争鸣,百花齐放,为促进教育事业发展共同努力。

目 录

小学数学教师教学行为的应然追求

第一章　改变行为　焕发教学活力

教学是一个充满探究的旅程。学生是有思想的鲜活生命体。教师要怀揣对教学的执着追求，以生命的火焰点燃学生学习的热情，用精神的力量唤醒学生探知的勇气与智慧，引领他们在知识海洋的徜徉中增长经验才干。

教学要从书本走向社会，融入鲜活的社会题材，赋予教材新的活力。将生活问题巧妙转化为数学问题，再将数学问题还原为生动的生活情境。在感受数学魅力的同时，加深学生对数学的理解和应用。从而使教学充满生机与活力，助力学生的全面发展。

第一节 教师教学行为的概念与内涵

一、不同学科对行为的理解

哲学家认为,受人思想支配的外部活动是行为;生物学家则着眼于可观察到的肌肉和外分泌腺的活动,视其为行为;伦理学家强调基于自由意志的动机作为行为的定义;而心理学家则认为,行为是受人的心理支配的外部活动。

简而言之,行为是可观察、外显的动作或活动的总称,其存在形态包括行为的结果、内容、活动形式和整体表现。

二、教学行为的内涵

对于"教学行为"的理解,人们普遍认为它是教师"教"与学生"学"的活动过程。然而,对于课堂教学行为的界定却存在诸多不同观点。尽管表述各异,但共识在于:教学行为具有明确的目的性,它紧密围绕特定的教学目标展开;同时,它也具有显著的影响性,与学生的学习效果紧密相连;此外,教学行为还反映了教师的整体素养。具体来说,它是教师在教育理念的指导下,为实现教学目标并应对具体教学情境所采用的操作方式。在教学过程中,教学行为是外显的、可视的,它展现了教师外在的整体素质。

教师的教学行为是指在特定教育思想指导下,为达成教学目标,针对教学要素所设计的稳定且简化的组合与动作流程。这种行为可分为两类。一

类是教师主动的预设行为,它基于教学目标,是有目的、有计划、有组织地展现"教"的行为,具体包括讲授、提问和呈现三种形式。讲授是教师用语言解释、描述知识内容的过程,其中也包括非陈述性的课堂语言。提问则是教师向学生提出问题,并期待学生作出回答的方式。呈现则是教师利用板书、物体展示以及多媒体声像和行为动作等手段来展现知识。另一类是反馈行为,即教师根据教学情境对"教"的行为进行调整。它包含课堂指导和管理两个方面。指导行为涉及教师根据学生的课堂表现、活动参与情况,为他们提供启发、引导、建议和评价等。而管理行为则是教师为确保教学活动顺利进行而采取的教学管理措施。无论哪种行为都是影响学生学习的重要因素。教师的教学行为是一种创造性劳动。它是教学思想观念的集中表现,是课堂教学的各种因素对学生发挥实质性作用的中介,是丰富多彩教学活动的前提条件。

三、影响教学行为的因素

教师的教学行为直接反映了其素质、理念及能力,它是教师专业知识、教学技能与丰富经验得以展现和应用的过程。教学效果则是教学行为的直观体现。由于影响教学效果的因素众多,教学行为也必然会受到相应的影响。相同的教学内容,不同教师的教学,教学效果自然会产生差异。

如,两位教师在同课异构教学中,教授"路程、速度与时间"的内容时,虽然他们设定的教学目标、采用的教学方法以及选定的教学起点——即学生的学情存在差异,但有一点是共同的:他们都选择了相同的材料来帮助学生理解和体验速度的概念。

第一位教师教学片段:

第一位教师从学生熟悉的生活情境入手,引导学生认识速度。在学会读写"时速"并理解相关知识点后,教师让学生欣赏并体验课件中的内容。

教师展示:乌龟爬行速度为 4 米/分,人行走速度为 4 千米/时,刘翔跨栏速度为 8.5 米/秒。随后提问:8.5 米到底有多远呢? 学生回答:大概是从我这里到讲台的距离。为了让学生有更准确的概念,教师说明,已提前测量,8.5米相当于教室的长度。每当钟表滴答一声,刘翔就能跑出一个教室的长度。刘翔跨栏的速度之快,令学生们惊叹不已。

接着,教师展示:飞机飞行速度有12千米/分和720千米/时两种。学生疑惑为何数字相差如此之大。通过观察,他们发现这是因为单位后的每分与每时不同,需要进行换算。学生回答:因为1小时等于60分钟,所以12乘以60等于720,飞机的飞行速度12千米/分就等于720千米/时。这一推理计算过程获得了全班同学的认可。

教师继续展示:嫦娥一号飞行速度为7.9千米/秒,声音传播速度为340米/秒,光速为300000千米/秒。基于这些数据,教师提问:你们发现了什么? 学生受到启发,迅速回答:打雷时先看到闪电,后听到雷声。同学们纷纷为他竖起拇指,表示赞同。

在这一教学环节中,教师巧妙运用学生熟悉的生活场景,创设生动的学习情境,使学生全神贯注地投入学习。随后,教师提供了一系列与学生生活息息相关的速度材料,如乌龟爬行、人行走、刘翔跨栏、飞机飞行、嫦娥一号飞行以及声速、光速等,帮助学生直观感受速度的快慢差异。

通过引发学生已有的生活经验和知识之间的冲突,教师激发学生进行深入思考。在这样的引导下,学生自然而然地认识到,由于时间单位的不同,在比较速度快慢时需要进行换算。这样,学生不仅理解了换算的必要性,还学会了如何进行换算。

在声与光的速度对比教学中,教师进一步引导学生理解我们总是先看到闪电,后听到雷声的原因。这一环节加深了学生对速度概念的理解与体验。

第二位教师教学片段:

教师从学生的生活情境出发,巧妙地将教学与之相结合。在引导学生认识速度的概念、学会如何求解速度、探究速度与哪些因素相关,以及掌握速度单位的读写法等知识后,教师以刘翔用8.5米/秒的速度跑完110米跨栏为例进行深入的讲解。首先,教师让学生仔细阅读题目,随后鼓励他们阐

述题目所表达的含义。学生们异口同声回答:这表示刘翔每秒跑 8.5 米。为了帮助学生更好地理解 8.5 米的长度概念,教师进一步解释:8.5 米的长度,相当于从我现在站的地方到讲台的距离。之后,教师让学生用自己的方法表达一下 1 秒,"滴答一下"刘翔就跑到台边了。"这也太快了吧!"学生感觉很有意思,兴致更高了。

教师开始转换情境:在动物世界中,什么动物跑得最快? 课件展示猎豹奔跑的速度是 1800 米/分。学生自然地将猎豹与刘翔的速度进行对比,学生随口喊出:人外有"人!"猎豹比刘翔跑得快!

教师追问,你怎么知道的? 生答,1800 米/分就是 30 米/秒。比刘翔快21.5 米/秒。滴答一声就从教室跑到校门外了,如果它会跨栏,就是人外有"人"! 动物的速度都很快吗? "不是的,蜗牛和乌龟的速度就很慢。"教师出示:蜗牛爬行的速度是 8 米/时,请同学们猜想这是怎样的速度? 沉默片刻后,一个同学生大声说:"刘翔跑 1 秒,蜗牛需要爬 1 小时。"你是怎么知道的? 教师继续追问。两个速度单位前面是 8 米、8.5 米可以说长度接近,后面的时间单位不同,一个表示 1 秒钟走 8 米,一个表示 1 小时走 8 米。"真聪明!"老师为他竖起了拇指。

通过计算感知速度和速度单位。教师出示练习题:蜗牛一天爬行多少米? 蜗牛从教室爬到对面的操场是 24 米,大约需要几个小时? 学生积极地动笔计算出蜗牛一天要爬行 8×24 = 192 米,并解读算式:因为 1 天是 24 时,就是 24 个 8 米,所以 8×24 = 192 米。蜗牛从教室爬到操场大约需要 24÷8 = 3 小时。学生的解题思路清晰。有的学生也说出自己的解法:蜗牛 1 小时爬 8 米,24 里面有 3 个 8。还有的学生则运用数量之间的关系解释自己的想法,路程÷速度 = 时间。如果蜗牛要爬 72 米呢? 让学生再次运用数量关系计算,体会路程、速度、时间之间的关系。

教师又第二次转换情境:交通工具也有速度,比如复兴号动车,它的速度能达到多少? 出示情境图:上海到天津全程约 1200 千米,现在 4 小时就能从上海抵达天津,它的速度是多少? 学生计算出 1200÷4 = 300 千米/时。学生对这个结果感到震惊。不算不知道,一算吓一跳。那刚有火车时,天津到上海,你们猜猜需要多长时间? 学生有的猜 72 小时,有的猜 68 小时,还有的猜 56 小时,答案五花八门。但是有一个共同的特点,就是猜的时间都很长。让学生说说猜测的理由,主要是认为技术不发达,速度肯定没有现在快。教师出示火车时速进展变化表。

如果两地距离不变,那时火车的速度是多少? 有的计算出 150 千米/时,有的根据那时候所用的时间是 2012 年的 2 倍,2012 年火车的速度是那时候的 2 倍,进而推算出是 150 千米/时。

在教师的引导下,学生发现并体会到路程不变的条件下,时间、速度之间的联系。

教师在课尾让学生观察表格中的时间、速度和年份,体会科技发展的进步,感受中国在世界的影响力,体会祖国的强大。

在教学片段中,教师为让学生认识速度,展示了刘翔跨栏、猎豹奔跑、蜗牛爬行和动车的速度。这些速度材料,并非只是展示数据,而是通过材料激发学生的思维,让学生在比较中体验。对于刘翔跨栏的速度,教师不仅让学生知道 8.5 米/秒这一数值,更通过生动的展示,让抽象的数据变得直观,使学生真正感受到他跨栏速度之快。当猎豹奔跑的速度被引出后,教师一句简单的"你有什么感觉?"立刻点燃了课堂气氛,通过对比刘翔和猎豹的速度,让学生深刻体会到"人外有人"的道理。在比较中,学生逐渐理解速度必须在相同的单位时间内衡量。随后,通过展示蜗牛爬行的速度,并与猎豹的速度进行对比,学生再次感受到速度快与慢的巨大差异。最后,教师引导学生从形象比较上升到理性思考,计算动车的速度,并与之前火车的速度进行比较。这一教学过程不仅让学生深刻体验速度的快与慢,还教会他们如何运用新知识解决问题,从而构建解决问题的模型,使他们对速度的理解上升至抽象层面。

两位教师均选择了与人、动物和现代交通工具等速度相关的材料,但在数学教学中的呈现方式与讲解重点却大相径庭,从而催生了截然不同的教学效果。

首先,在材料的呈现方式上,第一位教师分三次进行,每次聚焦一个速

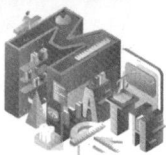

度引导学生体验。尽管表面看似提供了丰富的学习素材,拓展了学生的思维,但实际教学效果并未有效激发学生探索新知的兴趣,学生对材料的了解仅停留在表面,体验不够深入。而第二位教师则分四次呈现材料,学生在教师创设的情境中学习更为积极,体验更为深刻。材料呈现层层递进,逐步加深,通过不同的体验加深学生对速度等知识的理解,使感悟更为深刻。

其次,在对比方式的选择上,两位教师都采用了对比速度的教学方法,通过让学生体验单位时间的不同,并需进行换算后进行比较,从而加深了对换算必要性的理解。片段一通过声音传播与光速的对比,帮助学生理解先见闪电后闻雷声的原因,并培养学生运用数学知识解释生活中的现象。片段二则通过对比体验速度的快慢差异,展示了列车速度随科技发展而不断提升的现象,使学生理解速度随时间变化的规律,进一步深化了对路程、速度、时间三者间关系的体验。

最后,材料应用方法的不同直接影响了概念建构的形成。片段一只是简单地通过飞机飞行速度单位的换算来教授知识,未能充分利用材料,导致学生的认识较为孤立。片段二则将材料的呈现与应用相结合,通过人与兽速度的对比,使学生认识到单位不同时需进行换算以便比较;从蜗牛爬行中学习求路程与时间;在求列车速度及变速中,体会当路程一定时,时间对速度的影响,从而渗透了比例的相关知识,不经意间拓宽了学生的知识视野,使学生理解到速度并非孤立、单一的概念,而是与路程、时间紧密相连。这样的教学方法使学生对速度的体验和感悟更为丰富。

为什么同课异构会产生不同的教学效果呢?那是因为教师的理念、知识与文化底蕴不同,总而言之,就是综合素养的差异,导致了教学效果的迥然不同。教学过程中由教师理论上的角色定位,转变为显而易见的教学行为。教师是学习活动的组织者、引导者与合作者。这一观点已被教师所认同并接受。但理论层面上的认同不能自然生成相应的教学行为。

如何把理论层面上的论述转化为教师实实在在的具体教学行为?以教学"两位数加两位数的计算"为例,教师先用课件创设一道用 100 元钱购买自己喜欢的两件商品,求一共花了多少钱的问题情境,让学生列出多种算式,接着让学生把所列算式中会算的,先自己解答出来。剩下的题怎么算呢? 引出课题。教师在剩下的题目中,按学生的要求选了一道题交给大家讨论:该怎样计算? 讨论时,教师也加进来。在充分讨论后,学生汇报出了十余种不同的计算方法,教师受到学生们的启发,也说出了自己的解题方法,即用竖式计算法。最后教师引导学生对这些多样化的计算方法进行梳理,帮助学生理清思路,提升思维水平。

这一系列教学活动,层次分明,过渡自然,从中不难看出教师的精心组织和巧妙引导。对学生来说,课上学习的一切问题都是他们自己发现的,想学的,教师在教学活动中是他们中间的一分子,和他们一起平等对话,共同分享成功的喜悦。

课中,教师角色的转变,具体表现在学生参与学习的积极性高涨,学习主动,对问题的深入研究,为解决问题,学生真是八仙过海,各显其能。无论是同桌两人的商量,前后四人的讨论,还是三人对一人的辩论,以至全班同学的交流,都有主题,有启发,有创意,有收获。教师已不再是单纯的知识传授者,而是扮演着多重角色:他们是学生合作学习的组织者、引导者,同时也是积极的参与者。这样的角色转变更能促进学生的全面发展。影响教师教学行为的因素是多方面的。

首先,教师素质是关键因素之一,它涵盖了教师的知识储备、教学能力、教学理念以及反思意识,这些因素共同决定了课堂教学的价值,并为教学行为提供了明确的指导方向。

其次,教师的专业知识和技能也是不可或缺的一部分。这些知识和技能的熟练运用是有效教学的前提和基础。只有当教师具备了完备而熟练的专业知识和技能,并能够综合运用时,才能设计出科学的教学策略,使教学更加具有启发性、趣味性、针对性和有效性,从而达到预期的教学效果。

再次,教学情境同样对教师的教学行为产生重要影响。教师创设的课堂教学情境以及对教学节奏的调控,不仅直接影响着学生的学习情绪,更会对教学效果产生积极或消极的影响。因此,营造和谐、生动的教学氛围,对促进学生的学习和成长至关重要。

最后,教学内容不可忽视。教学内容因类型不同,变化多样。教师所采取的教学方式也应随之千变万化。教学有法,但无定法。教师要根据教材内容设计恰当的教学方案,以达最佳的教学效果。

四、教学行为要与时俱进

随着时代的快速发展和信息技术的普及,教育领域正面临着前所未有的变革。传统的教学模式已无法满足现代学生的学习需求。因此,教师的教学行为必须与时俱进,以适应新时代的教育挑战。首先,传统的教学模式往往以教师为中心,强调知识的单向传授。然而,在现代社会中,学生需要的不仅仅是知识的灌输,更重要的是能力的培养和素质的提升。因此,教师在教学中的主导角色应转变为学生学习的引导者和促进者,注重激发学生的学习兴趣和学习主动性。鼓励他们主动探索、发现和创新。其次,信息技术的发展为教学提供了更广阔的空间和更多的可能性。教师应充分利用这些技术,创新教学方式和方法,使教学更加生动、形象、有趣。例如,可以利用网络教学资源进行在线学习、远程协作等,打破时间和空间的限制,让学生随时随地都能进行学习。

(一)剖析传统教学存在的弊端

1.将教学的双边活动变为单一教师的主宰

传统的教学,一是强调知识与技能的传授,教师以教育为己任,学生则以学习为责任。然而教学并非仅仅是教师对学生的单向"培养",它围绕着教学展开,教师是知识的传递者。对于渴望知识的学生来说,教师就如同知识的宝库,是生动的教科书,更是学识渊博、令人敬仰的人,是学生学习知识的唯一渠道。原本双边的教学活动却变成了单边的以教代学。以至有些人会认为:学生是被教会的,而非自己学会的,岂能谈及会学了。二是以教为基础。先教后学,学生的学习方式是跟着教师学复制。对于学习内容,教师怎样教,学生就怎样学。讲多少,学生就知多少,是学无条件受教的支配与控制。教学由双边共同体的参与活动,变成了单一的教师主宰一切。学生丢失了个性与独立,听和练成为他们唯一的学习方法。

2. 泯灭了学生的创新意识

在旧的教学方法指导下,小学数学课堂遵循着固定的模式,即以巩固新知识为目的的大量练习。这种模式忽略了学生已有的直接经验,限制了学生探究未知的动能,泯灭了学生的创新意识。其弊端具体表现为:将学生视为家长和学校实现利益的工具,仅仅作为知识的容器,教学过程因此变成了"强化训练"和"硬塞知识",这种拔苗助长的做法是对学生的掠夺式开发。结果导致教育只有形式而无灵魂,有工具而无灵性。所培养的学生缺乏人的精神、灵性、神韵和气质。

3. 教育被等同于知识的教学

高层次的科学、文化、理论教育被降格为技能的演练,原本旨在揭示知识规律、提高思维能力的学习内容,被简化为孤立的死知识点和标准答案。在应试教育的背景下,学生的学习过程变成了掌握解题和应试技巧的过程。学生可能具备了较好的解题能力,却难以提出问题。实际上,能提出问题比获得答案更有深远的意义。

4. 没有以人的长远、全面发展为根本,急功近利

在培养对象上,是"舍多求少"的"宝塔"式。重视对升学有望的学生进行培养,不顾或淘汰许多升学无望的学生,有"千军万马过独木桥"之势。部分学校把传授知识视为教育的基本目标或唯一目标,使一切教学和教学的一切都围绕这一目标开展,将学生的道德、情感、身心健康成为知识的附庸。其实,传授知识确是一个重要的教学目标,但绝不是唯一的目标。因为它不能实现学生的全面发展,并忽视学生其他重要的素质培养。如创造的能力、丰富的情感、积极的态度、正确的人生观、价值观等。现实中有些学生通过插针补缝式的补习,成绩虽越来越高,但却越来越不喜欢学习、情感变得冷漠。从中即可窥见一斑。

(二) 目前教学存在的问题

改变课程,倡导学生主动参与、勤于动手、乐于探究……但受课程的知

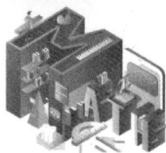

识性、课堂时空的限制及完成教学任务的压力,有的教学内容忽视了学生的探究能力和动手能力;有的教学虽然也让学生在探究学习和合作方面作出了努力,但由于教学时间紧,完成教学任务受到阻碍,使主流课堂教学呈现出两条轨迹:有的教学现在仍然是满堂灌的教学方式,忽视学生的主动参与;有的教学变为满堂问,形式上参与学习的人很多,实质上是行动并非身动,口动而非心动,是教师以浅显的问题牵着学生走自己预设的教学流程,而非引导学生进行深入思考。在热闹的课堂背后,是学习的双边活动缺乏学习的热情和探究的动力。

教师应树立科学的教育观念,致力于推动所有学生在不同程度上取得发展,而非仅关注部分学生。在关注学生发展时,应重视全面素质的提升,而非仅看重分数的增长。既要关注学生当前的发展状况,又要关注其可持续的发展潜力;既要关注学生在练习和考试中的明显成绩,又要敏锐地察觉到他们无法用分数衡量的潜能。

(三)教学行为要与时俱进

随着全球信息高速公路的发展,以及社会生活信息化的推进,一个以信息技术,尤其是网络技术为基础的学习化社会已经悄然进入我们的生活,为学生创造了丰富多彩的学习环境,并提供了强大的认知工具。这不仅使学生的发展更加个性化,也必定使学生成为课堂上不可忽视的教育资源。在教学过程中,教师千万不可再把学生当成"容器",他们是有思想的鲜活生命体;教师的教学内容要切入学生熟悉的生活经验世界,尊重他们,教学相长,在师生的情感交融中,形成师生思维共振。学习化社会带给人类革命性的变化。它不仅是社会意义的革命,更是一场学习意义上的革新。学习化社会描述了社会发展的趋势,也预示了人类学习活动的巨大变化,时代呼唤教师的教学行为要与时俱进。

第二节　转换角色知情合一助发展

新时代呼唤教师的行为与新课程同行一起成长。新时代教师的教学行为可概括为八个字:点燃、唤醒、引领、激励。学生渴望成长与发展,他们期望教师转变教学方式,用生命的火焰点燃他们的热情,用精神的力量唤醒、引领和激励他们。因此,课堂教学应充满活力,始终充满师生生命与智慧的激情。

在课堂教学中,教师处于特定的教学情境中,需全身心投入,将自己的思想、情感与智慧融于其中。他们怀揣着对教学的执着追求,步入课堂,致力于为学生积蓄成长所需的精神能量。每一堂课都蕴含着深刻的思想、探索的勇气与真挚的情感,教师用生命演绎着课堂的精彩,用真情锻造着璀璨的人生。改变教法,贵在得法。

一、变单讲为合作探究

教师不应仅做知识的传授者,还应是学生合作学习的组织者,学习活动的引导者与参与者。教师要走出封闭的课堂。让知识走入生活,让生活走进课堂。以多种多样的课堂教学形式,丰富多彩的教学活动激发学生强烈的求知欲,把学习的主动权还给学生,使学生在教学活动的徜徉中获得知识和能力,增长经验和才干。

例如,探究立方厘米和立方分米间的关系时,教师先引导学生回忆推导面积单位之间关系的过程,再展示体积单位的表象:让学生猜一猜,说出一立方厘米的大小。学生答:棱长是 1 厘米的正方体,它的体积就是 1 立方厘

米。"你们能用自己带来的学具展示一下它的体积吗?"学生纷纷拿出自己准备的学具展示。有的举起麻将牌中的骰子,有的翘起自己的大拇指不停地晃动,有的拿起一块小动物橡皮转着身体让大家瞧,还有的摆出一粒榛仁、两颗巧克力豆……

再现 1 立方分米的表象时,学生用自带的纸盒、酒精棉片盒、奶粉盒、泡泡糖盒等常见物品描述 1 立方分米的大小。教师借助学生学习面积计算的经验,充分利用这些素材,分小组讨论探究 1 立方厘米和 1 立方分米间的关系。

在学生充分感知后,教师发问:多少个 1 立方厘米才是 1 立方分米? 让学生讲出自己的根据。有的小组说,我们用 20 个立方厘米作单位,先沿着长铺,用了 10 个 1 立方厘米,再沿着宽铺,也用了 10 个同样的 1 立方厘米,发现铺满底面要用 10×10 = 100 个,然后沿高铺,还是用了 10 个 1 立方厘米,装满整盒要 10 层,也就是需要 1000 个这样的 1 立方厘米。所以 1000 立方厘米才是 1 立方分米。

有的小组用 1 立方分米的铁盒装巧克力豆,装到 $\frac{1}{4}$ 时,倒出来大家数,共有 512 粒。如果装满就是 512×4 = 2048 粒,两粒的体积大概是 1 立方厘米。所以 1000 立方厘米与 1 立方分米大小差不多。

除此之外,学生还用计算的方法表示:1 分米 = 10 厘米,1 立方分米 = 1 分米×1 分米×1 分米 = 10 厘米×10 厘米×10 厘米 = 1000 立方厘米。

有的组用数格子的方法:数 1 立方分米学具的格子,也可以知道 1 立方分米 = 1000 立方厘米。

有的组用推理的方法,因为 1 分米 = 10 厘米,1 平方分米 = 100 平方厘米,猜测出 1 立方分米 = 1000 立方厘米,因为在盒子里的底面要铺满 100 个 1 立方厘米,装满盒子需要这样的 10 层就是 10 个 100,就是 1000 个 1 立方厘米。

课上学生学习知识的过程,变为在老师指导下的学生探究活动。通过学生亲自操作、计算和推理等多种方法感知了一立方厘米与一立方分米之间的关系,操作实践中感悟丰富全面、推理思路清晰且有理有据。

接下来,在教师的引导下,学生又以各自的方法探究或推算出了立方分米和立方米间的关系,也就顺理成章了。为了让学生进一步感受 1 立方米体积的大小,教师拿出一张 1 平方米的纸铺在地上,同时取出本班学生两年前站满 1 平方米面积时的照片。"还记得吗？今天这个 1 平方米的老朋友又来了,它想问问大家:今天学的 1 立方米和它有什么不同?"通过讨论,学生将 1 平方米的平面向上移动 1 米,这个 1 平方米走过的空间,就是 1 立方米。教师顺势架起了 1 立方米的教具支架,让学生来体验一下 1 立方米里能站多少个同学。学生争先恐后地进入支架内,直到不能再加入同学为止,他们惊叹:"哇！1 立方米中居然能站 14 名同学呀"。这时,学生脑中抽象的数学概念变得形象化、具体化,感知更加深刻。教师又请学生数一数照片中那时能站 18 位同学,现在为什么只能站 14 个人呢？学生马上顿悟,随着年龄的增长,每个人所占的空间也在变化。

课本中体积单位的概念与进率较为抽象,仅通过阅读和观察,学生难以深入理解和体验。由于缺乏实际的体验和感受,学生会觉得这些概念空洞且难以把握,以致在实际使用时容易混淆。为克服这些弊端,有的教师这样设计了教学过程:

1. 开发并利用学生身边的教学资源,把多种常见的生活物品作为学习材料,让学生自主寻找并引入课堂。教学中,教师充分利用这些材料,精心组织实践活动,旨在调动学生的感官,通过观察、装配、猜测、计算和思考,鼓励学生动脑、动口、动手,亲身参与数学活动的探究与实践过程。通过这一方式,学生能够深刻体会数学就在身边,领悟数学的应用价值。这样,体积单位进率的清晰表象得以形成,并深深植根于学生心中。

2. 为不同水平的学生探究提供更广阔的空间。教学中学生探究自选材料,用自己喜欢的方法,因地制宜。有的通过直观地摆一摆,有的是半直观的数一数、算一算,有的是半抽象的量一量、算一算,还有的直接推测、再用实物验证。学生交流展示的过程多方式、全方位引发学生在操作中思考,在学生的思维中逐渐抽象出概念形成的过程,是学生空间观念由二维向三维

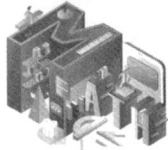

进阶的过程。

3.渗透事物联系和发展变化的观点。从 1 平方米纸片的移动到立方米支架的建立,学生从动态和结构两个角度认识体积单位立方米,建立起二维与三维空间之间的联系。从低年级的体验拍照到与现在实际状况的对比,让学生看到自己的成长,感受事物发展的普遍变化。课上的学习对于学生来说,一切似乎都是他们自己发现的,自己证明的,自己总结的,自己分析判断的。教师也参与其中,与他们共同讨论,分享学习成功带来的喜悦。

教师角色的转变,把学生的学习推向前沿。学生的参与具有广度和深度。他们的互动方式令人眼花缭乱,合作形式多样,富有实效。无论是同桌两人的商量、前后桌四人的讨论,还是全班同学共同参与的话题,交流都有主题、有展开。学生争着讲,其他人认真倾听,互有启发,促进发展,各有所得。

教法的改变,强化了学生才是学习的主体。教虽无定法,但贵在得法。不断改变、充实教学方法,才会适应新时期教学的要求。教学中,让学生大胆想,动手验证,放手让他们学会总结和推导,讲解理论根据。给学生提供解决实际问题的时间与空间。给他们创造放飞学习潜能的舞台。轻松、和谐的学习环境,会使学生在学习时自始至终处于积极主动的思考状态,进而落实其学习的主体性。

二、变铺垫为创设情境

以往教师在教学新知之前,都设计复习铺垫环节。内容均为与新知识学习相关的已学过的知识。为了帮助学生顺利过渡到新授内容,教师的课前铺垫至关重要。然而,这种铺垫有时会限制学生的自主发挥,因为学生可以毫不费力地获取新知识,无需深入分析和独立思考。但现实生活中的问题往往突如其来,需要人们独立思考,综合运用已有知识去解决。因此,在教学时,教师应将重点放在培养学生分析问题和独立思考的能力上。建议将课前铺垫转变为创设新奇、有趣且贴近学生生活实际的教学情境,以激发学生的内在学习动机,使他们更主动、积极地参与学习。

如,在学习"有余数的除法"时,老师可以利用学生购买并品尝过的糖葫芦这一生活经历,作为学习的素材。课前每位学生自备一袋 15 粒的珠子,课上,让他们分别尝试以每串 3 粒、4 粒、5 粒、6 粒的方式进行串珠。在操作过程中,学生会发现,即便是同样使用 15 粒珠子,由于串法不同,结果也会有所差异。具体表现为:有的珠子能正好串成几串,比如每串 3 粒时可以串成 5 串,每串 5 粒时则能串成 3 串;而有的则会在串成几串后还剩下几粒珠子。这些现象都会使学生发现"余数"的本质特征。

教师可以借此机会引导学生探索有余数的除法,从而构建"有余数除法"的数学意义。学生会感受到这种学习方法的现实性和亲切性,容易产生兴趣并接受新知识。在深化对数学理解的同时,学生的思维能力和情感态度也会得到相应的发展。

教师要依据教学内容、尽量捕捉生活中的数学,学生既感熟悉又会产生学习的兴趣,丰富了学习素材。通过模拟生活情境的操作过程,教学能够借助生活中的实际例子来构建数学的概念、算理和算法,使学习更加生动和实用。学生从自身体验中获取的知识,都会铭记在心,印象深刻。

三、变听讲为互动探知

数学学习并非简单的被动吸收,而是一个以学生现有知识和经验为基础的建构过程。而完成知识构建的最好方法就是在数学活动中学习。变呆板单一地听教师讲,为动手、动口、动脑地主动参与,在实践中感悟数学,理解数学。

学习是教师与学生的互动,是学生之间的互动。学习讨论可使成绩较好的学生帮助学习能力较弱的学生。在互帮互学中,不但能培养学生独立思考、解决问题的能力,还能培养学生团队合作精神,因此,数学教学应从听讲转变为动手实践,从简单的问答式教学转向基于学生独立思考的同伴合作学习。教师要重视学生经历数学问题的体验,在探讨解决问题的方案时,

要让学生独立思考、动手验证，发现问题后要讨论交流，解决问题时选择最优方案。这样人人参与学习活动，人人学有所获，学生思维活跃凸显个性，避免了原来课上只有学习好的学生与教师的互动，而学困生则袖手旁观、无动于衷的尴尬局面，同时也克服了教师不能面向每一个学生的不足之处。

如在教学"有余数除法"后，搞了分面包和分牛奶的游戏活动：超市有两种盒装面包，大盒装 4 块，小盒装 5 块。如果班内开展庆祝活动，把所有同学的父母都请来参加，并给每位家长分一块大面包和一袋牛奶，给学生每人分一小块面包一袋牛奶。请大家算一算本小组至少要买几盒大面包，几盒小面包？多少袋牛奶？学生对这个活动按捺不住兴奋之情，纷纷动笔计算。他们根据小组人数和面包大小，在不停地选择中运算，对不能整除时所出现的商几余几作出合理的答案。在活动中，学生体会到数学就在身边，感到数学的趣味与价值。

四、变脱离现实为融入社会

数学作为工具、语言被人们所广泛认知。它不仅是提升思维能力的引擎，更与日常生活密切相连。教师要鼓励学生从生活中发现数学、运用数学。数学教学需从书本走向社会，并融入鲜活的社会题材，赋予教材新的活力，使学生在解决问题的过程中，通过探索，领悟数学知识，感受数学的无处不在，让学生学会运用知识解决实际问题。我们应让生活融入课堂，让课堂回归生活。毕竟，现实世界是数学的源泉。教师需结合学生的生活经验和数学学习背景，将生活问题巧妙转化为数学问题，再将数学问题还原为生动的生活情境。这样学生能从熟悉的事物中学习数学，感受数学的趣味和魅力，以此深化学生的理解与应用能力。

如练习题：把 0、1、2、3、4、5、6、7、8、9 十个数填在（ ）里，每个数只能用一次。（ ）+（ ）=（ ）+（ ）=（ ）+（ ）=（ ）+（ ）=（ ）+（ ）

学生经观察、思考沉默一段时间后，仍无人解答。教师启发学生想想，生活中的什么像"="能测量两边物体的大小与轻重呢？在猜测和讨论中，有的学生说像一杆秤,有的说像公园的跷跷板。"="更像什么?学生普遍认为:最像跷跷板。原因是跷跷板两边可以坐许多的人,"="两边可放许多算式。学生把数学符号"="与生活中跷跷板建立联系后,教师又启发学生能不能将不同的数替换成不同的人,使跷跷板平衡?一句普通的问语,又把数与人之间建立起联系,把学生直接带入到游戏之中。

为了使数字更加具体化。老师又让学生思考,如果两位老师和两个小朋友来玩,怎样分座才能使它平衡?想象唤起了学生已有的生活经验,用两位老师和两位小朋友作为大小不同的数字,从而找到了学生进行数学思考的生活原型。学生借助直观的生活场景将抽象的数字形象化。重的老师和轻的学生在一边,轻一些的老师和重的学生在另一边。这样的安排激活了学生对数的大小概念,学生很快找出答案。

$0+9=1+8=2+7=3+6=4+5$。不仅原有问题得到了解决,学生还创造出新的问题:

2、3、4、5、6、7 也可以写成这种形式:$2+7=3+6=4+5$。

在解决填数的问题时,学生初遇困难,但经过教师的启发,联想到生活中的跷跷板与等式中的平衡关系,找到了解决问题的钥匙。学生在这一过程中不仅解决了问题,激发了创造力,还创造出更多的问题。

这种教学方法的核心在于从学生生活经验出发,构建学习平台。当数学问题与生活实际相结合,学习困难便迎刃而解。学生通过想象和讨论,将数学问题与生活情境相结合,为深入学习打下了良好的基础。同时,反复探究的过程也促进了学生思维的发展,使他们在解决问题中提升能力。

心理学研究表明,当学习内容与生活实际紧密相连时,学生接纳知识的程度会显著提高。因此,教师在新课前可借助生活实例创设情境,提出问题,激发学生的好奇心和求知欲。学习是一个知情行合一的过程。教师也要转换角色,从独奏转变为伴奏,从权威转变为启发、引导和激励者,使数学教学充满生机与活力,为学生的全面发展助力。

五、变居高临下为学习伙伴

新形势下的课堂教学要求教师由居高临下式转变为平等融洽式,并营造轻松、愉快的学习氛围,给学生提供充分自主学习活动的空间和广泛交流的机会。在教学"分数的基本性质"时,教师与学生共同研究:"分子、分母同时乘以相同的数"到"分子分母同时除以相同的数"到"为什么零除外"的学习讨论、研究、总结规律,充分展示了学生依靠同伴之间的交流讨论,获得新知,从发现问题到解决问题的认知过程,体现了学生是课堂学习的主人。

在教学"异分母分数加减法"的过程中,教师给每位学生提供印有四种颜色的长方形纸片,先让他们写出每种颜色所占长方形的分数。再把每两个分数加起来计算结果,最后将这些算式进行分类。这一教学过程不是教师居高临下地单方讲授,而是引导学生一步一步进行研究。学生把同分母分数相加的分为一类,把不同分母分数相加的分为一类之后,继续讨论:这些算式的得数是怎么来的? 对同分母分数的加法是直接把分子相加算出来的,这一规律的总结,水到渠成。但异分母分数加法如$\frac{1}{2}+\frac{1}{4}$是讨论的重点。学生的想法是:把绿色的部分再平均分成两份,这样每一份就是整张纸的$\frac{1}{4}$,3 个 $\frac{1}{4}$ 就是 $\frac{3}{4}$。为什么要把绿色的部分平均分成两份?这样的追问进一步强调了:只有相同的分数单位才能相加,把绿色的部分平均分成两份其实就是统一分数单位。

学生在探究时发现问题,解决了问题,悟出了算法。学生是否真正理解了异分母分数加法要先统一分数单位的算理呢? 如果没有直观的纸片演示,怎样直接计算 $\frac{1}{5}+\frac{1}{10}$,教师的引导将学生再次引入深度的思考中。经讨论后得出:可以用通分的办法把它们化成同分母分数。

这一教学环节,突破了传统的异分母分数加减法的教学模式,不是仅从同分母分数加法和通分入手,而是引导学生通过直观材料的操作,明确异分母分数相加,为什么要先通分的道理。即分数单位相同才能直接相加减,从而让学生自己悟出计算法则。这样的教学,给学生提供了足够的思维素材以及充足的时间和空间,最大限度地引导每个学生仔细地观察、认真地思考,激发了学生学习思维的主动性和积极性,将学生引入计算法则形成的探讨之中,培养学生获取知识的能力,从而取得了良好的教学效果。

六、变重成绩为关注体验与感悟

教学是一个充满探索的旅程。学生们通过独立尝试计算,不断发现与众不同的算法。通过交流,他们头脑中的初步计算思路变得更加清晰。在倾听其他人的陈述中,他们也能获得新的启示。在这个过程中,学生们感受到了数学的魅力,发现其中的乐趣,从而增强了学好数学的信心。在探究知识形成的过程中,师生虽付出不少时间和精力,但这种付出是值得的,因为积淀下来留给学生的,很可能是一些对他们终身有用的学习方法和勇于创新的精神。

学生对数学的感受和体验,如果没有教师的适当引导和点拨,不会自发而生成。所以,教师在关键之处、适当之时的启发、引导、激励是学生充分感受数学的前提。在"数的产生"教学时,教师问学生:阿拉伯数字是怎么产生的,为什么世界各地的人都用它,由此引发了你的哪些思考? 正是由于教师给学生创设了思考与交流的机会,学生在思考数学问题时才能有所体验,才能有感受,在感受中领悟数学的意义,提升学习数学的兴趣。

数学所散发出的魅力并不少于其他学科,关键是要看教师是不是独具慧眼,是不是能深入钻研教材,灵活驾驭。是否让学生感受过数学的符号美、图形的对称美、规律的神奇美? 是否让学生体验到数学应用的广泛性以及与生活联系的紧密? 在解决了一个又一个的难题之后,学生有没有成功后的愉悦? 是否对数学具有强烈的好奇心和求知欲? 所有这些都需要教师在学生学习数学的过程中,在探索知识的奥妙中,高屋建瓴、深入浅出地加以引领。

如,学生认识了公倍数和最小公倍数的概念后,让学生自己独立思考并尝试找出6和8的最小公倍数。课上教师在不停地巡视搜集学生总结的方法,让学生逐一板书在黑板上。

方法一:

6 的倍数:6、12、18、24、30、36、42、48……

8 的倍数:8、16、24、32、40、48……

方法二:

6 的倍数:6、12、18、(24)、30、36、42、(48)……

6 和 8 的最小公倍数是 24。

方法三:

8 的倍数:8、16、(24)、32、40、(48)……

6 和 8 的最小公倍数是 24。

教师提问:"你最喜欢哪一种方法?为什么?"旨在引导学生领悟算法,选择最优方案。有的学生偏爱第二种方法,即先列出6的倍数,从中筛选出8的倍数,从而找到最小的公倍数。这种方法通过先列举出较小数的倍数,再从中选出较大数的倍数,相对简便。也有同学倾向于第三种方法,即先列出8的倍数,再从中挑选出6的倍数,最终找到最小的公倍数。这种方法是先列举出较大数的倍数,再从中选出较小数的倍数,同样比较简便。还有学生认为这两种方法都很实用。学生们各抒己见,讨论热烈,难以达成一致。教师顺势而为,改变例题,引领学生再思考:再试着用这两种方法找出 4 和 26 的最小公倍数。

学生在解答时,情不自禁地喊出:"第三种方法简便!"在实践中,他们只需列举出 26 的两个倍数,即可找到它们的最小公倍数;然而,在寻找 4 的倍数时,至少需要列出 13 个,才能找到所需结果。通过对比,学生们个个心悦诚服地认同"求两个数的最小公倍数时,只要找出较大数的倍数,然后再从中圈出较小数的倍数比较简便"的结论。

意外的生成给学生带来了意外的收获。此时一个学生举起了手,大胆地挑战了集体的共识:不用找出较大数的倍数,只把 8 扩大 2 倍,判断是否是 6 的倍数即可。如果不是,再扩大 3 倍,是 24,再进行判断。如果 24 分别是 6 和 8 的倍数,它俩的最小公倍数就是 24。这种方法是对本课方法三的改进和优化。他的发言又激活了另一个学生的思维:只要把大数翻倍就可以了。"大数翻倍法"的命名是游离于教师的预设之外的生成。在学生的争论,特例演算、心算和概括中,一个个智慧生成并推进着学生思维不断发展。

这是学生学习的真实状态。它展示了课堂教学动态生成的过程。在课堂上,学生的回答常常超出教师精心预设的范围,甚至出乎教师的意料。因为学生之间思维存在差异且个性独特,他们带着各自的知识和经验参与课堂讨论。当教学中出现类似情况时,教师应该选择顺应学生的思维,及时调整并有效引领,而非强行将预设内容强加给学生。

这节课的实践也证明了:教学的成功和精彩就在于教师教学中的有效引导。在学习过程中,要让学生学有所问,问有所思,思有所疑,疑有所议,议有所悟,悟有所得。学生自己"悟"出来的解题方法,总会比老师"灌"给的方法更自然,印象更深刻。

第三节 与时俱进课改与教师同步成长

目前,教育教学中亟待解决的问题是,在以人为本的教育理念下,对教师的素质和能力也提出了更高的要求。教师需要弘扬和培植学生的主体性,增强学生的主体意识,发挥学生的个性,并塑造学生健康的人格。

一、教师是学习活动的引导者

要使学生真正成为学习的主人,教师必须从主导者转变为引导者。引导者意味着教师在学生学习过程中应发挥引领而非强制的作用。为此,教学方式必须与学生的学习方式相契合,鼓励学生积极、富有个性地学习。作为引导者,教师需精心设计问题情境,激发学生的发现、质疑与探究精神,并充分利用各种教学资源。同时,激励学生将课本知识与生活相结合,将学习延伸到社会,利用社会中的丰富资源,在大环境中不断学习和探索。

如,在探索图形规律的教学中,教师创设了一年一度的动物狂欢节的情境。课件出示主题图,意在让学生身临其境,一起去参加动物狂欢节的兴趣,并从图中寻找哪些东西的排列是有规律的,比一比哪个小组发现的规律最多。小组汇报时有的指出:图中的旗子按照两面红旗、两面黄旗的顺序排列;有的说风铃的排列是有规律的,它是按照一个风铃、两个风铃的顺序排列的;也有的说花朵是按一朵红花、一朵黄花、一朵紫花的顺序排列的;还有的同学发现小动物的排列也是有规律的,是按小老鼠、小猴、小兔子的顺序排列成一个圆圈的……

之后,教师进一步引导学生思考:大家和他们的想法一样吗？你们还有什么问题想问吗？学生摇头表示没有。此时，教师启发学生：这些小旗如果接着向后摆，应该是什么颜色呢？此时，课堂活跃起来，有的举起了小手，嘴里不停地喊："我知道，是黄色！"教师这一问激活了学生的思维。引起了对风铃、花朵规律的延伸。仔细地观察画面，使他们成为"火眼金睛"，发现了很多规律，还能运用规律想象出事物后面的排列顺序。

随后课件闪烁出现各种图形交替排列，让学生逐一想象进行回答。即使稍微复杂的规律，学生也能发现。最后教师让学生自己想象，生活中还有哪些事物是按规律排序的？这一思考将课堂学习活动引入高潮。

创设"动物狂欢节"这一情境，主题图色彩鲜明，变化多样，信息量人，为学生提供了开放的探索空间。教师通过小组合作的形式把学习的主动权交给学生。让学生观察、发现、想象，拓展了学生的思维，加深了理解，掌握了规律。"火眼金睛"练习形式的设计，素材丰富，形式新颖，尤其是利用课件将题目中的图形，逐一闪烁出现，把静态的知识动态化，为学生创设了生动活泼的学习氛围，使学生更深刻地找到规律、认识规律和学会按规律排列。

教师是学生学习活动的引导者和参与者。教学过程是师生有效的互动过程，师生共同构成了课程的重要因素，因此要打破"教师中心"的旧思想，从"师道尊严"的架子中走出来。

在观察、倾听和交流中，教师积极参与学生的学习活动，用期待的目光等待学生发现，用鼓励的语言激发学生开阔眼界，充分想象，用微笑给学生一个个褒奖。教师深入小组中，参加学习、讨论。课堂教学，正是因为有了教师的积极参与和引导，学生的学习才更加高效。在学习过程中，教师与学生共同分享着探讨学习的快乐。

二、教师是教育教学的研究者

(一)研究应以学生的发展为核心

在教师的教学生涯中，尽管众多研究层出不穷，但许多未达到预期效

果。其根源在于,这些研究往往偏离了学生实际的需求,而更多地侧重于满足教师的职称评定需要。如今,越来越多的教师开始关注学生的实际需求,并以此为导向设计教研课题。例如,随着"激趣、探究、合作、自学"教学理念的深入人心,数学教师开始深入探索如何激发学生对数学课的热爱。他们大胆改革教学方式,鼓励学生结合教材内容,广泛收集材料,并让他们在课堂上充分地进行自我展示:既有图片又有文字,边展示实物投影边讲解。这种互动性的教学方式不仅丰富了课堂的教学内容,更激起了学生不断探索知识的热情,使课堂焕发出勃勃生机。因此,只有真正以学生的发展为核心,从他们最熟悉、最关心的问题出发,开展有针对性的课堂研究,方能实现实践与反思的深度融合,达到真正意义上的提升。

(二)科研助力教师专业成长

对于许多教师而言,寻找合适的研究课题是一大难题。然而,实际上,小学教育科研的课题俯拾皆是。其目的和任务在于提升教育教学质量,并服务于教学实践,教师们无须在教学之外另辟时间进行研究,而应细心观察教学中存在的问题并寻找解决方案。问题的发现与解决的过程便是教学研究的宝贵财富。当问题复杂且难以单独解决时,教师应以课题为纽带,组织学校研究团队进行集体攻关,共同探索解决方案。

(三)构建高水平教学研究共同体

新课程改革不仅是对课程标准和教材的验证,更是对教师教育观念的深刻转变,因此,构建符合新课程要求的高水平教师队伍至关重要。为此,教师队伍中应营造研究氛围,每位教师要有专业发展计划,将课程改革与教师的发展相互促进。通过集体备课、教学研讨、观摩交流、教学反思、问题会诊等多种方式提高教育教学质量,通过教师与专家对话、专题研讨、教育沙龙等形式更新理念。在新旧观念的碰撞与交流中,形成新的共识,在摸索与实验中共同分享经验与成功。正如苏霍姆林斯基所言,引导教师走上研究之路,不仅使教育工作充满乐趣,更能推动教师的专业成长。

综上所述,新课程改革与教学实践中,教师应积极扮演多重角色,不断提高教育教学专业技能与新课程同步成长,共同开创教育事业的新篇章。

三、教师是新课程的建设者

(一)教师应树立课程意识

教师应树立课程意识,明确课程并非仅指教材,而是教师、学生、教材与环境四者的有机结合。过去,教师的职责多限于按教科书、教学资料及标准答案进行教学。然而,新课程理念下,教师不应仅作为课程的执行者,更应成为课程的建设者。因此,教师需具备强烈的课程意识。

例如,在教学"分类"时,有的教师先让学生利用课外时间参观学校图书馆和商场、超市,观察各种图书和商品的摆放方式,让学生体会分类的普遍性和重要性。这样,学生不仅能认识到学习"分类"的必要性,还会对这一数学知识产生浓厚的兴趣。

课堂上,教师借助课件播放小朋友自己整理房间,整理书包等课件,学生能很容易地掌握了"分类"的方法。因此,在教学中,教师要注意引导学生把课内知识向现实生活延伸,让学生真正体验数学知识的实用性。教学源于教材,但不拘泥于教材。教学内容广泛、灵活,素材既可是课内、校内,也可选择课外的生活、社会、自然现象等,只要适合学生的认知规律,皆可用之。

(二)教师要创造性地使用教材

以往的教学注重知识点的讲解,而新课程则更强调引导学生学会观察、思考和学习,致力于培养他们的终身学习能力。在新课程中,学生的知识不应仅仅是灌输或背诵得来,而应通过他们自身的探究与学习过程逐步建构。这样的教学方法有助于激发学生的内在兴趣,而这种兴趣正是他们持续发展的不竭动力。

在信息技术迅猛发展的今天，教材内容已不能完全满足教育需求。因此，教师应紧密联系学生生活，挖掘生活中的数学素材，吸收现实生活与科技密切相关的数学信息，重组教材内容。

以教学"万以内数的读法"为例，课前先让学生搜集生活中见到过的万以内数的数据。于是学生上网查，到图书馆找，有的采用询问朋友和家长等方法获取数据。教师利用学生搜集到的数据进行教学，学生学习的积极性空前高涨，因为学习的数据是他们提供的，自豪感油然而生。

除此之外，教师还设计了让学生读一读山的高度，河流的长度，蓝鲸的重量，体育场的占地面积等。这样将教材中枯燥、缺少生活气息读数的认识变成学生喜闻乐见的生活常识，从而感受到"万以内的数"在生活中的广泛应用。教师把生活中的素材，开发成教学资源，学生会真正体会到生活处处有数学，既激发了学生学习的兴趣，又提高了他们应用数学解决简单问题的能力。通过对教材的改编和加工，使课本中的例题结构虽没有变化，但呈现形式是多维的、开放的。教师一旦具备创造性使用教材的意识，其教学内容便会超越教材本身，实现基于教材的再生与拓展。简而言之，教学不仅是课程内容的传递与执行，更在于对课程的再创造与深度开发。

以"十几减9"和"解决问题"为例，教师可以巧妙地运用教材提供的主题图，将其加工成连贯的"情境链"，进而生成一系列与教学紧密相关的"问题串"。既充分利用了教材所提供的数学课程学习资源，又融合了教师自己的理解和个人的处理，使之符合本班学生的实际。当然也可以根据教材的安排和提示，对承载学习内容的素材做更大胆的调整和替换，使数学学习内容更富有连贯性。

(三)开发和利用教育资源，做课程的建设者

教材只是书面材料，其信息有限。因此，教师完全可以依据学生的实际情况灵活处理教材，积极发掘和利用生活中一切有利于教学活动的素材。他们可以对教材知识进行重新组合和整合，从而设计出鲜活、丰富多彩的课程内容。

在教学内容上可以联系生活,补充和活化教学内容,既紧扣教材又不拘泥教材,为达到教学目的设计出让学生动手、操作、体验、归纳、概括的探究过程,提高学生自主学习的动力和能力。或在课堂教学设计上,让学生学会质疑,顺畅地表达,有序地思考,打开学生思维的视野,弄清知识的内涵及外延。

四、创新开放式的教学模式

(一)放大课堂教学内容

学者常言,学问之道,三分源于课内,七分来自课外。在学问上,凡是广泛阅读自己感兴趣的大量课外读物的人,往往会有所成就。从生活的角度来看,生活本身就是一本丰富的书,是一所没有门槛的大学。开放式教学应当紧密贴近生活的鲜活细节。现代教学的特点在于培养学生的实践能力,鼓励学生动脑、动手、动口,这同样是当前教学的当务之急。

从时代内容来看,信息时代、高科技知识和互联网等富有时代气息的元素应及时纳入教学,让学生能够紧跟时代的步伐,保持一颗充满创造、好奇和新颖精神的童心。

(二)放大教学的过程

课堂向课前开放。在传统式教学中,学生通常在上课后才知道教学内容。学生课上的学习处于被动地位。而开放式教学则是先向学生告知学习内容,学生可采用课前预习、翻阅资料、搜集信息等多种方式,对所学的知识内容有所准备和了解。这样既能提高学生学习的起点,又能引发学生的深度思考。在学习过程中,学生时刻处于主动探究之中。

如,在"用连乘方法解决问题"一节学习时,教师以学校的变化为主线导入新课,通过多媒体将学生以客人的身份引入校园,激发学生的学习兴趣。然后问:"看了这座新建的教学楼,你都了解到哪些信息?"学生分别回

答"新建的教学楼有4层""每层有6间教室""每间教室里有42张课桌"等。教师再问："根据这些信息你能提出哪些数学问题?"学生提出"一共有多少间教室""每层楼内有多少张课桌""一共有多少张课桌"等问题。

(三)课堂向课后开放

传统教学通常在课堂内解决问题,而开放式教学则强调将问题带出课堂,带进生活、家庭和社会,在实践探索中让学生寻求答案。

如,教师在教学圆面积计算公式后,将学生探究知识引入社会实际。提出:城市排水工程的管道截面为什么都建成圆形的? 为此教师设计出课后活动如下:一要实地观察思考;二要搜集资料;三要请教身边的人或走访工程技术人员;四要小组交流汇报;五要写一篇自己的活动感受。这一开放性的教学活动,使学生不但巩固了课堂知识,还培养了搜集资料、分析问题、解决问题的能力。学生在整个学习过程体现出自主合作,探索交流的理念,满足了不同学生的学习需求,实现了知识与能力的完美结合,提高了学生的整体素质。

(四)课堂向家庭开放

家庭教育与课堂教育本应相互渗透、相互影响。然而,传统教育却将二者割裂。开放式教学应打破这种壁垒,让家长能够直接了解孩子在学校的学习情况,实现家校合一、齐抓共管的教育目标。

(五)课堂向社会延伸

社会是一个充满丰富人力和物力资源的宝库。在人力资源方面,各行各业的优秀人才都能成为学生的楷模和教材。而工厂、社区等物力资源,同样可以化身为教育学生的生动课堂。数学源于生活,因此在教学过程中应注重借助生活经验引导学生从生活中发现问题,提出问题并解决问题。这样的教学方式有助于培养学生的数学应用意识,让他们更好地理解和应用数学知识。

如例题：小明和爸妈一起去北京，天津到北京的车票每人54元。那么，他们一共需要花费多少元呢？这时，有学生提出了疑问："小明多少岁呢？"老师对此感到好奇，反问："你问这个问题的原因是什么？"学生解释道："如果小明年纪很小，他就可以坐在爸爸或妈妈的腿上，不需要额外买车票了。"还有的同学说，小明如果超过一米二需要买半票……原本教师课前预设的一道两位数乘一位数的乘法计算题，在学生已有经验的基础上，出现了三种情况：小明不买票、买半票或买全票。

在学习过程中，学生结合自己的生活经验，从多个角度提出数学问题，形成了多种解决方案。这不仅是创新思维的一种展现，也体现了学生良好的应用数学意识。数学源于生活，能在生活中找到问题的原型。因此，对于具有实际生活背景的数学问题，学生会更容易理解。因此，教学需要借助学生的生活经验帮助思考问题。教学时要选择学生身边感兴趣的事或物，让学生在熟悉的生活情境中发现相关的问题，提出问题，还要注重为学生在生活中寻找解题的依托，有感而发，化难为易。

总之，通过深化课堂教学内容，扩展教学过程以及加强课堂与家庭、社会的联系，可以有效地开发和利用教育资源构建优质的课程，培养具有创新精神和实践能力的学生。

（六）拓展思维空间

袁振国先生在"反思科学教育"中深刻地指出，中国教育成功的标准在于将有问题的学生教得没有问题，但随着年龄的增长，他们提出的问题却越来越少。而美国教育则鼓励学生提出问题，如果学生提的问题教师都回答不了，则视为教育的成功。因此，美国学生年级越高，越具创意与奇想。试问：我们的教育为什么只重视学生答，而不是学生问？课堂教育为什么不激发学生提问的兴趣？我们的教学为什么不教给学生提问的方法？为什么我们的考试内容只有答的标准，而没有问的标准？

开放学生的思维是开放教育的核心。要培养学生敢于提问，能够提问和善于提问。为此，教师在课堂教学中应重视激发学生提问的兴趣，教会他

们提问的方法,培养他们的提问意识,开发他们提问的潜能,而并非拘泥于传统的教师讲授与提问——教师满堂问,学生满堂答。我们应当转变这种传统模式,鼓励学生满堂问,促进师生满堂议、辩的新模式,以激发学生的主动性和创新思维。

美国数学家斯蒂思曾言,特定问题转化为数学问题,便能整体把握并创造性地解决。数学教师不应仅灌输数学知识,而应引导学生运用已有知识深入思考新问题,将实际问题转化为数学问题,寻求解决方案。

例如,在"两位数加两位数"的教学中,课前教师让学生到服装店观察并记录几种服饰的价格后,课上请他们做介绍(教师板书记录)。之后,让学生根据大家给出的数据,提出问题,并在小组内研究解决。学生广开思路,提出了不少问题:"一条裤子和一件外衣,一共需要多少元""一条花裙和一件汗衫共用多少元"等。由于这些问题源于身边,源于生活,学生倍感亲切、可学、一定要计算出结果。当计算一出现相同数位的数相加满十时,学生感到无从下手,该怎样计算?这一问题引发了学生的热烈争论。课堂上他们思维活跃,各说各理,各献各计。学生完全处于主动学习的状态,因为他们亲自参与了信息的收集,就会执著地为解决问题积极寻找方法和答案,为此主动地投入到学习中。

(七)丰富教学课型

开放式的教学模式需要由开放式的课型来支撑,否则就如同空中楼阁,缺乏实际可操作性。(1)质疑式。即先让学生生疑,带着疑问自学,合作讨论寻法,验证释疑。(2)讨论式。即锁定学习内容,出示讨论题目,共同研究讨论,全班交流达成共识。(3)辩论式。即自学教材内容,出示辩论题(教学难点),各自准备答辩,全班同学互问互辩,统一认知。(4)茶馆式。课前预习,发表己见,师生点评,获得共识。(5)团队式。自学生疑,组内统一思想,选出代表发言,择优选取最佳方案。(6)采访式。明确采访要求,选择适合的采访方法,找准采访对象,详细记录采访内容,及时汇报采访情况,并综合得出采访结论。(7)主题式。明确学习主题,课前各自搜集相关资料,课堂上积极表达自己的想法,最后师生共同讨论并得出结论。

总之要让学生通过探讨,获得数学知识和学会学习数学的方法,更要通过学习加强学生的应用意识,在解决问题时有所发现和创造。

第四节　教学行为尽展教师魅力

教学是科学又是艺术。一方面,它必须建立在坚实的科学基础上,严格遵循儿童的认识规律和身心发展规律;另一方面,数学又独具艺术魅力,涉及人的情感、态度和价值观等复杂因素。相同的知识内容在不同班级的教学效果可能大相径庭,同一班级中不同教师的教学效果也各有千秋。因此教学过程充满了师生、生生的相互作用,这种作用在知识、情感和价值观等多个层面都有所体现。

一、找准起点改变呈现强化思考

不同起点的教学手法会产生各异的效果。数学,作为思维的体操,改变其呈现形式能给学生增添无限的趣味,更贴近学生的学习心理,激发学习热情。数学教学的目标是促进学生思维的发展,而思想方法,文化、思维等诸方面要素的培养是学习数学的本质。为确保数学思想方法得以有效渗透,教师的教学行为必须到位。为了更清晰地比较不同教学行为的效果,下面是对"植树问题"的两个同课异构的课例进行分析。

例一:课始,师生同玩手指游戏。首先,大家展示两个相邻的手指,引导学生观察并得出"两根手指间有一个间隔"的结论。接着,继续展示三根手指,让学生思考有多少个间隔,再展示四根手指,同样让学生观察间隔数。这种饶有趣味的游戏方式使学生轻松理解了手指数与间隔数之间的关系,即手指数等于间隔数加一。随后,教师出示例题:

"园林工人需要在全长30米的长廊一侧摆放盆花,每隔5米放一盆,且长廊两端都要摆放。请问一共需要多少盆花?"学生根据自己的理解列出算式,并验证答案的准确性。在交流汇报时,很多同学通过画线段图的方式来验证自己的解法。有的在纸上以点带盆进行验证,也有的同学则利用自己的文具在桌面上进行"实地"摆放。在大家的答案达成一致后,教师引导学生进行深入思考:"如果两端不摆放花盆,那么盆数和间隔数之间会呈现出怎样的关系呢?"经过思考,有学生回答道:"盆数会比间隔数少 1,即盆数等于间隔数减 1。"为了验证这一关系,学生们采取了减少间隔的方式,结果确实证明了这种关系是正确的。随后,教师便引导学生进入课堂应用练习环节。

例二:课始,教师和学生回忆高斯小时候计算 1 加到 100 的故事后,学生认识到"找规律"是进行简算的好方法,学生产生了用"找规律"解决问题的心理。

课堂情境引入后,教师出示例题:"园林工人要在全长 120 米的小路一边种树,每隔 4 米种一棵且两端都要种植。一共需要多少棵树苗?"教师先让学生根据自己的理解列出算式。巡视中教师请几名列出不同算式的同学在黑板上写出自己的算式后,教师质疑:"哪个算式是正确的?"学生一时很难判断,许多人想要画图解决问题,但绘制 $120 \div 4 = 30$ 个间隔既费时又费力。于是,教师指导:面对大数难以把握时,可以从小数开始,从中发现规律,再利用这些规律解决大数的问题。学生们顿时明白,立即从 8 米、12 米、16 米等小数值开始研究,每隔 4 米种一棵树,找出树的数量与间隔数之间的关系。之后,全班同学共同归纳总结出计算公式,最终应用这个公式解决了问题。

这两个课例的共同点是:在教学过程中都让学生通过观察、实验、猜测、验证、推理与交流等方式参与数学活动,这体现了数形结合的思想方法。但课例间的切入角度有所不同:课例一是将原数据缩小,以降低学生画图或摆图的难度,旨在分散教学难点;而课例二则反其道而行之,故意增大原数据以增加验证的难度,迫使学生从另一角度,即从小数据出发,寻找规律并解决问题。

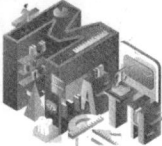

这两个课例中,课例二显然更具价值。因为它恢复了问题的原始状态,引导学生从小处着眼,从而洞察大问题,无形中传授了解决问题的策略,凸显了数学学习的价值。其深远的教学指向,是课例一所无法比拟的。切入点或思考高度的不同,会导致教学效果的显著差异。

是什么原因造成"智本近"的学生会产生"习相远"的差异?答案显而易见。解决问题运用不同思维方式,效果不同。也有教师对课堂教学出现的问题视而不见。例如:教"认识圆柱"一课时,教师通过茶叶罐等实物展示圆柱,引导学生认识圆柱的特征后,教师向学生提问:"如何判断圆柱的上下两个底面是否相等?"一些学生提出:"在圆柱的上下底面分别作垂线,若它们平行且相等,即可判断。"另有学生表示:"可以测量上下底面的半径,计算两个圆的面积是否相同。"然而,学生们的建议并不多。教师进一步追问:"还有其他办法吗?"一名学生提出:"将茶叶桶的一个底面置于白纸上,用笔画出其大小,再倒转茶叶桶覆盖其上,若两者重合,则底面相等。"教师认为此法简便易行。与前面的方法相比,此法似乎更为简便,无需测量和计算,但若应用于求圆柱形建筑物的上下底面积,此法显然不切实际。此时,需采用测量和计算的方法。若教师能引导学生思考不同方法的优劣,他们会更好地理解数学的本质和应用。测量、计算与颠倒茶叶罐虽同为解决问题的方法,但本质截然不同,前者体现了数学思维,后者则是日常思维。对于课堂中不显眼的问题,教师要引起警觉,将其转化成有意义的教学资源,深入探究。

二、形成风格启发心智展现潜能

培养学生的个性是素质教育的重要内容。教师要培养学生的个性,首先应有自己的个性。教师有了个性,才能充分展现自己的教学特长,使自己的教学鲜活起来,随之激发学生的学习热情。教师的教学个性还对学生有着示范作用,会诱发学生的个性,影响学生个性的形成。然而,在多年的应试教育影响下,很多教师墨守成规,不敢越雷池一步,丧失了教学个性,难以进入教学的最佳境界,也影响了学生的个性发展。教师要在教学中灵活运用他人经验的基础上,也要有不同于他人的方式、方法、手段和语言,体现自己教学的独特性,形成符合自身教学实际的教学风格和特点,以产生教育教学的最大效益。教师在备课时,既要关注全体学生的需求,又要注重个体差异,确保每个学生都能积极参与学习,从而有所收获,感受不同层次的成就感。这样的教学方式使教师整个教学过程充满活力。

对于基础性的问题和练习,教师应激发学习能力一般的学生积极参与;对于拓展性的问题,可采用小组合作共同研究的方式;而挑战性的问题教师要满足学有余力的学生的需求。

例如在备课《长方形、正方形面积》这一内容时,有的教师巧妙设计了"我是小设计师"这一作业:

(1)请学生量出自己房间的长和宽,并计算房间的面积。

(2)了解家中客厅的面积以及使用的地砖或地板规格,计算所需地砖或地板数量。

(3)调查地砖的规格和价格,并做好记录。

(4)假设一个85平方米的客厅需要铺设地砖,请学生提出自己的设计方案。

此作业设计允许学生根据个人兴趣和能力选择解题方向,既发挥了他们的学习主动性,又有利于个性发展。每个学生都能从中获得成长,体验到成功的快乐。

又如,在教学"锐角和钝角"时,学生初步认识锐角和钝角后,教师便拿出两根小棒,并将它们插入海绵中。老师手拿另一根小棒在转动,跟随转动的过程让学生说出角的名称。

师问:通过刚才的转动,你们有什么新发现?

生1:我发现锐角比直角小,钝角比直角大。

生2:我还知道锐角、钝角有很多,而直角只能那么大。

生3:我发现,无论是从锐角变为钝角,还是从钝角变为锐角,都需要经过直角这一中间状态。

反思这一教学过程,我们发现,生动直观的教学方式,让学生能更好地理解知识,培养他们的观察能力和逻辑思维能力。同时,这也提醒我们,教师在教学中应注重启发式教学,让学生在探索中发现知识的奥秘,培养他们的创新意识和实践能力。

教师要尊重学生独特的思维方式和活动方式,让他们在活动中丰富自己的数学活动经验,发展想象力,让不同个性的学生在愉快的情境中求知、求趣,享受不同层次的成功喜悦。要想达成这一目标首先教师的见解和思维方法要有个性。教师对问题的独到见解和思考方法往往给学生以新颖之感,能启发学生的心智。教师在教学中要有自己的个性,要具有强烈的问题意识和反思能力,具有怀疑批判精神,敢于发表自己的见解,教师的创新见解会对学生的创新意识、创新精神、创新行为产生积极的影响。其次教师的教学语言要有个性。教学过程的完成依赖于语言,而语言风格不同会产生不同的效果。教师除具有生动、准确、活泼等语言特点外,还应有自己的语言个性,或丰富优美、富于情感;或自然流畅,幽默生动;或意蕴深刻,耐人回味;或自然亲切,启人思维等。教师要借助特有的个性语言去吸引、感染学生,如果语言缺乏个性,教师只是起到一个传声筒的作用,难以调动课堂的学习氛围,培养学生的个性也成了一句空话。

曾有教育心理学家指出,孩子丰富的想象力比拥有亿万财富更为宝贵!如果学生不知明天以后的"明天",他们会有创造吗?因此,教师在教学过程中,要鼓励学生从多角度发现问题,综合运用知识、采用多种方法解决问题。教师在教学时,应激发学生的奇思妙想,鼓励他们提出独到的见解,给予他们创造展现创新潜能的机会。同时,教师要激励学生敢于思考、敢于表达、敢于提问、敢于实践,以此打开他们思维的闸门。在课堂上,教师应更多地给予尊重,提供足够的空间让学生释放潜能,充分发挥个性,从而营造出一个充满活力的创新氛围。此外,评价应适度延迟,给学生更多的思考时间和探究空间,激发他们的创造灵感。最后,趣味作业的布置也至关重要,它能有效激发学生的数学兴趣。

鼓励学生在生活和学习中学会观察,学会发现问题并敢于想象。对学生的奇思妙想教师要多肯定,多表扬,鼓励学生既不附和现成的结论,又不钻牛角尖,帮助他们在数学活动中勇于探索,不断争取新的成功。

三、把握时机精准讲解点明症结

教师的讲解在数学教学中具有举足轻重的地位,尤其在特定的教学环境中,其重要性更为凸显,有效讲解要把握时机。

(一)在激发兴趣时讲解

教师讲的好,就能充分激发学生的兴趣,使他们尽快进入学习状态。优秀的教师能够用幽默风趣的语言点燃学生的学习欲望。

(二)在争执不下时讲解

当学生在学习中遇到困惑,经过讨论仍无法达成共识时,教师的讲解就犹如指路明灯,为学生解开疑惑,指引他们走向正确的方向。此时,教师的讲解需要精准而深入,直接触及学生的疑惑点,帮助他们厘清思路,找出问题的症结所在。

(三)在提炼概括时讲解

当学生在自主学习和合作交流后,对知识有了初步的理解和领悟,但他们抽象思维概括性还不强,语言表达能力较弱,缺乏系统地整理和提炼时,教师的讲解会起到关键的作用。教师可把学生琐碎、零散,缺乏条理的儿童化语言、观点进行理论升华,使之变得系统化和条理化,揭示知识的内涵,以完善学生的认知结构。这种讲解不仅有助于学生对知识的理解,更能培养他们的抽象概括能力和数学语言表达能力。其可以从两方面入手:一是从多而杂的解题方法中提炼出合理、简便的方法;二是在讨论的基础上将他们的思维加以概括,用数学语言提取出本质特征。

(四)在介绍背景时讲解

在介绍数学知识的背景时,教师的讲解同样重要。通过讲解知识的来源、作用以及最新发展,教师可以帮助学生建立对数学的全面认识,激发他们深入学习和探索的兴趣,这种讲解方式不仅能够拓宽学生的视野,还能培养他们的数学素养。

综上所述,数学教师在教学中的讲解具有不可替代的作用。它将传统教学中的优势与现代教学理念有机结合,使讲解在新的背景下发挥着已有的优势并赋予新的内涵和功能。这样才能有效地促进教学,培养出更多具有创新精神和实践能力的优秀人才。

四、开而不达娴熟驾驭赢得信任

教师的引导,即含而不露,指而不明,开而不达,引而不发。引导而非主宰,我们应归还学生表达的自由,将判断权赋予他们,为他们保留想象的空间,并将创新的机会赠予他们。教师在课堂中巧妙设计悬念,旨在引发学生欲罢不能的好奇心,进而使他们全神贯注,激活认知潜能,并点燃他们求知的热情。

由于在课改中教师角色转换,教师的教学行为也在师生互动中发生变化。教师需善于学习,不断充实与更新观念,既要掌握先进的教育理念、科学的教育方法,还需具备渊博的文化知识。同时,教师还需拥有丰富的情感、广泛的爱好和较高的教学能力,通过这些,让课堂教学充满活力、妙趣横生,从而游刃有余地赢得学生和家长的信任,使他们对教师产生崇敬之情,实现亲其师、信其道、乐其学的良好教育氛围。教师行为在课堂教学中的魅力,还在于其能娴熟驾驭学生的思想感情,为有效地实现教学目标,教师不仅要有的放矢指向问题,还要善于拐弯抹角地提示、引导。让学生在不经意中,突感豁然开朗,在不知不觉中明白了道理,学会了技能。教师的教学魅力,还在于能把学生发自内心的感情,交融在师生问答的唱和之中。

如老师说"1加1等于几?"学生肯定会回答"2"……连续愉悦的课堂唱和,会使学生全身心地投入课堂,产生学习的热情。教师的问题步步深入,学生的回答也会有张有弛,教学是人的教学,师生的一举一动,一言一语,一颦一笑都会给学生带来不同的心理影响,这也正是教师教学行为魅力之所在。如,教学"体积的意义"时,要做到以下几点。

(一)调动生活经验,体会物体占空间

教师从一个生活常见的现象入手:"我有一个三岁的女儿,每天我一回家她做的第一件事是穿上我的大鞋在屋里高兴地来回走。你小时候也这样玩过吗?"学生兴奋地回答:"玩过!""那时候你的父母能穿你的鞋吗?""不能!""为什么?""因为鞋太小了,父母的脚穿不进去!"这时教师把女儿的鞋拿出来,让同学们试试能否穿上,学生哄堂大笑。教师这一搞笑的举动强烈地刺激了学生的敏感神经,课堂顿时变得热闹而活跃。此举使学生感悟到鞋里面的空间小,脚占的空间大。教师利用小朋友喜欢穿大人鞋这一司空见惯而又充满童趣的现象,引出"物体占空间",调动起学生参与学习的积极性。

(二)生活举例感受任何物体都占空间

教师继续提问:"脚占空间,你占空间吗? 还有什么物体占空间呢?"学生举出了粉笔、课桌、教室、教学楼等身边的许多物体。教师进一步拓宽学生的视野:"地球占空间吗? 宇宙呢? 空气抓得住吗? 抓不住占空间吗? 细菌看得见吗? 看不见占空间吗?"教师的连问,把学生带入深层次的思考中。经讨论,学生做出总结:任何物体都占空间。教师通过举例,排比式引问,使学生从诸多身边的物体如课桌、教室到更大的物体如地球、宇宙,再到无形的空气和微小的细菌,多角度地认识物体占空间的现象,揭示体积概念,使学生感知占空间有大小。通过对比不同物体所占空间的大小,学生自然地生成了"物体所占空间的大小,就是物体的体积"这一认识。

在这一教学环节中,教师巧妙地借助学生熟悉的生活进行体验,引导学

生逐步深入理解体积的概念,在直观感受中自然生成对体积的认识。

(三)感知"占空间有大小",揭示体积概念

"你我谁占的空间大?地球、宇宙谁占的空间大?你又发现了什么?"通过讨论,学生认识到物体不仅占空间,而且占的空间有大有小。物体所占空间的大小,叫物体的体积。

在体积概念的形成环节,教师安排了三个层次的活动:一是通过回顾充满童真而又在孩子小时候较为普遍的现象——"穿妈妈的鞋",引出"物体占空间"的认知;二是通过丰富地、多角度地列举占空间的物体,形成"任何物体都占空间"的认识;三是通过对比教师与学生所占空间的大小,地球和宇宙所占空间的大小等,得出"物体所占空间有大有小",让学生自然生成体积的概念。这一阶段的教学让学生充分感受丰富直观的体积素材,让零散的生活经验得以提升,充分理解"物体所占空间的大小,就是物体的体积"的意义。

五、放开手脚提高效率充实生命

数学活动是学生发展的前提条件。学生的主动参与、积极互动是课堂教学的一种有效方式。

在课堂教学中,坚持学生活动的自主性,使学生始终处于活跃兴奋的状态,积极主动地参与教学全过程。尤其教学的重难点,若能组织学生集体合作,取长补短形成立体的交互的思维网络,可有效提升教学质量。

再如,教学"数字编码"后,教师引导学生思考生活中运用数字编码的例子,学生们积极回应,列举出诸如车牌号、邮政编码、电话号码、学号、商品编码以及报纸杂志的刊号等实例。学生从中体会到数字编码与生活息息相关。然后教师提出,学校五年级有 6 个班,如果给每个同学编一个号码,并且通过号码就能知道他是×班的×××同学,需要几位数,怎样编码?经大家讨论后统一了认识。教师又让大家编写出各自在学校的编码,让学生尝试

编写自己在校的身份号。这一环节设计,既检查了学生掌握身份证常识的情况,又给学生一个想象的空间,让学生去设计、去创造。

学生不但给自己编写出在学校的编码,还给全班的同学依次按年级、班级、学号,编出了所有号码。学生欣赏着自己编出的众号码,成功之感油然而生。部分同学甚至不约而同地站起来使用编码高声呼叫班里的同学,他们嬉笑着互相呼叫,见证着编码的功效,课堂里一片欢笑笑语。此时教师在黑板上写出了4138、6409、3315让学生说说从中你了解到哪些信息?学生争先恐后地抢着回答,学习气氛十分高涨。接着,老师又提出:从你们的编码中还想知道是男生,还是女生,该怎样编码?教室里马上安静下来,这个问题又把学生引入深层次的思考。学生三五成群主动凑到一起研究、讨论,边说边动手编写……

兴趣是最好的老师。学生了解编码的规律,不仅是生活所需,且生活中有很多问题与数字相关,从而对数学产生亲切感。本课整个过程采用实践、研究、再实践的方式。使学生初步感知数字与生活的联系。编号,在学生眼中不再是简单枯燥的数字排列,而是生活中富有活力的东西。

面对这一数学知识的教学,教师摒弃了传统的"一言堂"和"独角戏"式讲解,鼓励学生展开讨论,集思广益解决实践中遇到的问题。这样做不仅充分发挥了学生的主体作用,还为学生提供了展示自我、放飞潜能的机会。教师将学习过程转变为全体学生探索知识的活动,有效促进了学生的主动学习。

教师在整个教学过程中,放开学生的手脚,为他们的发展提供了空间和时间,问题逐层递进,促学生思维渐上台阶,使不同层次学生都能得到发展,学生真正成为知识的探索者、发现者和创造者,这使他们能够长久保持探究心理,并培养出勇于探索、勇于创新的科学精神。

教师的课堂魅力在于教师是导演,学生是主角,把学生放得开也能收地笼,学生的思想再活跃,也不能游离于课堂之外,学生的思想再迟缓也会迸发出一点火花,那是星星之火,也是学困生转化的苗头,这就是教育的目的,是教师教学行为的魅力的精彩呈现。

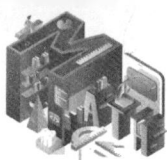

在课堂教学中,教师的价值何在?莎士比亚曾言:"上天生下我们,是要把我们当作火炬,不是照亮自己,而是普照世界。"教师正是这火炬精神的最佳诠释。他们全身心投入教学,热爱学生,通过优化课堂,提高教学效率,让生命更加充实。在课堂上,教师展现才华,挖掘学生潜能,促进学生健康成长。同时,教师在教学互动中,从学生身上汲取智慧,不断提升自身能力,实现教学相长。

在课堂上,学生的价值体现在何处呢?他们的人生价值正是在教育的引导下,实现个人和个性的健康发展,从而活得健康、积极、充实。对大多数学生而言,长大后成为普通人是常态。因此,教师不应刻意追求学生的特定发展方向,而应尊重人的自然成长规律,顺其自然。小草自然会装点大地,大树则会成长为栋梁之材,教师要在此前提下来指导学生的学习。

学习的内涵已不局限于知识和技能,而是延伸至学会学习本身,这符合科技时代发展的需求。教学应以学生发展目标为导向,展现生命的活力。教师需着重指导学生学会学习,因为愿学是学习的强大内在动力。为此,教师应运用多样化的教学方法,激发学生的学习兴趣。对小学生而言,最有价值的是能满足好奇心、带来乐趣的事物。因此,教师在教学时,应采用生动有趣的教学形式和方法,满足学生的求知欲和好奇心。教师需引导学生从被动学习变为主动学习,使其在学习过程中产生欲罢不能的情感,同时,优化教学结构的关键在于改进教材呈现的方式和方法,以满足学生的求知欲,并让他们体验到成功的喜悦。

数学教育的核心理念在于引导学生学会用数学的视角来观察世界。就是既知道数学在实际生活中的应用价值,也懂得他们现在所学数学知识的意义。数学的真正意义在于它能够充分展现数学思考的魅力,并改变人们的思考方式、方法和观察及解决问题的视角。一旦学生在数学学习中感受到思维的乐趣,领悟到数学知识的丰富性、方法的精巧性、思想的博大性和思考的美妙性,那么数学的价值自然不言而喻。因为,拥有思考,便拥有了数学的力量。

第二章　根据学生的特点活用教材

长期以来,课堂教学一直是以教师为中心,以书本知识为内容,以课堂讲授为阵地的,人们常把这种形式的课堂教学称为"三中心"。怎么改? 要改的内容很多,但是最根本的改革,还是对传统课堂教学"三中心"的改变。这就是:把以教师为中心改为以学生为中心,把课堂改为学堂,把以书为本改为以人为本。

　　小学生对周围的世界展现出浓厚的兴趣和探索欲望,经常提出许多问题,对不了解的事物充满热情并努力寻找答案,这种好奇心不仅能激发学生的学习兴趣,还能使他们积极参与各种活动。教师在课堂教学中应珍视学生的这种可贵品质。面对学生的好奇心,教师应保持童心,即站在儿童的立场上,以儿童的观念与品质去理解和感受。换言之,教师应以儿童的心态、思维和感觉去组织和创造课堂教学。

　　好的课堂教学应当简约而不失深度,清澈且充满灵动,散发出迷人的魅力,具有触动人心的力量。

第一节　静中求动　顺应心理内化思维

"静"指的是教科书上用语言叙述知识的产生、发展,学生看到的是抽象的思维结果。而"动"则强调教师在讲解时,不仅要确保学生理解书本上的思维结果,还需精心设计和优化内容的呈现方式,以引导学生主动深入参与课本背后的思维过程。

教师应带领学生深入探究知识的形成、体系的构建、变化与发展。因此,数学教学应以数学活动为核心,而非仅局限于知识的单纯传授。应着重采用儿童喜爱的方式,结合生活实例,展示知识的内涵,将静态、抽象的知识结论转化为生动的探索过程。这样,课堂教学就能成为人与人之间、前辈与后代之间、数学家与学生之间思想与感情的交流平台,使教学内容在互动中自然地内化为学生自己的思维。

一、添加新颖内容满足好奇心

为了让学生理解空间与图形中"一维""二维"和"三维"的关联,部分教师运用多媒体课件,借助"平移"与"旋转"的概念,通过动画演示,让学生直观看到从"线"到"面",以及从"面"到"线"的转变过程。这一方法不仅培养了学生的观察、想象、比较、联系、抽象和分析能力,还满足了学生的好奇心,拓宽了他们的思维空间。

好奇求新是小学生的心理特征,也是他们学习的动力。这就决定了数学教学要贯穿兴趣,关注情感。教学方法要因课、因人而异,富于变化,以适应学生的特点。教学要尽量做到"课课有别""堂堂有异",让学生感到学习

是快乐的事情,在潜移默化中不断唤醒他们的求知欲望。

如,在新课伊始,教师可以布下疑阵,以猜想吸引学生的新奇;可以用形象生动的故事绘声绘色地讲述调动学生的情感;可以展示光鲜亮丽图物,吸引学生入情入境;还可以启发学生展开合理的想象等。在教学"线段"时,有的教师以猜谜语开场,调动学生的参与学习的积极性。在教学"循环小数"时,为了帮助学生直观理解"循环"的概念,一些教师巧妙地利用体育中的踏步口令,如"1、2、1、2……"来引导学生跟随节奏踏步,使其亲身体验循环的节奏感。同时,教师鼓励学生观察生活中的循环现象,学生思考后找出了许多:太阳每天早晨升起,晚上降落;一年四季中,春夏秋冬轮回;白天与黑夜的渐变……这些学生感兴趣又熟悉的循环实例在课堂闪烁着智慧的火花。

教师给学生设计创造的乐学课堂,激发了学生的学习兴趣,大家争着说,抢着讲,互受启发,将书本中枯燥、静态的文字叙述转换成数学活动。在轻松愉快的氛围中,学生们不仅扎实地掌握了知识,还深刻理解了其意义与特征。

二、注入新气息增强理解运用力

教材是进行教学活动的凭借材料,是知识的载体。教师要依据新的教学理念,顺应学生的心理及思维实际,用足、用活、用好教材,确保课堂教学和学生实际的需要,以达到预期教学效果。在教学中,教师也需帮助学生打破思维的定式,适时采用灵活、新颖的方式帮助学生疏通思维上的障碍。学生年龄小,思维方式上受教师的影响较大。课堂中教师对一些知识反复强化训练,会使学生的思维形成定势,面对变化了的数学问题时,由于思维定式的干扰会束手无策。为此,教师要给教材适当打"补丁",以新颖、有趣且带有刺激性的"补丁"来消除学生的思维定式。

在引导学生深入探究"圆环的面积"后,学生已经掌握了其计算公式:圆环面积等于大圆面积减去小圆面积。接着,教师进一步设计了多种练习,以加深学生的理解。

　　首先,学生根据大圆和小圆的直径来计算圆环面积。其次,已知环宽和小圆直径,学生需要求出环形面积。最后,学生还需根据环宽和大圆直径来计算环形面积。这些多样化的练习从不同的角度引导学生思考,寻找解决问题的策略。通过这些练习,学生不仅掌握了求环形面积的不同方法,还总结了相关公式"环形面积等于大圆面积减去小圆面积"。在确定了大圆和小圆的半径后,学生只需分别求出大、小圆面积,便能轻松计算出环形面积。学习到这里,应该说教学目标已顺利完成。但这样的思路还存有局限。此时可给教材补充内容。

　　如,已知阴影部分的面积是 $13cm^2$,怎样求出环形的面积?学生经过观察思考后发现无法找到大、小圆两个圆的半径,一个个面带难色感到棘手:真的无法求出环形的面积了吗?教师鼓励学生仔细观察图形,并开展小组讨论。当大家陷入困境时,终于有学生打破了常规思维:大正方形的面积等于 R 的平方,即 R^2;小正方形的面积等于 r 的平方,即 r^2。阴影部分的面积等于大正方形面积减去小正方形面积,即 $R^2-r^2 = 13cm^2$。而圆环的面积是 π 乘以(R^2-r^2)。这名学生的解题思路一经分享,其他学生恍然大悟,纷纷表示这种求解环形面积的方法更为简便。这道题不仅补充了教材内容,还拓宽了学生的解题思路。在反思过程中,学生们总结出"求环形面积并非必须知道大、小圆的半径,只要知道 R^2-r^2 的值就能简化计算""从整体出发解题会更简单""当常规方法无法解决问题时,需要尝试其他方法"等经验凸显了"补丁"教学的效果。

　　教师在形成思维定式方面负有一定责任。在备课过程中,教师应当寻求突破思维定式的方法,并添加补充内容。教材中"你知道吗?"部分简要介绍了多种数学方法,对此,教师不能仅做简单处理。例如,五年级的"你知道吗?"栏目中,对分解质因数做了简单介绍,若教师仅让学生阅读,会导致知识体系中的重大遗漏。

　　同册同栏目还提到,利用分解质因数的方法,可以更简便地求出两个数的最大公因数。既然此方法更简便,课本为何采用复杂的列举法呢?若不

教授分解质因数,学生难以理解后续内容。因此,"你知道吗?"中的知识点不宜仅通过学生自行阅读来弱化处理,而应添加强化内容。

列举法求最大公因数和最小公倍数的优点在于直观,但速度较慢,处理大数时存在局限。因此,在教学中,应结合新老教材,吸收其优点。在介绍列举法后,还应及时补充分解质因数的方法。正如所说,新教材、老教材,取长补短,方能使教学更精彩。

三、不断输入参加活动的动能

在数学课堂上,教师要根据学生的年龄特点,紧密联系学生的生活实际,从学生已有的知识出发,创设生动有趣的情境,让学生们用自己喜欢的方式学数学、做数学,激发学生的学习兴趣,培养学好数学的自信心,使他们感觉到学习数学是一件有意思的事情。教师不仅要把注意力放在数学结论上,更要关注学生的动态学习过程,从学生的生活和学习实际出发,不断给学生输入参与数学活动的动能,让学生在生活情境中发现数学问题,并引导学生凭借自己的智慧和能力,用不同的方法去解决问题,体现解题策略的多样化和最优化。其培养方法有以下几点。

(一)借助媒体,建立表象

人类最可靠的感觉系统是视觉。人生中有80%以上的信息通过视觉获取。教师要适时为学生提供具体材料,如挂图、实物、模型等,以丰富他们的表象,调动视觉参与到学习活动中。同时,教师要教会学生观察要有重点,对主要内容的观察要有序。教师还应特别重视利用电教等媒体进行教学,因为它能把课本中的知识演示为由静变动的思维过程,使学生在无法亲临现场的情况下形成表象,拉近知识与生活的距离,使学生身临其境,以此填补和增强学生的表象,提高学习效率。

(二)实践体验,积累表象

古人云:"纸上得来终觉浅,绝知此事要躬行。"动手操作可以提高感知的效果,亲身参与实践活动,可以加深对事物的认识;加强体验,可积累表象,使感性认识越来越丰富也有利于认识数学问题。教学时,教师要顺应孩子爱动的天性,给他们提供动手操作的时间和空间,通过折、画、拼、剪等方式,让学生亲自体验,满足他们的心理需求。

(三)有意记忆,丰富表象

记忆分为无意记忆和有意记忆。深刻的印象要通过有意记忆的反复感知。课上,在学生使用学具操作或观察画面后,要鼓励学生复述操作的过程;说说画面的内容,这样的回忆和讲述有助于将感知转化为表象。如,学习了长方形、正方形、梯形、三角形等图形后,让学生闭目想一想,按照自己脑中的记忆,说一说它们的形象、特征或比一比它们的相同点和不同处等,通过有意记忆,反复感知,加深对知识的印象和理解。

(四)加工表象,发展形象思维

1.培养联想能力

联想是形象思维的一种形式,它帮助学生将已知事物与另一事物联系起来。思维是否流畅表现在联想熟练的程度。因此,在教学中应增加表象数量,重视联想能力的培养。以学习圆柱体积的计算为例,先让学生联想:圆面积计算公式的产生,是先把一个圆经过割补转化成近似的长方形,而推导出求圆面积的方法。据此让学生充分联想:①如果圆面有了厚度会变成什么图形?②此图形是否也能用同样的方法割补?③拼成近似的长方体后,怎样求它的体积?④请你推导出它的体积计算公式?这一学习过程是通过学生对已有知识圆面积的加工,在此基础上让他们充分地进行联想,从而把学习过程变成了创造的过程。

2.培养学生的想象力

人对头脑中已有的表象经过加工或改造,创造出新形象的过程叫想象。联想能增加表象的数量,想象能使表象改变面貌。想象能创造未知的事物形象,还可以创造出不存在的事物形象。想象是培养创造思维能力的起始。

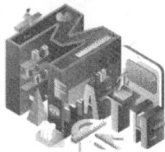

教师要重视培养和发展学生的想象能力。形象思维能力的培养与提高是发展思维的重要组成部分。教师要把培养形象思维贯穿在整个教学的每个环节并挖掘和发挥素材的功能,创设条件为培养学生的形象思维的发展助力,强化形象思维的运用,同时还要把形象思维和抽象思维有机结合,使其和谐发展,有效提高数学教学质量。

四、变静态呈现为动态生成

传统的课堂教学,呈现知识的方式一般采用静态的叙述。即教师直接采用课本上条件完备、结论明确的封闭例题进行讲授。然而,现代教学理论强调学生应积极参与教学活动,并在活动中将静态知识转化为个人认知结构。因此,教师在呈现知识时,应充分调动起学生学习的积极性和求知欲望。引导学生发现问题,思考和解决问题。把学习的内容变为教师与学生共同探讨的数学活动,把静态呈现的抽象文字转化为动态的探究真相。在探索中,感受和加深对静态知识的理解,使抽象的知识在动态中生成。

此举既可使学生有效地吸纳知识,又会养成良好的思维品质,使创新精神得到发展。如,教师出示练习题:小英有一本书,她已经看了 43 页,还有 29 页没看,求这本书一共有多少页?这对以具体形象思维为主的小学生来讲,具有一定难度。因为它需要用逆向思维的加法来解决问题。教学中,教师让学生想象、分析、思考、说一说,但仍有困惑。因为题的内容抽象。此时,教师随手取出一本书,一边翻阅,一边述说:"我已经看了 43 页。"她紧捏书的剩余部分,接着说:"现在还剩下 29 页。"那么,我们如何能得知这本书总共有多少页呢?学生还是感到茫然。教师稍停片刻,给学生留有思考的机会,但课堂仍悄然无声。教师做出了更加夸张的动作,将看过的和剩下的两部分页数用力合并成整本书。这一直观且简单的演示呈现在学生眼前,立刻激发了学生的"生活经验",使他们迅速理解了其中的数量关系。学生的顿悟让原本沉静的课堂变得热闹起来。有的边拍桌子边喊:知道了,用加法……

思考是数学中的心智技能,虽然看不见摸不着,却是隐性的内在教学活动。小学生常常依赖生活中积累的常识和经验来理解和掌握知识,形成技能,以及学会思考和解决问题。因此,教师在设计教学时,应尽量基于学生已有的生活经验,将他们遇到的实际问题抽象为数学模型,并对其进行解释和应用。

第二节　从具体到抽象　强化认知发现规律

　　小学阶段学生的思维发展,主要处于具体运算阶段,形象思维占主导地位。因此教师在教学时,要结合学生的思维发展水平,将抽象的数学概念以具体化的形式展现。借助学生已有经验来渗透数感,通过展示实物和图片,引导学生从日常生活中提炼数学概念,使他们感受到生活中无处不在的数量关系和数学存在于真实生活中,以深刻体会到数学的意义和价值。

一、借生活原型悟数学原理

　　例如,在教学"图形的对称"时,教师可以利用多媒体展示蜻蜓、蝴蝶、枫叶和双喜字等学生熟悉的物体或画面,让学生通过观察,初步感知图形对称的特征。这样,数学学习与生活相融合,让学生深刻体会到生活中处处有数学,数学就在身边。随后,教师指导学生进行实践操作,如比较、剪切、折叠等,让学生充分观察、仔细比较。他们会惊奇地发现,这些图形沿一条直线对折后,两边竟然能完全重合,这就是对称图形的本质与特征。教学中,教师利用生活中的物体,结合学生的实践操作,从抽象到具体,再上升为数学原理。这样,学生获得的知识更加生动有趣,能感受到学习数学的无穷乐趣。

二、在操作中感悟数学本质

　　学生之前学习的图形都是由直线围成的封闭图形,而圆的认知是他们认识简单平面图的一次重要跨越。为了让学生深入理解圆的思想和潜在意义,教师在教学时创设了情境,引导学生体验圆的特征。

教师首先询问学生,钟面上 1 至 12 的数字围成的形状是什么。接着,让学生用围棋中的黑白棋子尝试摆出这样的形状。在教学环节中,教师有序地指导学生进行操作:一是在课桌中央放置一个黑棋子;二是在黑棋子的上下左右各摆一个白棋子,且每个白棋子到黑棋子的距离要相等;三是在黑棋子周围继续摆放等距离的白棋子,学生需快速目测,不得使用尺子测量。这一环节旨在通过实际操作,让学生感受"圆的形成",并初步理解圆的重要本质属性——从中心到四周的等距离性。

学生"摆"出的圆虽然具体可见,但并不规范,并非数学意义上的圆。因此,在数学学习过程中,需要将其转化为规范的"数学图形"。这一转换过程,实现了从具体到抽象的思维过渡,有效促进了学生的数学学习。在观察、比较、猜测和思考的过程中,教师运用"变"与"不变"的范式进行指导,帮助学生更好地内化数学知识。

三、在趣味活动中发展思维

在教授"三角形与四边形"时,学生已初步认识了三角形有三条线段和三个角,四边形有四条线段和四个角。然而,四边形定义中的"围成"概念对学生来说较为抽象。对于二年级的学生,使用"首尾相连"来描述可能过于复杂,图形解释也并非最佳方法。因此,教师结合学生生活经验,引入了他们熟悉的"丢手帕"游戏,特别是手拉手围圈的情景。通过手拉手的方式,学生亲身体验了"端点首尾相连"的含义。这一简单又熟悉的游戏巧妙地解释了"围成"这一难点。

教学过程中学生经历了静态观察、动态体验、数学操作、语言表达四个维度的活动。首先,通过"丢手帕"游戏中手拉手的画面,建立数学与生活的联系,并引导学生思考:四边形与围圈之间的联系。学生想象自己像四边形的一条线段,四条线段手拉手围成了一个圈,即四边形。随后,让学生实

际操作与邻桌的同学手拉手体验,并发现四人围出的并非四边形,因为两侧同学的手还未拉上。于是,学生四人一组围出一个四边形,感受其封闭性。最后,学生回顾围成四边形的过程,并用数学语言概括"围成"即线段与线段"首尾相连"的封闭状态,这一教学过程从感性到理性,符合学生的认识规律,使课堂教学充满生机。

学生对这一知识的理解深入且牢固,课堂教学效率显著提升。数学教学是师生通过教材进行的互动活动,旨在传授知识和技能,塑造学生的个性品质,培养积极的学习态度和可持续发展的能力。因此,教师的教学应服务于学生的学习,确保学生成为学习的主体。在数学教学过程中,我们应精心选择教学内容,灵活运用教学手段,并适配教学方法,以符合学生的学习规律。这样,数学教学才能发挥最佳效果,使小学生真正领悟数学,提升数学学习能力,特别是解决实际问题的能力。同时,数学教学还应激发学生的数学学习热情与兴趣,增强他们的学习自信心。

四、让数学表达富有生命力

数学是一种运用思维的科学,教学质量的关键在于教学活动的有效性。课堂上,鼓励学生各抒己见,形成共识,能够使课堂达到高潮。在这一过程中,学生不仅能够巩固认知,还能打破思维定式,拓展思维,使学习更具挑战性。因此,学生会更加喜爱数学,并参与其中,使他们在知识技能,情感态度及价值观等都得到全面的提升。

如题:小强喝了一杯饮料的 $\frac{1}{6}$,然后加满水,又喝了一杯的 $\frac{1}{3}$,再倒满水后,又喝了半杯,又加满了水,最后把一杯喝光,请问,他喝的饮料多还是水多? 学生凭直觉给出了三种答案一是有的认为喝的水多;二是有的认为喝的饮料多;三是有的认为同样多。当教师追问:"为什么呢?"此时班内学生互相观望,想说,可谁也讲不出道理,便产生了欲罢不能的求知欲。此时教师便把事先准备好的两个大小相同并带有刻度的水杯拿出。一杯倒满饮料,另一杯加了满水。找四名学生来做验证。先让一个学生喝了饮料的$\frac{1}{6}$,第二个学生给加满水。师问,你刚才加了多少水?再让第二个学生喝$\frac{1}{3}$,再找第三个学生加满水。问他,你加了多少水?让第三个学生喝这杯的$\frac{1}{2}$后;让第四个学生继续加满水,并继续追问加了多少水?直至第四个学生把满杯全部喝尽,教师让学生围绕此过程展开讨论式学习。

　　此举把教材中缺少生活气息的文字题进行替换,变抽象表述为学生很感兴趣的直观表演活动,把枯燥的题目变得鲜活富有生命力。生动的教学情境,使学生产生探知的好奇,求知的欲望促使他们积极地投入到学习数学的活动中,真切感受数学与生活同在,生活中到处有数学。

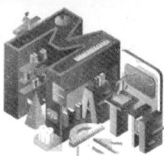

第三节 操作验证 感受数学的价值

一、在验证中发现规律

我国小学生的实践能力相对薄弱,这主要源于传统教育,过于注重书本知识,而忽视了现实生活。过分强调解题技巧,却忽视了解决实际问题的能力。实践活动不仅是课堂教学的重要组成部分,更是提升小学生全面素质的关键途径。教师应结合教学内容和学生的生活经验,认知水平,为他们创造参与实践的机会,并合理把握实践的形式、时机和深度,使实践活动与内心感受、体验相融合。

学生认知发展的过程是连续不断由一个平衡状态,向更高的平衡状态发展的过程。且每个节点都是认知的生长点,承上启下,成为学生知识大厦的坚实基础。当这些节点处于生长阶段时,应鼓励学生实施动手操作,手脑并用,效果更佳。

如,在十几减九的练习中,课件先出示一些背后写有数学题的小动物,教师用儿童化的语言创设童话情境,请同学们把这些小动物邀请到游园活动中。"你们想邀请谁?"随着学生的邀请,小动物一个个出现的同时,一道道相应的练习题也随即出现。学生立刻计算出结果,然后教师请学生当小老师,出题互相考一考自己的同桌。要求是:

①每个人在一张白纸上,写出 3 道十几减九的算式。②把你出的试题交给同桌。听老师口令开始计算,看谁做得又对又快。③交换并批改同桌的作业,如果他全做对了,就给他画一个大笑脸;如果他做错了,就给他一些

鼓励。④说说你的同桌哪一题错了？并帮他改正过来。

活动后,教师引导学生发现规律:"你有什么好办法做得又对又快?"

一个学生大声说:"十几减 9 的得数比被减数的个位数多 1"。在教师的启发下,引导学生一是观察比较发现规律。通过观察算式发现只有被减数的个位和差有变化,都是差比被减数个位上的数字多 1。二是分析过程确定规律。计算十几减 9 时,都是先用 $10-9=1$,把 1 加在被减数个位数字上,得到十几减九的结果。所以十几减九的差都比被减数个位上的数字多 1。课尾教师又让学生用自己发现的规律计算,同学做得又快又准确,个个脸上充满成就感。

智慧教学由学生的探索作始端,活动则是连接主题的桥梁。学生智力的发展与应用能力的提升,往往依赖于动手实践。因此,在教学中,教师应充分考虑学生的身心发展特点,结合他们的生活经验和已有知识,依据小学生的认知规律及数学知识本身的特性,有意识地创设学生动手操作的情境,让学生在活动中动手、动脑、动口,在寓教于乐的环境中学习,在这个过程中学生不断暴露数学问题,又不断地解决数学问题,在自主探究中发现规律,体验到成功的乐趣。有效的教学不能依赖模仿与记忆。学习数学的重要方式是动手实践、自主探索与合作交流。尤其对于低年级的小学生而言,动手操作与实践活动则更加重要。因为数学抽象性强,而小学生又是以具体形象思维为主,他们抽象逻辑思维能力较弱,特别是低年级学生更是如此,他们更容易接受和理解直观的、具体的、感性的知识。教师想要解决数学知识的抽象性与低年级小学生思维的具体形象性之间的这对矛盾,就要让学生亲自参与数学活动,充分利用学生生活中的数学知识原型,把抽象的知识,转变成看得见、讲得清的现象,进而帮助他们理解抽象的数量关系,了解数学知识内在的联系,把握数学的本质,与此同时还要重视借语言升华学生的动手操作能力。

人们通过语言将感知、表象进行概括,形成概念,进行推理和判断,其也用于调节、整理、完善人的思维活动。利用数学语言可以使学生动手操作更加科学规范,进而促进他们的思维的发展。为实现这一目标,教师要鼓励学

生描述操作过程与结果,表达个人的想法与认识。教师也需通过学生的语言表达来了解他们的思维活动,根据学生的表达发现他们在操作、思维中的亮点与不足,并给予相应的肯定或修正。

二、在操作中理解深化知识

我们以"圆柱的表面积"教学为例进行说明。

(一)自主提问锁定目标

教学中学生认识了圆柱体的特点之后教师引导学生提问:"你们还想了解关于圆柱体的哪些内容?"学生们纷纷提出自己的疑惑,有的想了解如何计算圆柱体的表面积,有的想探索圆柱体体积和侧面积的求法,还有的想知道展开圆柱体表面后会呈现怎样的图形,甚至有学生询问圆柱体的实际应用……教师选择了学生共同关心的"圆柱体的侧面积、表面积"作为研究重点。这样,教学目标便转化为学生自主学习的目标,激发了他们学习的动力。课上,从问题的提出到问题的选择,都源于学生。他们掌握了学习的主动权,也成为学习的真正主人。

(二)化曲为直探究侧面积

教师问:"你们认为研究圆柱体的侧面积和表面积哪一个更关键?为什么?"从而引导学生抓住事物的主要矛盾,把学习的重点聚焦到圆柱体的侧面积;同时凸显圆柱的侧面是一个曲面,需要化曲为直,再将其转化为平面图形计算面积,为新旧知识架起桥。找准新知识的生长点之后,在研究圆柱体的侧面积时,教师又借助长方体侧面积的计算方法,让学生猜想,将圆柱侧面展开后,会得到什么图形呢?有人认为是长方形,有人认为是正方形,还有人认为是平行四边形。"到底是什么形状呢?怎么来验证?"学生跃跃欲试准备动手操作,展开圆柱体的侧面进一步探究。这一教学环节,从提出问题到作出猜测引发了学生强烈的求知欲望,为后面动手操作打下基础。

（三）动手实践发现共性

学生马上动手,有的拆,有的剪,有的用小刀割,方法虽不同,但都想知道拆开后的圆柱体侧面是什么样子。当他们将侧面全部展开后,形状不一,有的是正方形,有的是长方形,有的是平行四边形,还有的拆成锯齿形。通过学生展示自己拆开的圆柱体侧面及分析求面积计算的方法,发现这些不同形状的图,在计算时都是用底面周长与圆柱的高相乘来求面积。其中把圆柱体的侧面积展开成一个长方形更便于理解和计算。通过研究展开的平行四边形和不规则图形面积的计算方法,学生深化了对展开侧面图的理解,成功突破了图形面积转化的知识难点。

（四）分析规律深化理解

在学生汇报交流的基础上,统一意见,重点分析、研究展开侧面为长方形的各部分与圆柱体之间的联系:即圆柱体底面的周长是长方形的长;圆柱体的高是长方形的宽。圆柱体的侧面积就是长方形的面积,水到渠成地推导出圆柱体侧面积的计算公式:圆柱体的侧面积就等于底面圆周长乘高。

那么圆柱体的表面积怎么解决呢?学生动手操作,把圆柱体的上下两个底面和侧面展开后,直观地摆在一起,这样他们很轻松就推导出了圆柱体的表面积计算方法:即圆柱体的表面积就是它的两个底面积加侧面积。此时,教师没有停留在求圆柱体表面积的一般方法上,而是进一步让学生回忆在探究圆面积的计算方法时,是如何用分割法得到圆面积的。能否尝试运用这种方法对圆柱体进行分解与排列,进而观察其表面积可能会呈现怎样的图形?教师演示:先将上下两个圆面平分成若干等份,再将两个圆组合成一个长方形,贴到黑板上,接着让学生动手按教师演示的步骤进行拼摆。一个学生突然兴奋地喊起来:"我发现摆成的大长方形的长相当于圆柱体的底面周长,大长方形的宽等于圆柱体的高加底面圆的半径。"一石激起千层浪,有的同学站起来补充道:"圆柱体的表面积就是大长方形的面积,该长

方形长乘宽相当于圆柱底面周长×（圆柱体的高+底面圆的半径）"并顺理成章地推导出"字母公式是 $S_表 = C(h+r)$"，使公式的提炼水到渠成。在这一教学环节中，教师给学生留足了动手探究圆柱体表面积的时间和空间，练习时间虽被压缩，但学生却能运用两种方法求解。课本虽未提及此要求，但它却是学生在亲手操作中探索得出的发现，是内心深处的感悟，是灵感的闪现，更是认知的重新构建。通过操作，学生的理解得以深化，不仅知其然，更知其所以然。相较于熟能生巧式的强化训练，这种方式更具深远意义。

三、在动手实践中提高能力

探究学习代表着学习方式的深刻转变。在这个过程中，"做"成为学生学习新知的重要途径。传统教学方式往往依赖精讲例题和大量练习来追求课堂的高效，但这种模式使学生在学习过程中处于被动状态。虽然他们的学习成绩可能较高，但仅限于对技能和技巧的掌握，而学习到的数学思维和方法停留在浅层次。

相比之下，通过探究学习数学，学生能够自己发现问题，进行猜想，验证假设，进而发现数学的本质。在这个过程中，学生不仅能交流表达，还能进行拓展运用，从而提升了数学思维的层面。这种习惯的养成，有助于学生知识体系的构建和数学思维水平的提高。小学数学教学的目的之一是让学生运用所学知识，解决简单的实际问题。那么，如何引导和帮助学生实现这一目标呢？弗赖登塔尔在其教育思想中明确指出，实践是学习活动的最佳方法。因此教师在设计教学过程时，应理论联系实际，安排丰富多彩的实践活动，让学生有更多动手、动脑思考的机会。为了培养学生的实践能力，应强化学生对数学知识的应用意识，将知识传授与应用相结合，多设计一些数学实践活动。这样学生才能真正理解数学的价值，知道如何学习和运用数学，进而提升他们的实践能力。

总之，教师应结合教学内容，为学生创设情境，营造动手操作的课堂氛围，借助学生的语言表达，指导学生科学规范地进行动手操作，准确把握知识体系的内在联系,拓展学生的思维,并适时引导他们动手操作。这样学生的动手操作必将得到增强,整体素质也会有所提高。数学课堂教学质量也将得到显著提升。教师要紧握动手操作这把金钥匙,去开启学生的智慧之门。

四、借助直观图形构建模型

新课程强调要重视学生已有的经验,使学生体验从实际背景中抽象出数学问题,构建数学模型、异求结果、解决问题的过程。

例如,观察下面的图和右边的算式有什么关系?把算式补充完整。

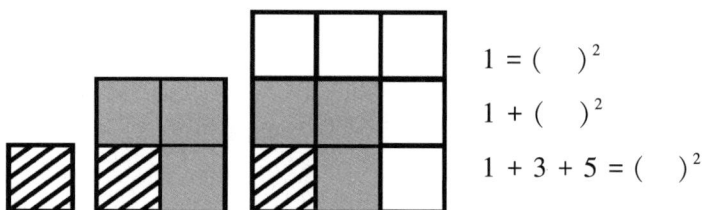

$$1 = (\quad)^2$$
$$1 + (\quad)^2$$
$$1 + 3 + 5 = (\quad)^2$$

教师先让学生摆一摆,借助图形发现算式的特点。其次结合算式与图形内化的联系,通过小组讨论、全班交流、引导学生发现算式左边的加数是每个正方形左下角的小正方形和它所包含的小正方形之个数之和,正好等于大正方形中每行的小正方形个数的平方。最后学生归纳出从1开始的连续奇数求和的规律即加数个数的平方。即:$1+3+5+\cdots\cdots+(2n-1)=n^2$,该规律很快构建出此类计算题的模型。

此题帮助学生通过对图形的直观,使抽象的数量关系与直观的图形的问题进行转化,帮助学理解了计算规律,建立起数的概念。

第四节　激发潜质　满足学生的精神需要

情感是当人的需求得到满足或未满足时产生的内心体验。它是学生学习的驱动力,能够直接影响并调节其他非智力因素的发展。正如孔子所言:"知之者不如好之者,好之者不如乐之者。"教师的情感会对学生的兴趣爱好产生潜移默化的影响,引发情感共鸣。因此,教师要善于运用情感的迁移,激发学生的学习兴趣。

一、用历史人物、故事增强学习自信心

在教学中,适当讲述数学家的成长故事及其科学贡献,不仅可以让学生更好地了解数学的发展史,丰富他们的知识储备,还能有效激发他们对学习的兴趣。

高斯在幼年时凭借敏锐的观察力,发现了"1+2+3+……+99+100"数列的特点,同时也注意到1+99、2+98等和均为100。这种发现并非死记硬背,而是他高效思维的产物,因此他被誉为"数学王子"。

法国数学家柳卡与一些数学家在十九世纪提出了一个难题,被数学界称为"柳卡问题"。问题内容是:每天中午都有轮船从哈佛开往纽约,同时也有轮船从纽约开往哈佛,且轮船航行时间为七昼夜。假设所有轮船速度相同且沿同一航线行驶,那么从哈佛今天中午开出的轮船到达纽约时,会遇到多少艘从纽约开来的轮船?这一难题后来被一位数学家通过画图的方式解决。

而我国的小学生却将其转化为简单的植树问题,轻松得出答案:在七昼

夜的航行中,共遇 15 艘轮船。学生们听了这些故事后,兴奋不已,对难题的神秘感消失,增强了学习的自信心,求知欲也更为强烈。

二、满足好胜体验成功愉悦

数学源于生活,服务于生活,其魅力也寓于生活之中。每个人都有强烈的好胜心,小学生也不例外。如果在学习中频繁遭遇失败,他们可能会对学习失去信心。因此,教师在教学时,应为学生创造机会,让他们体验成功的喜悦。

如题:李红和妈妈从南京乘火车前往北京游玩。他们上午 9:30 从南京出发,第二天上午 7:30 抵达北京站。要计算李红她们在火车上的总时长,大部分学生会先算出第一天和第二天的乘车时间,然后相加。但有没有更简便的方法呢? 学生在教师的启发下,进行了充分的讨论。有一名学生列出了如下计算:

9 时 30 分至 9 时 30 分=24 小时,24 小时−2 小时=22 小时。

在老师和同学们的关注下,他讲出了自己的解题思路,他是从第一天的 9:30 到第二天的 9:30 一共用了 24 小时,而第二天 7:30 到了北京站,少用了 2 小时,所以用 22 小时。他的解题思路清晰且简单,得到了同学们的一致认可。教师鼓励大家向他学习。在他的启发和鼓舞下,其他同学拿起笔,继续寻找更简便的解决方法。

欲望往往短暂,而兴趣的形成则需长期培养。作为老师,不应吝啬称赞之词,一旦发现学生有进步,应及时表扬,增强他们“天生我材必有用”的自信。这既有助于兴趣的培养,又能激发学生积极投入学习的热情。

三、呵护兴趣在快乐中不断前行,释放潜能

教学中出现各种意外情况是正常的,因此,教师需要具备从学生角度出发去理解问题的能力。学生在学习过程中难免会犯下各种错误或总结不够

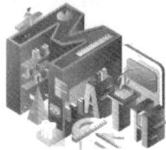

全面,这都是可以理解的。著名数学家华罗庚曾说,天下只有白痴没有想错过问题,只有哑巴没有说错过话,同样,也没有数学家从未犯过错误。因此,教师在评价发展中的个体时,应持有辩证的观点和发展的眼光,实行多元化的评价方式。对他们正确的行为要给予赞扬,并呵护他们的兴趣、个性和创造力。

思维的空间本就无限广阔,科学探索的兴趣往往源于那些看似离经叛道的答案,例如无人机、机器人的发明等。因此,当学生的答案与预设的不同时,是否应该思考,这也许是他们创造性思维的闪现呢?

学习过程是对知识、能力等进行重组、转换和改造,进而形成新的经验和系统的过程。然而,学生因各种原因存在不同程度的差异,导致学习效果截然不同。为了平衡这些差异,发挥各自优势,教师在教学中需开展多样化活动,使人尽其才。有的教师采用"兵交兵"策略,即让学习能力强的学生帮扶 1 至 2 名学习困难的同学。小组讨论后,各组组长会分享组内讨论的经典成果、好点子和巧妙方法,全班共享。随后,各组会提出难以解决的问题,寻求全班同学的帮助。若有学生能解答,便由学生解答;若无人能解,教师会适当点拨和引导,启发学生思考,以找出解决方案。

在轻松、和谐且充满欢乐与竞争合作的班集体中,学生的学习兴趣才能高涨,表现欲才能增强,潜在能力也能得到充分发挥和发展。这样,他们的兴趣和求知欲才会被强烈激发,从而因兴趣而思考,提出新的问题。在自觉解决问题的过程中,他们体验着成功的快乐。因为成功是最能满足人们的感觉,也是最能激励人们不断前行的动力。

四、用微笑滋润学生的心灵

课堂是一个流淌着教师和学生生命长河的地方,是一个用知识甘泉滋润精神家园的地方。微笑能产生感应磁场,营造轻松的氛围。高尔基曾经说过,只有爱孩子的人,才能教育好孩子。面对一群天真无邪的孩子,教师是爱的使者。

人的情感是可以相互影响的。教师应用甜美的微笑去迎接每一个天真可爱的孩子，用爱与微笑教书育人。微笑是教师与学生交往的催化剂；微笑可感染每一颗纯真善良的童心；微笑可给学生形成平静、安宁的心灵归属。

如，在一次教学时，教师给同学们播放动物参加比赛的课件，同学们边欣赏画面，边思考着老师提出的问题。这时，小旭高高地举起小手，看样子很着急，他的举动引起一些同学的注意。教室里也逐渐安静下来，观察他想要做什么。小旭，平时寡言少语，但每当他鼓起勇气发言，总是语出惊人，令人刮目相看。教师示意大家安静，并说道："小旭举手了，他必定有新的发现要与大家分享。"小旭听到自己的名字，羞红了脸，站起来腼腆地说："老师，我……想去厕所。""啊？"教室里顿时喧闹起来，同学们哄堂大笑。有些学生高声提醒："学校有规定，上课不能去厕所！"还有的说："你不是要分享感受吗？"

老师也愣住了，看着小旭紧张又期待的眼神，以及教室里混乱的场面，心中犹豫：到底让不让他去呢？上课禁止去厕所，这是学校的明文规定。同学们都注视着老师，等待他的答复。

老师清了清嗓子，微笑着说："小旭这次举手，又给了我们一个意外。"底下的学生会意地窃笑。他继续说："制度虽严，但也要灵活应变。必要时，还是可以通融的。"同学们露出惊讶的表情，但其中也透露出喜悦。老师点头示意小旭可以去厕所，他虽意外，但还是高兴地离开了。

学校虽有规章制度，以培养学生良好习惯。但当老师看到学生焦急而期待的眼神时，也要做到灵活变通。学习本是快乐之事，若学生因饥渴或内急而分心，怎能全心投入，享受学习乐趣呢？

学生尚在发展之中，教育要求不宜过于苛刻。每个人都是独特且充满差异的个体。在日常教育中，教师应关注每一个学生的需求与情感，激发他们的学习潜能，促进他们健康快乐地成长。

五、鼓励与认可架起师生沟通之桥

情感、态度不但是学生终生可持续发展的基础，更是完成知识与技能学

习的保证。因此,教师要重视数学的情感作用,尊重学生的人格,满足不同学生的学习需求。将数学认知过程情感化,使数学活动与学生的情绪相融。既能激发他们学习的好奇心,体验学习的趣味与挑战,又可树立学习的信心,使每个学生都能得到充分的发展。

在学习"乘法的初步认识"时,教师组织了一个拍手游戏活动,学生们都跃跃欲试。游戏的要求是老师先拍手,同学要听准,一次拍了几下,共拍了几次?再让学生根据老师的拍手音声列出乘法算式。

游戏开始:老师双手先拍了×××→×××,学生马上列出两种算式:2×3 或 3×2 后。伴随着老师拍手速度的加快和拍法的改变,学生们列出的乘法算式也一个接一个地不断变化。然后老师问:"哪位同学愿意像老师这样拍手,其他同学继续列式?"学生们纷纷举起小手并不停地摆动,争先恐后地抢着担当此角色。教师指名一位同学带领大家愉悦地进行。当学生们听到他拍出的×××→×××→××××时,突然有学生喊道:"拍错了!拍错了!""最后一次多拍了一下!"随即引起了学生哄堂大笑。此时,教师又重新指名其他同学继续进行。与此同时,刚才那位学生涨红了脸,他站也不是,坐也不是。趁老师叫其他学生之际悄然坐下。他为自己在众人面前出了"丑"而难以为情。

此时如果教师换一个角度允许学生重拍或是以此错误引发学生的思考:"他给我们出了一道难题,大家能按照他拍手的次数列出与乘法有关的算式吗?"

同学们可能会列出:3×2+4;3×3+1;4×3-2 等乘加、乘减的算式,教师也可将这"珍贵"的错误生成深入学习的契机,不但能拓宽学生的知识视野,提升思考能力,还能使学生的"难堪"变为自信和引以为豪。

再如,教学"认识分数"时,在学生认识了 $\frac{1}{2}$ 以后,老师让学生自己动手将手中的纸条折出 $\frac{1}{4}$、$\frac{1}{8}$……不同的分数后,组织学生交流,一个学生站起来说,我把一张纸条分成四份,其中的一份就是这张纸条的 $\frac{1}{4}$。在他的叙述中,显然丢了关键的两个字——"平均"。老师听完之后,非但没有指责,还鼓励他:"讲得不错,只差两个字",学生充满自信地又重新叙述了一遍。课堂教学中,当学生出现错误的时候,课堂上应该没有尴尬和指责,只有欣赏与认可。这样的教学是教师的智慧。这其中的鼓励,架起了教师与学生沟通的桥梁,拉近了教师与学生的距离,使学生在轻松愉快的气氛中改正错误,内心充满自信。

第三章　培养学生的思维能力

数学教学的本质是数学思维活动过程。学习过程是不断提问与解决问题的循环。问题是思维发展的基础。高效的思维必须以巩固旧知,增强新知为目的。旧的知识容易引起学生的回忆、思考,拓展了思源,启动了思维。有的放矢地复习,加强了知识间的联系,能使学生形成良好的思维习惯和正确思维方式,提高挖掘有效信息和隐含条件的能力。

　　教师应该深刻认识学生心理因素的能动作用,遵循学生思维活动的规律,有效地将好奇心转化为强烈的求知欲。

第一节　精彩导入　引燃思辨

情感是人的需要是否得到满足的内心体验,是学习的强大驱动力,能够直接影响和调节其他非智力因素的发展。教师的情感对学生的兴趣爱好有潜移默化的影响,能够引起学生情感共鸣。因此,教师要善于运用情感的迁移,以激发学生学习兴趣。

一、创设问题情境引发认知冲突

情境是通过熟悉的参考物,将一个数学概念与学生的生活经验相联系,并利用这些经验来说明或解释某些现象和问题,从而形成自己的科学知识。情境能提供直观的、生动的知识形象,能激发联想。当学习的材料与现实生活紧密相连时,学生的学习兴趣会倍增,这时数学知识变得生动而富有生命力。因此在教学中,我们应该深入挖掘知识与生活的结合点,创设情境。学生掌握知识、形成能力和发展心理品质,情境起到至关重要的作用,它架起了现实生活与学习数学、具体问题与抽象概念的桥梁,它让知识变得形象、鲜活、生动,富有生命力,从而激活学生的思维,学生学习的热情也会倍加高涨。

以"分数的初步认识"为例。12月末的数学课前,宣传委员向老师请教黑板报的排版意见。老师随口提道:"既然是庆元旦,那报头就画大一些,占整个黑板的$\frac{1}{2}$吧。"宣传委员愣住了因为"分数"还没学,老师意识到这一点,开始解释:"$\frac{1}{2}$就是……"这时,一名学生抢先回答:"$\frac{1}{2}$是个分数。"教师

好奇地让他继续。学生自信地说。"分数就是把一个东西平均分,它有分子和分母。"教师在黑板上写了大大的 $\frac{1}{2}$。学生自信地讲:"上面是分母,下面是分子。"教师笑了,及时纠正:"上面是分数的分子,下面是分数的分母。"旁边的学生附和在报纸上也见过分数。老师抓住机会问:"那 $\frac{1}{2}$ 是这块黑板的多少呢?"学生回答:"就是这块黑板的一半。"

这一幕激发了其他学生的好奇心,纷纷要求学习分数知识,见状,老师决定提前教授"分数的初步认识"。那节课学生表现非常投入。有时,简单的对话也能转化为教学资源。在这里,老师的一句漫不经心的话语引发了学生的好奇心和求知欲,这种思维碰撞使学生渴望学习新知识,而老师敏锐地抓住了这个机会,调整教学计划,让学生在好奇心的驱使下学习数学。

知识源于生活,生活中充满了各种各样的情境。教师应积极创设与生活相关的教学情境,帮助学生学习。在这样的情境中,学生以自己的经验为基础,用独特的方式进行学习,这种学习是他们发挥的舞台和自由展示的天地。学习是主动的过程,能激发学生学习的内在动机是对所学材料产生的兴趣。求知欲能使他们的大脑更加活跃,各种智力因素也会得到全面的激活。从这种意义上来讲兴趣是最好的老师。

因此,激发学生的学习兴趣是促使其主动参与学习的基础。扣人心弦的导入是上好每堂课的前奏,它能悄然开启学生的思维,促进新旧知识的联结,架好新旧知识的"认知桥梁";它能在较短的时间内,吸引学生的注意力,激发他们的学习兴趣,使他们以积极的心态投入到学习中去。下面介绍五种导入方法。

(一)故事导入法

小学生喜欢听故事。动人的故事能吸引学生的好奇心并产生浓厚的学习兴趣和学习热情。老师运用讲故事的方式导入课堂教学,符合学生的心理特点,能收到良好的教学效果。

例如,在教学"分数的基本性质"时,老师可以通过讲"分饼"的故事导入新课:唐僧四人在取经途中遇到一位卖饼的老人,面对诱人的大饼,猪八戒馋得直流口水,唐僧同意买三张饼给大家。老人先把第一张大饼平均分成四块,给师徒四人各一块。猪八戒不满意,想要两块。于是老人把第二张大饼平均分成八块,给了猪八戒两块,并把剩下的饼分给其他三人。猪八戒以为自己多吃了,暗暗高兴,他又要求要三块饼。老人拿出第三张饼平均分成十二块,给了猪八戒三块,并把剩下的饼分给了其他三人。

猪八戒真的多吃了吗?有的学生认为他三次吃的饼一样多,有的则认为他多吃了,这时教师引出课题:"学习了分数的基本性质,你们就明白了。"先导入妙趣横生的故事,使学生带着愉快的心情积极地加入学习中,以获得求知的满足。

实践证明:有趣的故事能充分调动学生学习的积极性,达到了事半功倍的教学效果。

(二)生活导入法

数学来源于生活,服务于生活。创设贴近学生生活的教学情境,能有效激发学生的学习兴趣。因此,在教学中,教师应结合学生的实际情况,灵活处理教材,将教材内容与学生的生活实际相联系。通过联系生活实例讲解数学,结合实际学习数学,能够将生活问题转化为数学问题并理解数学的实用性。

如,教学中让学生理解"缩小"与"扩大",教师在实物投影上展示自己的一寸半身照片。引导学生观察照片与本人之间的异同点,学生可能会发现,照片中的老师变小了,从而引出"缩小"的概念,老师又进一步追问,如果只有眼睛变小,而其他不变,照片还会像本人吗?学生经过思考后会得出结论:所有部分都需要同时缩小,且缩小的倍数要相同。接着展示二寸半身照片,老师询问学生:从一寸照片变成二寸照片是如何变化的?引导学生用"扩大"来描述这种变化,并鼓励学生用类似"缩小"的句式来表述这种变化,即"各部分同时扩大相同的倍数,和原来一样像"。

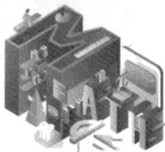

这种教学方法遵循了课程标准的理念,重视从学生的生活经验和已有知识出发,让学生在轻松愉悦的气氛中学习数学、理解数学。通过生活实例引出数学概念,不仅提高了学生的学习兴趣,还帮助他们更好地理解和掌握数学知识。

(三)自主导入法

现代教育理论认为,自主学习是发挥学生主动性和形成主体意识的关键。在课堂导入环节,让学生自主提出问题,激发学习热情,为后续的问题解决奠定良好的基础。

例如,在教学"混合运算"练习时,出示:40　38　12　+　-　×　÷　( ),让学生自由选择数学运算符号,编成几道自己喜欢的两步计算题。学生编出的题有:40×(38+12),40+38+12,(40+38)×12,12÷(40-38),40-38+12。课堂上学生积极动脑思考,课堂气氛十分活跃。

这样的课堂导入设计,教师改变了传统计算教学的方法,即教师出题,学生计算的做法,而是巧妙地出示一组信息,让学生自己去选择,真正突出了学生的主体地位,使学生从被动学习变成主动学习,充分调动学习的积极性和主动性。

(四)愤悱导入法

教师在教学中要善于引导学生进入"愤悱"状态,即让他们处于求知欲望旺盛,但又困惑不解的心理状态。

例如,在教学"能被 3 整除的数的特征"时,教师可以通过提问一些挑战性的问题,如"不用计算,如何判断出一个数能否被 3 整除"来激发学生的好奇心和求知欲。当学生处于这种状态时,教师让学生各自准备一个多位数,先计算一下能不能被 3 整除,再让老师猜。学生举出:168,968,378等,教师不用计算就可以随口准确判断是否能被 3 整除。学生感到十分惊讶。这时老师反问:"你们能否不用计算,一眼就看出一个数是否被 3 整除吗?"学生们好奇地摇摇头,此时学生处于求知的愤悱状态。

（五）类比导入法

类比导入法是一种通过比较两个研究对象的相似之处，来推导他们在其他方面也可能相似的方法。在数学教学中，这种方法可以帮助学生将新知识与已有知识相联系，实现知识的正迁移。它不仅简洁明快，还能让学生在研究过程中体验类比带来的愉悦感，从而调动他们思维的积极性。

例如，在教学"比的基本性质"时，教师可以通过引导学生比较比与分数和除法之间的关系导入。引导学生，观察：（1）比的前项、分数的分子、除法中的被除数，在算式中有什么相同之处？（2）对比号、分数线、除号进行比较说明。（3）对比后项、分母、除数都表示什么？（4）说明比值、分数的值、商的关联等。再启发学生依据分数基本性质和除法商不变的性质大胆猜测，是否也有比值不变的规律。学生兴趣十分高涨，最后通过验证，得到"比的基本性质"。

事实证明，类比法是人类获得新知识的有效途径之一。

二、迷茫处点拨蕴藏的思想方法

学习源于思考，而思考则源于疑问。当学生有疑问时，会产生心理上的困惑和认知上的冲突，进而激发思维，调动学生学习动机。为了形成良好的问题并解决之，教师需创造充满疑问的情境，充分调动学生的情感，激发探索的欲望。这要求创设适当的问题情境，明确探究目的，给思维以动力。过去，学生学习数学，主要通过听课、模仿和练习，但这种模式正随新课程而改变。现在的数学学习更强调学生的独立思考、自主探索以及师生、生生之间的合作与交流。传统的接受性学习易使学生被动，割裂了学习过程，情绪变得消极，学习的结果偏向练习与考试。而探究性学习弥补了这些不足，引导学生理解知识的意义，培养创造精神和实践能力，形成积极的学习态度和正确的价值观。

如，教学"能化成有限小数的分数特征"时，通过学生考老师的方法，揭

示出有些分数可以化成有限小数,有些则不能,这背后是有规律可循的。

教师提出问题:这个规律是存在于分子还是分母中?为此学生进行了细致的观察与计算,发现$\frac{7}{25}$和$\frac{7}{15}$,分母不同,但前者能化为有限小数而后者却不能。大家异口同声地回答存在分母中。教师又继续问:能化成有限小数的分数的分母都有怎样的特征呢?对此学生展开了热烈的讨论:有的说分母应是合数,但有的同学站起来反驳并举出$\frac{5}{21}$不能;有的说分母是偶数,又有同学说$\frac{7}{25}$可以化成有限小数。在学生的思维出现中断或偏离时,教师及时讲解,指导学生尝试分解分母的质因数,从而发现特征。在学生感到释疑后的满足之时,$\frac{7}{35}$与$\frac{5}{35}$又引起几个学生的质疑:为什么分母同是35,化成的小数结果却不同?在学生迷茫之时,教师再次启发让学生知晓了还需补充个前提——"最简分数"。

传统的数学教学过于注重知识的灌输与记忆,忽视了知识的产生、发展、形成和应用过程的揭示与探究,缺乏挖掘思维训练因素,也没有将知识中蕴藏的思想方法加以呈现,导致学生学到的知识缺乏深度和广度,学到的是无本之木。

数学教学的本质应是数学思维活动过程,强调学生探索新知识的经历和体验。在此过程中,通过操作和实践锻炼了学生的学习能力,并在理解、掌握结论中完善认知结构,使学生在过程与结论并重中,既长知识又长智慧,才不失新课程理念下的追求。它突出的过程性目标,强调学生探索新知识的经历和获取新知识的体验。激活学生的思维需要依靠合适的材料,材料的选择和呈现的时机都会影响学生思维过程。

如在"旋转与平移"的教学中,正确地数出物体平移的格数是难点。在出示图后,学生意见不统一。有的认为平移了5格,有的认为平移了9格,还有的认为平移了13格。教师分别让他们通过实物投影操作,展示平移的过程。学生的展示含糊其词,在坐的学生看得眼花缭乱。

到底谁说得对呢？时机已到，教师演示，引导学生一起数一数小船平移了几个格。首先请学生确定自己的观察点，随着小船的移动一个一个仔细数。此时，学生恍然大悟，异口同声："是 9 个"。

教师进一步引导学生用语言表达自己数的过程，并强调从一个地方数到平移后的同一个地方，突出了从哪里数到哪里？学生有从船头数到船头的，有从船尾数到船尾的，也有从船帆数到船帆的。教师引导学生回顾前面三位同学数格子的方法：数出 5 格是从船头数到船尾，大家确认他少数了；数出 13 格的则是从船尾数到了船头，大家肯定他数多了，原因是他们的察观点改变了。为了加深印象，教师又提问："以后我们在数物体平移的时候要注意什么呢？"

大家总结出方法：数时，一定要从一个地方数到平移后的同一个地方。教学中，在学生有不同意见时，教师并没有组织学生深入交流，而是等待时机成熟后再揭示方法。当学生初步感受物体整体平移后，教师再引导学生进行讨论和交流从而使学生更加深入地理解和掌握平移的概念。因此，教师选择恰当的材料和时机，对于激活学生的思维至关重要。

三、设置疑问，激发思维中辩出结论

学习过程是不断提问与解决问题的循环。科学的提问是推动学生积极探索新知，激发思维活力的关键。因此，教师应深刻认识学生心理因素的能动作用，遵循学生思维活动规律，在教学的关键环节，如观察比较、新旧知识联系、知识化扩展及归纳抽象中设置疑问，引发矛盾冲突，从而激发学生探索欲望，促使其认知情感由潜伏转为积极，由好奇心转为强烈的求知欲。

(一)设疑引发猜想生成逻辑更缜密

如教学"三角形的分类"时，学生知道按角分，三角形可以分成直角三角形、钝角三角形和锐角三角形后，组织学生进行猜三角形的游戏。

教师准备一个装有不同形状三角形的纸袋，将其中的一个三角形只露

出一个直角,让学生猜一猜是哪种三角形? 学生猜是直角三角形。拿出三角形验证之后老师问:"你们只看到一个直角,怎么知道另两个角一定是锐角呢?"

"因为直角三角形里两个角是锐角,一个角是直角。""三角形三个角的和是180度,180度减去90度等于90度,另外两个角的和必定是90度,另外两个角只能是锐角。"

教师追问:"一个三角形中会有两个直角吗? 如果有两个直角会是什么样子呢?"问题引发学生的想象,当学生欲言又止时,教师用课件出示两个连在一起的直角,直观地为学生展示出从两个角分别射出的两条射线都是笔直的,不管射多远,他俩都不会相交到一起。"三角形必须有三个角,如果是这样的话,肯定就不是三个角了。"

教师继续追问:"既然不可能有两个直角,有可能一个是直角一个是钝角吗?"稍作停顿后,课件出示。学生异口同声:"不可能"。"这个张口越来越大,就不会有第三个角了。"

教师把学生从想象中拉回来:"现在你能用简练的话说一说什么是直角三角形吗?""有一个角是直角的三角形就是直角三角形。"教师把之前总结的:有一个角是直角,另两个角是锐角的三角形。删去"另两个角是锐角"。

"还想猜吗?"这次教师从纸带内露出一个钝角。"谁来接受挑战?"

第一个学生认为是锐角三角形。大家纷纷举手反对。"我认为是钝角三角形""为什么?""露出来的是个钝角,不可能再出来第二个钝角啊!"教师拿出钝角三角形,请学生概括一下什么是钝角三角形。"有一个角是钝角的三角形,就是钝角三角形。"接着教师又把之前总结的"有一个角是钝角,另两个角是锐角的三角形"删去了"另两个角是锐角"。

"还想挑战吗?"

这次只露出一个锐角。"锐角三角形!"同学按捺不住兴奋的心情一下脱口而出。教师拿出来的却是一个直角三角形。那个学生失望地坐下了。旁边的女孩无奈地说:"我一看露出个锐角,就想这次完了,这回谁也猜不对了。""为什么呢?"教师引导她把话说完。"因为所有的三角形都有锐角,只露出一个锐角,并不能确定是什么三角形。"

教师追问,"如果露出两个锐角,你能猜出来吗?"学生还是摇头。"为什么不能?""因为每类三角形都有两个锐角,最后一个角不一定是锐角,还有可能是直角或钝角。""我们看到一个锐角或两个锐角都不能判断出是锐角三角形是吗?""那怎样才能判断出锐角三角形呢?""就是把三个角都露出来。""还得告诉三个角的度数。"教师出示之前总结的"三个角都是锐角的三角形,是锐角三角形。

教师小结:通过猜三角形的游戏,你觉得按角分类的三角形还有别的可能吗? 学生摇头说:"不会了。"

此课精彩在于:学生只看到一个角,怎么知道另外两个角一定是锐角呢? 一个三角形中能有两个直角吗? 如果有两个直角会是什么样子呢? 追问与多媒体材料相结合,借助学生的回答,教师生成了思路清晰,逻辑缜密的精彩课堂。

(二)追问可构建完整、清晰的知识体系

追问,对于教师来说是很重要的教学技巧,有的追问是事先设计的,有的是及时捕捉的,比如第一个活动,学生马上猜出是直角三角形,有个学生说三角形三个内角和是 180 度,180 度减 90 度剩 90 度,另外两个角的和必须是 90 度,所以另外两角只能是锐角。"此时教师追问:"如果有两个直角是什么样子的呢?"且提供了一个直观的课件演示,这是教师精心设计的过程。之后教师又追问:"既然两个直角不行,那么一个直角一个钝角行不行?"借助动画学生发现仍然不行。教师紧接着又一次追问:"现在你们说一说到底什么是直角三角形? 学生比较模糊的概念变得清晰完整了。只要有一个直角就行了,这连续的四个问题环环紧扣。在这个过程中,教师做到了一是采用反问的策略:"如果不是……";二是从两个直角追问成一个直角以及一个钝角;三是追问后让学生用自己的语言去表达。这种精心设计的问题链,从反问到具体情境,再到学生自我表述,有效促进了学生的深度

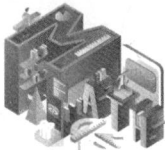

思考,在心理学上追问,有助于构建学生完整、清晰的知识体系。

(三)感悟数学简洁之美

同时,学生感受到因为三个角组成了三角形这个整体,它们之间相互关联,相互依存。其中一个最大的角是直角或者钝角,另外两个角就确定了他们大小的范围。因此,我们在描述直角三角形和钝角三角形时只关注三个角中最大的角就足够了。这体现了数学的简洁美。教师对锐角三角形的讲授也按照直角三角形和钝角三角形的方式来描述的话,应该强调"三角形中最大的一个角是锐角这个三角形就是锐角三角形"反而这样的描述不如"三个角都是锐角的三角形是锐角三角形"简洁具体,因此,在锐角三角形的表述上选择了后者。

总之,教师面对教学内容时,充分尊重学生的年龄特点和认知规律,在活动中渗透分类的数学思想,培养学生的归纳和概括能力,发展学生的空间想象力,使学生的想象、思维有机结合,引导学生反复思考、探索并围绕这些内角进行反复论证,对三角形内角的各种情况逐渐形成清晰的表象,思维在碰撞中得出结论。

四、在多样解决问题中寻最优化

问题是思维发展的基础。高效的思维都必须以巩固旧知、增强新知为目的。旧的知识容易引起学生的回忆、思考,开拓了思源,启动了思维。有目的复习,加强与原有知识的联系,使学生养成良好的思维习惯和正确的思维方式,提高了挖掘有效信息和隐含条件的能力。

如:在探究节省包装纸的方法时,教师设计了包装两盒磁带的教学活动。首先,教师让学生设计包装两盒磁带的方案,学生利用手中的 2 盒磁带拼一拼、摆一摆。学生汇报,出现 3 种方案。教师再让学生从 3 种包装方案中选自己最喜欢的一种方案推荐给老师。有的学生选第一种,因为它是两个大面重叠了,比较省纸。还有选第三种方案,学生认为有点浪费纸,但包装的,样子特别。

教师引导学生从数学的角度来讨论哪种方案最省纸。学生很容易就可以看出第一种方案重叠的面大,还有的进而比较露在外面的面积大小,最终一致认为用观察的方法可以知道第一种方案最省纸。

接着教师又问:"除了用观察的方法,还可以用什么方法知道哪种方案最省纸?"这一问,将学生从经验型、依赖直观的思考引向利用数学化的方法:计算它们的表面积,表面积越小越省纸。

怎样计算这三种包装方案的表面积呢? 小组讨论后,进行全班交流。

有的小组想用学过的表面积公式计算,有的小组想把露在外面的面积加起来算表面积,还有的小组想用2个磁带的表面积之和减去重叠部分的面积,这样就能算出这三种包装方案的表面积。

教师没有急于安排学生计算,而是再次引发学生对操作策略的讨论:每一种方法,每一种方案都算一算。最终学生们赞同每个小组选一种方法,小组的成员用这种方法分别选择一个方案算一算。学生按照这种方法算出这三种方案的表面积分别是:298平方厘米,408平方厘米,424平方厘米。第一种方案最省纸。学生通过计算表面积得出了最省纸的方案,充分验证了观察法得到的结论是正确的。学生纷纷表示用观察重叠面的方法比较好,因为这种方法既快速又简单。在这一环节中,采用小组合作学习的方式。在解决问题中形成了解决问题的策略,学会了运用一种思维方式,有效解决问题。教师在教学过程中,引导学生对解决问题的策略进行比较,发现解决问题策略的异同,有效地提高了学生的思考能力。在创编问题和拓展应用中,通过学生的思考与探究发展学生的思维。以两个长方体为基础,通过观察分析、计算交流等学习方法,使学生意识到重叠的面积越大,包装的面积越小,从而更加省纸。这一教学环节为不同层次的学生搭建起解决问题的支架,使每一个学生都能找到解决问题的途径,使学生感受到解决问题策略的多样化和最优化,与此同时发展了优化思想,亲身体验和感受了包装与数学的密切联系。

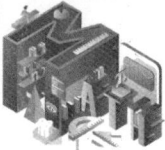

第二节　数形结合　深化思维

儿童以形象思维为主,逐步过渡到抽象思维且伴有直观动作思维,而数学知识是抽象且严密的。为此,教师要增强学生对学具的操作力度,既可激发学生的学习兴趣,又有助于思维能力的培养。它在直观算理和抽象算法之间架起了桥梁,即在操作体验中完成动作思维→形象思维→抽象思维的发展。

数形结合是一种数学思想,也是一种有效的教学方法。数缺形时就无法直观,形缺数时就难以深入。两者结合,可以使复杂的抽象问题转化成直观图,形成表象,可使复杂的隐藏的关系明朗化,从而有效地把握住问题的实质,并寻求解法。数形结合是训练学生思维的主要方法。在教学中可根据教材内容进行形象思维和抽象思维的互补,例如看图列算式、看图编题、根据算式画图等,在潜移默化中让学生感受数与形结合相辅相成的美妙,以提高学生数形转化的能力。

一、初步感知,做好铺垫

在认识分数教学之前,教师带学生做"眼疾手快"的游戏。教师准备了一个装着苹果的盒子。游戏时,教师从盒子里拿出几个苹果,学生看准后,快速伸出手指以表示出苹果的个数。教师先后拿出 3 个、2 个苹果,学生都伸对了。接着,教师又拿出切好的平均分后的半个苹果。学生一下子蒙住了,缓过神来,有个学生用一根弯曲的手指表示,他认为这样伸直表示 1 个,这样弯曲一下就表示半个;还有学生用双手食指交叉成"十"字形来表示,他想:在中间切一刀,就表示半个。"这一半还能用整数表示吗？你觉得可以用什么数表示？"一个学生回答:"可以用 $\frac{1}{2}$ 表示。"教师又拿出事先切好的少半个苹果,继续问:"这样的一块苹果可以用 $\frac{1}{2}$ 表示吗？为什么？"此举在认知上给大多数没有分数经验的学生完善了感知,即两边分得一样大的时候才能用分数表示。分数不仅是独立的知识,更是数"家族"的一员。教师应用数学的语言把生活与数学联系起来,为分数融入数的整体概念做好充分的铺垫。

学生列举的数有:我今年 8 岁了,今天来听课的同学有 32 人,泰山高 1500 多米……"你还见过其他的数字吗？"学生纷纷回答:"我们的数学课本定价是 6.84 元,我的自动铅笔盒上写着 0.7mm。期中考试,我数学考了 98.5 分。

教师在上课前提出了两个看似浅显的问题却独具匠心。既有利于沟通师生感情,又利于激活学生已有数学经验,把学生的注意力引向新知识,即"认识分数"它属于"数与代数"板块内容,这是数的又一次拓展。教师此举为学习新知埋下伏笔。

导入新课时,教师站在数的体系的高度进行教学,让学生知道小学阶段除了要认识整数、小数外,还要认识分数。看似平淡的导入,却给人以朴实、大气之感,同时也是尊重学生,把学生看成学习主人的表现。

二、引导探究,揭示本质

教学"分数的初步认识"时,教师精心制作了"会变的三角形"的教具:用红、黄、绿三个不同颜色的等腰直角三角形拼成的图形,每一部分都能沿虚线对折,还有一个蓝色的三角形备用。教学时,教师先出示红色部分,黄色和绿色部分隐藏在后面。

教师指着红色等腰直角三角形说:"如果这是一个图形的 $\frac{1}{2}$,想一想,整

个图形是什么样子的?"学生思考片刻后,纷纷举手,有的说是正方形,教师打开黄色部分,变成正方形,展示后又恢复原样;有的说是三角形,教师打开绿色部分,变成三角形,展开后再次恢复原样;有的说是长方形,教师拿出蓝色的三角形,让学生左拼右拼,没有拼成长方形,却拼成了平行四边形。

此时,教师引导:我们的想象是否合理,还需要用事实来验证。这个同学虽然没有拼出想象中的图形,但是他为我们拼出了另一种图形——平行四边形。它还可能是什么图形的 $\frac{1}{2}$ 呢? 不管是什么图形,只要我们把它平均分成两份,每份就是它的 $\frac{1}{2}$。紧接着,教师把后面黄色和绿色的部分全部打开,问:现在红色部分还是这个图形的 $\frac{1}{2}$ 吗? (不是)是这个图形的几分之一呢? ($\frac{1}{3}$)教师把图形反过来,红色部分写着 $\frac{1}{3}$。验证后,贴在黑板上。$\frac{1}{3}$ 表示什么意思呢? 你能找到几个 $\frac{1}{3}$? 同桌互相说一说。教师通过猜图形一步步引导学生揭示"平均分"的实质。

三、实践操作,加深理解

分数只有 $\frac{1}{2}$ 和 $\frac{1}{3}$ 吗? 你觉得还有哪些? 学生随意说出很多分数。心动不如行动! 教师让学生利用手中的长方形、正方形、圆形彩纸和彩带,折一个几分之一。为让大家看清楚,折完后,要用粉笔沿折痕画一下,并写出你折的分数。教师在巡视中选出四个有代表性的作品,让学生展示汇报。汇报后,贴在黑板上,齐读: $\frac{1}{4}$、$\frac{1}{8}$、$\frac{1}{16}$。最后教师小结:把一个物体平均分成几份,今天我们主要认识的是几分之一。

本节课教学的重点是在认识 $\frac{1}{2}$ 的基础上,分两个层次来认识其他的几分之一。认识 $\frac{1}{3}$ 这一环节设计巧妙,既起到了承上启下的作用,又利于培养学生的空间想象能力。接下来老师改变了教学方式,给学生足够的时间和空间,让学生去创造分数。在作品展示评价环节,教师则通过恰当引导,强调几分之一的统一性,即平均分。归一性,即平均分后的每一份,使学生真正理解了几分之一的意义。

自制教具实用高效,利于学生理解分数的意义,提高学生的数学素养,可以说教具的设计与使用是本节课的一大亮点。

四、运用新知,拓展延伸

课前,教师用挂历纸做了教具"能变的长方形",它能折叠,被平均分成了 35 份。教具更像百叶窗,能一份份打开,其余折叠的部分藏在其后。课上,教师出示红色的小长方形,却盖住下面,问:"这个红色的长方形可能占大长方形的几分之几?"有说是 $\frac{1}{4}$ 的,有说是 $\frac{1}{3}$ 的。老师去掉白纸,露出下面的两份。学生发现这个大了一点的长方形被平均分成了三份,学生几乎异口同声:"红色部分是长方形的 $\frac{1}{3}$ 。"教师又将折叠在下面的部分打开,长方形变大了,变成四等份。现在红色部分是这个长方形的几分之几?"$\frac{1}{4}$!"老师很快又打开一份,变成了相等的五份。"$\frac{1}{5}$!"学生都很兴奋,教师却疑惑地问,刚才红色部分没变,怎么表示它的分数变了?"因为长方形变了,平均分的份数也变了。红色部分的分数也跟着变了。"一位学生讲出了其中的"奥妙,"全班同学点头赞成。随着一声"注意看!",教师像变魔术一样,一次次打开隐身其后的两份。学生喊出:$\frac{1}{7}$ 、$\frac{1}{9}$ 、$\frac{1}{11}$ ……最后把折叠在后面的长方形逐一打开。学生纷纷站起来数。$\frac{1}{18}$ 、$\frac{1}{23}$ 、$\frac{1}{32}$ ……随后教师公布:

"这个长方形被平均分成了 35 份,红色部分是这个长方形的 $\frac{1}{35}$。"这种齐答声音洪亮且充满自信。教师乘胜追问:"如果这个长方形继续加长还可能得到几分之几?"学生踊跃回答:"$\frac{1}{56}$、$\frac{1}{67}$、$\frac{1}{99}$、……"教师继续拓展,学生抢答:"$\frac{1}{200}$、$\frac{1}{1500}$、$\frac{1}{20000}$"一节课,学生感受了分数家族里的成员不计其数!

教师利用拓展的教学知识,打开了学生的视野,开辟了学生思维的空间,放飞了个性,培养了学生想象力,增加了学生学习的兴趣,深化了对知识的理解,而且体会到单位"1"的变化会引起分数的变化,培养了学生的数感。

第三节　探索发现　训练思维

坚持对知识的发现探索,其本身就是一种科学精神。它要求学生不盲从,自己主动去探索,把学习过程变成再次发现知识的活动。它不仅是一种智力特征,更是一种人格特征和精神状态。

一、合作探究　收获精彩

在教学中教师充分运用探究合作交流的学习方式,并通过实验—猜想—验证—概括的思路组织学生进行有效的学习,在学生畅所欲言互相的交流中用他们自己喜欢的方法去动手实践,共同发现规律,验证猜测得出结论,再用所得结论去解决实际问题。教师应把"学"的权利还给学生,把"想"的时间交给学生,把"做"的过程留给学生。在合作探究中经历数学知识的生成过程,培养学生的动手操作能力、自主探究与合作能力。

如教学"圆的面积"时,教师设计了剪圆的活动:让学生想办法剪出一个圆,比谁剪得最圆。在学生的操作时,教师发现学生不同的剪圆方法后,全班交流:先将纸对折一次,然后再剪。学生认为这样只剪半圈,比较方便。对折两次后再剪。学生认为,只用剪四分之一的圆,剪起来更省时也更方便。

在交流时,教师启发其他学生运用他们的方法,改进自己的剪法。很多学生开始将纸一次又一次不断对折,再剪。突然一个学生说:"老师,我对折四次后剪了一刀,怎么打开后像花瓣,而不是一个圆呢?"教师发现这是一个普遍性问题。没有立即回应,而是问大家:"你们对这个问题怎么看?"

这时一个同学说:"我一开始剪出的也是那样,后来我发现如果'平着'剪一刀,展开后就是圆。"对此教师不置可否,让大家尝试他的剪法。操作后,大家也获得了一个圆形。

但让大家感到好奇的是:圆是曲线图形,为何剪一条短直线就会得到一个圆呢?这个问题困扰着学生,也把学生从对圆的直观感知引向深入。为打开其中之谜,学生八仙过海,各显其能,利用自己的方法进行验证。有的学生重新折剪,一刀曲线,一刀直线在操作中反复验证;有的学生了解到古代数学家在计算圆周率时就把圆看成近似正六边形或正十二边形,内接的边数越多,越接近圆的周长。教师则在旁边引导学生阅读教材中的相关内容,读后学生感到豁然开朗并得出:纸对折的次数越多,两点就越近,剪出来的就越圆的道理。

此时教师启发学生对剪出的圆有无新发现?学生通过仔细观察发现:一是它由多个等腰三角形组成;二是三角形的两个腰都相等,且是圆的半径;三是剪出的短线分别是它们的底。为了进一步弄清楚知识的内涵,教师又引导学生以小组讨论的方式,探讨能不能利用推导图形面积公式的方法推导出圆面积的计算公式。同学们立即行动起来,经过一番探讨后,有的小组把一张纸对折四次,剪出由 8 个等腰三角形组成的圆。他们认为:求出其中一个三角形的面积再乘 8 个,问题就解决了。在推导计算公式时,第一步,求三角形的底。

先设圆的周长为 C,那么三角形的底为 $\frac{C}{8}$;第二步,求其中一个三角形的面积:底乘三角形的高即圆的半径除以 2;第三步求圆的面积:用三角形的面积乘以 8,教师板书:$\frac{C}{8} \times r \times \frac{1}{2} \times 8 = \pi r^2$

第二组认为:还可以想象这个圆由 n 个极小的三角形组成,每个三角形的面积是 n 分之 c 乘 r,除以 2,再乘 n 个。教师板书:$\frac{C}{n} \times r \times \frac{1}{2} \times n = \pi r^2$

第三组认为:只需把圆等分成 16 个等腰三角形,拼成一个长方形。它的面积与圆面积相等。因为长方形的长等于圆周长的一半,长方形的宽等

于圆的半径,长方形的面积等于长乘宽,圆面积就等于 $\frac{C}{2} \times r = \pi r^2$

学生精彩的发言与相互补充是他们思维碰撞出的火花,引领学生的学习探讨步步深入,同时也给其他学生带来更多的启发和思考。

本节课最大的亮点是学生对极限思想的巧妙突破。其教学思想是:让学生想象圆是正多边形,通过剪圆把抽象的思想转化为可看能摸的学习过程,让学生从探讨的过程中感悟且达成共识。上课伊始,教师让学生边剪边思考怎样剪得更圆?在不断改进剪法中学生又面临新的问题:为什么剪后展开像花瓣,不是圆?圆是个曲线图形,为什么要平着剪才更接近圆?操作中不断出现的问题,伴随的是学生不断地自我完善与自我突破,直至清晰地明白:分的份数越多,剪得越直就会变得更圆。此理不需要老师的解释,而是在悄无声息中,学生的脑海里的圆已转化为正多边形。

解决了教学的第一个难点:突破极限思想。为圆转化成已知图形面积的计算打下了良好基础。因此,在课堂上学生水到渠成地掌握并自觉地运用极限思想解决问题。第一个学生直接把圆视为 8 个相同的等腰三角形,只要求出其中的一个面积,再乘 8 个即可。这一解决方案不但思路清晰且顺理成章,使课堂学习成为教师为学生创设展示个性,挖掘潜能的合适舞台,对所学新知识无需老师的任何暗示和引导。第二位学生把极限思想更是向前推进到"精准"的地步。通过圆是由无数个相同的等腰三角形组成的图形推理,到运用代数思想,把圆分成 n 个三角形,并直接用代数运算。由此可见,教师只要给学生创设恰当的舞台,便会收获意想不到的精彩。

二、开阔思路　提升能力

再如,教学"整体与部分的关系"为例,教师出示题:把 21、25、39 看作整体,让学生列出几组整体与部分关系的算式,学生列出了:

$$14+7=21 \qquad 6+19=25 \qquad 21+18=39 \qquad 13+26=39$$

$$21-10=11 \qquad 25-6=19 \qquad 39-30=9 \qquad 39-12=27$$
$$21-5=16 \qquad 25-21=4 \qquad 39-18=21 \qquad 39-14=25$$

......

学生从各自不同的观察角度,运用灵活多样的方法解决问题。

不同的解题思路源于不同的观察和思考,要学会在比较中选择最佳思路。如,某工程队准备修一条长240米的路,前4天修了72米,照这样的速度,修好这条路还需用多少天?

思路(1)先求工作效率,即"从工作量÷工作时间"来思考。

解法①$240 \div (72 \div 4) - 4$;

解法②$(240 - 72) \div (72 \div 4)$。

思路(2)从求修1米路用的时间来思考。

解法③$4 \div 72 \times 240 - 4$;

解法④$4 \div 72 \times (240 - 72)$。

思路(3)用倍比的思路解答。

解法⑤$4 \times (240 \div 72) - 4$。

通过分析比较,学生一致认为⑤的解法最优。在解决问题中,对学生进行多角度思维训练,不但能开阔解题思路,还能培养思维的创造性。学生在交流如何解决问题的时候,教师要指导学生用规范的语言,清楚地表达自己的解题思路。在引导学生发现和感受解决问题策略多样化的时候,让不同的学生的思维得到不同的训练,教师可利用课件直观演示,帮助学生理解每一种算法的解题思路。

学生通过不同角度观察,收集到不同的数学信息,探索出不同的解决问题策略,并以此培养学生语言表达的条理性,促使学生逻辑思维能力的发展和内化,提高学生解决问题的能力,使思维能力和表达能力得到同步发展。既能突破思维训练的难点,又可提升学生的思维能力,使学生感受到数学在生活中的应用价值,体验成功的快乐。

三、丰富的素材是探索的前提

探究学习要以丰富多彩的素材为前提,探究的内容力求贴近学生的生活情境或选择学生感兴趣的故事、童话、动画演示等提出相关的数学问题。问题是探究性学习的展开线索。有问题才有探知,问题能引发学生的兴趣和求知欲,它是激发学生学习的内驱动力。

教师要充分采用新颖、有趣的教学形式,如,鲜艳的图片、有趣的游戏、引人入胜的卡通、学生的表演,或让学生当小老师当众分析讲解等直观形象、图文并茂、生动有趣的学习素材引起学生的兴趣与思考。不论是导入新课时,还是展开教学内容,教师要力求为学生提出有启发性的问题,创设探索问题的情境,提高学生的学习兴趣,激发求知的欲望。

如,小兔开了一个小货亭,有 14 块糖,小狗买去了 5 块,还剩多少块?

此题引发了学生的兴趣,在独立思考小组讨论后,教师采用动画的形式呈现问题的情境和过程。然后展示学生列出 14-5 的多种方法。如:小狗一块一块地买;小兔子把 14 分成 10 和 4,10-5=5,4+5=9;小猴把 5 分成 1 和 4,14-4=10,10-1=9;羊妈妈认为还可以这样算:9+5=14,14-5=9。

动手实践是激励探索的有效方法。教师要根据教学内容有的放矢地设计操作实践性问题,让学生在观察与操作、猜想与交流中,感知数学知识的产生过程,体会知识源于生活实践,又能服务于生活,从而激励学生在解决问题中不断探索,勇于实践。

四、深入的问题是探知的线索

现代教育理念指导下的课堂教学方式:调动学生参与学习积极性,发挥探究的能动性,减少教师的讲授,张扬学生的个性,满足不同水平学生发展的需求。力求在合作中增智,在探究中创新。

以"旅游中的数学"为例,课始,教师播放课件"接天莲花无穷碧,湿地

荷花别样红"的风景片,动听的音乐和优美的景色激起学生要去游览的欲望。教师以此为线索,引导学生一起设计一日游的旅游方案。

"旅游方案"的制定是一项开放性的活动,这个问题来自于学生真实的生活,这样的数学学习对学生来说具有挑战性,更能激发学生的学习兴趣和探究欲望。这一问题的设计是从学生已有的熟悉生活经验出发,着眼于学生的发展,让学生通过自身已有的经验来思考出发之前要考虑的问题,这个时候学生的思维被打开,积极参与教学活动中来,此时数学课堂变得精彩而富有活力。

探究性学习的一般特征是"五宜"与"五不宜"。即一是探究内容宜少不宜多;二是探究的情境宜实不宜虚;三是探究的空间宜大不宜小;四是探究的路径宜直不宜曲;五是探究的结论宜宽不宜严。课堂上探究性学习,没有模式,没有标准答案,只有教师一切为了学生的发展理念,培养学生的创新意识与实践能力。

第四节　学会质疑　求异创新

一、求异创新促社会发展

创造性思维是以广博的知识为前题条件。知识虽不等于创造性思维能力，但可以转化成创造性思维能力。它是多种思维形式的综合运用。求异思维是对求同思维而言，它是一种最重要的思维形式。这两种思维方式常相互作用于创造性思维的过程中。

教学中常用的思维形式是求同思维，它是探索正确答案的思维过程和方法，即用已知条件求答案。其思维步骤在实践中推理，在步步深入地探究中寻求标准答案。求同思维，可以迅速继承前人的经验。课堂教学就是用这种思维方式让学生学会并掌握知识的。

求异思维是从不同的角度，甚至相反的方向去探求不同的答案，它是创造性思维的重要方法。世上所有的发现和发明，都建立在求异思维的基础上，从这个角度上来讲，没有"求异"就没有"创新"。那么创新能力是什么呢？就是提出新问题和解决新问题的能力，是创造新事物的能力。社会的发展离不开创新，而创新人才要具有想象力，能发现新问题、解决新问题。创新能力培养与养成的前提是人要具有强烈的创新欲望。

门捷列夫发明了元素周期律，爱德华·琴纳发现了牛痘预防天花，爱迪生发明电灯为人类造福，这桩桩件件，充分说明创新意识的重要性。

二、拓展思维的灵活性

创造性思维的主要成分是发散思维。教师在教学中要给学生留有创新的机会与空间,不断拓展学生思维的广阔性、灵活性和创造性。在变式中培养学生生疑、质疑、释疑和创新。

(一)一题多解,透过现象看实质

一题多解是指一个问题有多种解法和多个答案。如题:把 48 个乒乓球,平均放在纸盒里,每个纸盒内至少放两个,有几种方法? 学生经思考提出了多种方法。教师板书:

总数	每盒个数	盒子个数
48	2	24
48	3	16
48	4	12
48	6	8
……		

教师引导学生观察:表中谁不变,谁在变,它们是怎么变化的? 这些问题使学生初步理解数量变化的规律,也让学生通过对表象的加工发现本质。

(二)一题多算,训练思维的灵活性

解题时,教师可要求学生根据已知条件或条件与问题之间的关系,用多种验证方法检验结果是否正确。例如:甲、乙两人骑车同时从两地出发,3 小时相遇。甲每小时行 16 千米,乙每小时行 18 千米,两地相距多少千米?

学生解得: $(16+18)\times3 = 102$ 或 $16\times3+18\times3 = 102$

验算方法如下:

$102\div3-16 = 18 \rightarrow 102\div3-18 = 16 \rightarrow 102\div(16+18) = 3$

这样既验证了原题的解,还对数量关系的理解更加深入,达到触类旁通的教学效果。

学生创新意识的培养,既要根据教材的内容和特点做到适时、适度地与学生的生活实际经验自然结合,又要根据学生的年龄特点,做到生动形象且充满情趣,并贯穿于整个教学过程之中。

(三)一题多变,训练思维的变通性

变通是给出解题的基本条件,要求学生改变条件、问题、叙述形式或结构,变原题为新题,再进行比较计算,从中找出它们之间的联系。如原题:苹果 90 千克,梨 30 千克,共有多少千克?

1. 改变问话:

①苹果 90 千克,梨 30 千克,苹果比梨多多少千克?

②苹果 90 千克,梨 30 千克,苹果重量是梨的多少倍?

2. 改条件:

①梨比苹果少 60 千克,苹果 90 千克,共有多少千克?

②苹果 90 千克,苹果的重量是梨的 3 倍,苹果和梨共有多少千克?

3. 改变叙述:

苹果 90 千克,是梨的 3 倍,苹果和梨共有多少千克?

4. 条件问题互换:

苹果、梨共 120 千克,苹果比梨多 60 千克,梨有多少千克?

这种变换训练能培养思维的流畅性和灵活性。教师要培养创造性思维,要鼓励学生多问,勇于质疑前人的结论和传统观点,勇于发现前人尚未揭示的事物和规律。即使这种发现最终的结果错误的或失败的,教师也要从正面加以鼓励,帮其分析错误,找到失败的原因,吸取教训反败为胜。

在教学中,教师要开阔学生的思路,引导他们从不同角度思考问题。不要只满足标准答案和解题过程中的完整步骤,要对有“创意”的解题方式和答案给予适当的肯定,让学生从中汲取必要的精神力量。

（四）一图编多题，训练思考的全面性

按学习内容和训练目标给学生展示一组或几组不同颜色，不同形状的图形、线段、小动物图像等，启发学生看图编应用题。编题能深化学生的思维，加深对知识的理解；编题可使学生根据图象呈现方式编出各种数学的关系式，如：整体与部分关系、倍数关系、相差关系、分数、百分数等各种类型的应用题。看图编题，使直观的数量关系抽象为文字，它是发展学生创造性思维的有效途径。

三、在生活运用中发展思维

探索求异，不仅依靠求异思维，还要靠直觉思维和发散性思维的支持。直觉思维是凭借良好的洞察力，观察、判断事物的本质。比如学生在遇到学习和生活的困难时，常凭直觉寻找答案和对策，然后再去分析、思考推导和论证。

在复合应用题的教学中，教师设计了本班春游的情境。让学生根据以下问题思考，设计出春游方案：全班共有多少学生参加，采用哪种租车的方案，怎样分组上车，学校到游地的距离大约是多少，汽车行驶的速度是多少，大约用多少时间到达，采用哪种购票的方式，怎样安排春游的旅程？

教师通过学生熟悉的生活，引发学生全面思考问题。教师还为学生设计了本班购门票的情境：全班有 38 名学生。售票时发现每张 5 元，如 40 张以上可享 9 折优惠，请同学们想一想怎样购票才划算？这类问题学生既敏感又熟悉，自然很能引起学习的兴趣。经深思熟虑后，有的学生认为如果每个人单独买票，这些同学要付：$5×38＝190$（元），有的学生认为这种方法购票不合适，理由是假如买 40 张的话，只需要 $5×40×90\%＝180$（元），这样买花钱少，还能多得两张票；另一学生认为，把多买的两张票按 9 折卖给别人，这样只花掉 $5×90\%×38＝171$（元），但是谁买多余的两张票呢？

有个女生认为可与游人一起拼。$5×40×90\%＝180$（元），$180-5×2×90\%$

＝171(元)省去了找买家的麻烦。在讨论购票方法时,学生想法奇特、思路清晰,算理清楚,体现了学生的创新精神和创造能力,让学生在生活情境中体验、理解和运用数学,体会生活中处处有数学,感悟到了数学的价值和魅力。

四、在求异中培养创新思维

求异思维是创新思维的特征之一。有些学生在学习数学过程中,不死记书本知识,不依规模仿,而是通过独立的观察、思考、验证等学习方式感知问题、确定思路、发现规律、探究真相……这些表现都是学生创新思维的外显。在教学中加强求异思维训练,能有效地培养学生的创新思维。主要做法如下:

(一)一材多拼

课上可让学生用学具拼摆或搭设自己喜欢的图形或模型:汽车、房屋、机器人、火箭、飞机、帆船、宝塔、导弹等图形。这些作品各具特色,每幅作品都是学生创新思维的成果。在学生沉浸在自我欣赏之际,教师不妨让他们说一说这些模型和图片都是用哪些图形的学具搭拼起来的,各用了多少个?动手操作加深了学生对图形特征的辨认,在感知数与形的概念同时,培养了学生创新思维。

(二)一题多问

在教师创设的数学情境中,让学生学会在相同条件下多方面发问,这是培养学生求异思维的方法之一。

如,让学生根据应用题的已知条件多角度地提出相关的问题。教师给出的条件是:张力家离学校810米,赵勇家离校270米。

在教师的启发引导下学生经思考提出以下问题:

①谁家离校近(远)? 近(远)多少米?

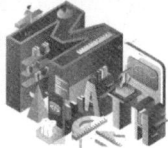

②张力每天到校比赵勇到校多走多少米？

③赵勇上学比张力上学少走多少米？

④张力到学校的路程是赵勇到学校路程的几倍？

⑤从赵勇家到张力家，要走多少米？

以一题让学生学会从多角度发问。不仅使学生敢于打破解题框架，自己创新问题，自己解决问题，学会在探究中小步前行，围绕问题进行全方位的思考。

（三）一题多解

让学生根据数学题目要求，采用多种解题方法。如：小云家桃树和杏树共有 40 棵，其中杏树是桃树的 $\frac{1}{3}$。桃树和杏树各有多少棵？学生解题方法如下。

方法一：设桃树有 x 棵。列方程 $x + \frac{1}{3}x = 40, x = 30, 30 \times \frac{1}{3} = 10$（棵）

方法二：设杏树有 x 棵。列方程 $3x + x = 40, x = 10, 10 \times 3 = 30$（棵）

方法三：$40 \div (1 + 3) = 10$（棵），$10 \times 3 = 30$（棵）。

方法四：$40 \div (1 + \frac{1}{3}) = 30$（棵），$30 \times \frac{1}{3} = 10$（棵）

方法五：$40 \times \frac{1}{4} = 10$（棵），$40 \times \frac{3}{4} = 30$（棵）

一题多解，培养了学生综合运用知识灵活地解决问题。

（四）一题多答

这样的练习能发展学生的创新思维。如：

（1）买单价是整元的袋装糖果。用 30 元可以买多少袋？

（2）让学生把算式填完整：□○8○16 要求□内填数，○内填数学符号。

（3）让学生将 36 厘米长的小绳剪成四段，其中有两段等长，两段等短，并用它们摆出四边形。此题有多种答案，共分为两个层次。一是剪成四段时方法、长短多样;二是摆出的四边形结果各异。

　　总之,教师要关注学生在探究中有所发现,在解决问题时,让他们从多方面自主思考解决问题的策略。但是,这种思维训练要建立在学生能接受的基础之上,教师要提供相应的条件且进行必要的引导,否则就会欲速则不达。任何事物都具有多方面的属性,因此在指导学生遇事或问题时,要学会从多角度、多方向进行思考。这样一是能对学生在学习中进行发散思维的培养,二是能够将发散思维与逻辑思维相结合。

第四章　让数学教学拥有"思想"的脊梁

数学的精髓是数学思想方法。它是知识转化为能力的桥梁。它以数学知识为核心，以课堂为阵地。在教学中，教师应当充分考虑学生的年龄特征并因材施教，适时挖掘和提炼教学内容，使之与学生的认知发展水平相契合。同时，教师应巧妙地将数学思想融入教学的各个环节，不仅传授数学知识，更注重培养学生的数学思想方法，促进学生知识与思维的均衡发展。通过这样的教学方式，不仅能为学生打下坚实的数学基础，更为其后续学习提供有力的支撑，确保学生在数学学习的道路上稳步前行。

第一节 植根数学思想于教学之中

树木的生长需要完整的、健康的根系,根系是给枝叶生长不断输送所需营养的保障,有了它,树木才能茁壮成长。因此,教师在引导学生掌握知识,学会技能技巧的过程中要给学生种植数学思想。

一、思想是思考的基础,探究的保证

数学思想能让学生通过表面现象认识数学的本质。它是数学与生活联系的桥梁,更是学生发展的"内需",是学生亲历数学活动过程完成学习目标,发展个性的重要途径,是学生思考问题的基础。数学思想的本质是让学生在成长的过程中积累经验,学会用数学的眼光观察和思考问题,形成生活数学化的思维习惯。养成遇"事"思考有序,有理有据,三思而行的数学教育观念。它是学生储蓄学习动力和保持探究欲望的保障。

二、渗透数学思想提高学生思维品质

小学数学教学中的简单逻辑推理及最优化思想等的培养,是学生寻求数学规律的前提。只有把数学知识的传授上升到数学思想方法的培养,才能进一步提升学生的数学思维品质。

(一)数形结合,直观理解本质内涵

以数形结合思想为例,这一深邃的数学哲学,将抽象的数学语言与直观

的图形紧密地结合在一起,从而实现了抽象思维与形象思维的完美融合。这一思想方法,不仅在数学领域具有举足轻重的地位,更在培养学生思维能力方面发挥着不可替代的作用。

对于学生而言,数形结合思想是他们探索数学世界的一把利器。通过深入认识图形,学生能够将抽象的数学语言转化为直观的形象,进而在脑海中构建清晰的数学模型。这种转化过程,不仅增强了学生思维的直观性和形象性,更使得他们在面对复杂问题时能够迅速找到切入点,化繁为简。

此外,数形结合思想还有助于培养学生思维的灵活性。在解决数学问题时,学生常常需要灵活运用各种数学知识和方法。通过数形结合,学生可以在不同的知识点之间建立联系,形成知识网络,从而更加灵活地运用所学知识解决实际问题。更重要的是,数形结合思想使抽象概念具体化,有助于学生更好地理解和掌握数学知识。通过图形的直观展示,学生可以更加直观地理解数学概念的本质和内涵,从而加深对数学知识的理解和记忆。

数形结合思想在数学教学和学生思维培养中具有重要的应用价值。通过深入学习和运用数形结合思想,学生不仅能够提高数学素养和解题能力,更能够培养出具有创新精神和实践能力的优秀人才。

(二)归纳猜想,迁移贯通建构体系

"归纳与猜想"是数学教学中至关重要的思想方法之一。面积单位——平方米、平方分米、平方厘米等概念是构建学生图形与几何认知体系的重要基石。这些单位不仅各自具有独特的意义,它们之间还存在着紧密的换算关系,这种关系对理解面积概念和应用面积单位解决实际问题至关重要。教材在长方形和正方形面积学习后安排相关内容,是出于对学生认知发展规律的深刻理解。教师在教学时,巧妙地在黑板一角绘制了一个1平方米的正方形,随后在其一角贴上了一个1平方分米的粉色正方形,最后又在粉色正方形的一角贴上了红色的1平方厘米的正方形。由于三个正方形在颜色和大小上的鲜明对比,立刻吸引了学生的注意,他们纷纷发出惊叹之声。这一视觉的冲击引发了学生的好奇,新的问题自然浮现:1平方米究竟涵盖了多少平方分米？进而，1平方分米又细分为多少平方厘米？这些疑问不仅点燃了学生的好奇心，更激发了他们主动探索的热情，从而使课堂教学达到前所未有的高度。这样的探索过程深化了学生对面积单位转换的理解，锻炼了他们的逻辑思维能力和解决问题的能力。

在这一教学环节中，教师巧妙地融入了归纳、比较、猜想的数学思想方法，使学生们得以将这些抽象概念纳入他们的认知体系，实现了知识的连贯与迁移，促进了思维的流畅运转，进而提升了学生的思维水平。

第二节　有效渗透数学思想方法

数学概念、公式、法则和性质等知识,如同坚固的基石,在教材中得以明确而详尽地呈现,为学习者提供了具体可见的指引。然而,数学思想方法则如同无形的灵魂,深藏于这庞大的知识体系之中,它们虽不可见,却是数学学科的精髓所在。

对于教师而言,备课的过程不仅是对知识的梳理与整合,更是对数学思想的深入挖掘与提炼。要全面把握数学教学的内涵,教师需深入分析和研究教材,厘清知识体系和脉络,确保每一章节、每一知识点都能得到准确地阐述和传授。同时,教师还需独具慧眼,归纳并揭示那些隐藏在数学知识背后的思想方法。这些思想方法,如同数学学科的灵魂,是引导学生深入理解数学、掌握数学本质的关键。

在教学过程中,教师应巧妙地将这些思想方法融入课堂,让学生在掌握具体知识的同时,感受数学思想的魅力。通过引导学生发现问题、分析问题、提出问题、解决问题,培养他们独立思考、自主探究的能力,从而真正达到数学教学的目的。因此,教师在备课时需充分重视数学思想方法的渗透,确保数学教学既能传授知识,又能培养学生的数学素养和思维能力。只有这样,我们才能培养出真正具备数学素养和创新精神的学生,为他们的未来发展奠定坚实的基础。

那么,如何在数学教学中有效渗透数学思想方法呢?

一、在学习过程和探索中渗透

概念的形成,结论的推导,都是向学生渗透数学思想方法的有效时机。如符号思想的渗透是数学教学中的重要环节,它要求学生能够从具体的情境中抽象理解事物间的数量、关系及其变化规律,并运用符号进行表示。这一过程不仅是学生从具体到抽象的认知跃迁,更是从一般到特殊的探知与归纳的深化过程。如,在教学"加法交换律"时,教师先引导学生通过观察几组两个数相加,在交换了它们的位置后,和却不变。在反复地观察与计算中,让学生自己思考并归纳出加法交换律,再将语言的表述转化为使用符号表示:a+b=b+a,从中让学生理解了符号代表的数量关系及变化规律。这是从具体到抽象,从特殊到一般的探究与归纳,是从理论到实践的过程,是符号化的过程,也是模型化的过程。学生在探索的过程中,深入理解了符号化思想的形成过程,这一历程不仅丰富了他们的认知体系,更深化了对符号化思想的感悟。

二、在反复的灵活使用中渗透

小学生对数学思想方法的领会和掌握,需要在教学中不断且灵活地渗透,以此强化他们的理解。例如,一年级的小学生在认识自然数时,他们不仅看到,还能感知到自然数是无穷无尽的,既数不完也写不尽。这使他们初步体验到了自然数的"无限多个"这一极限思想。在推导圆柱体积的计算公式时,学生经历了一个充满探索与发现的过程。他们发现,当圆柱的底面被平均分成的份数越多,拼接后转化成的近似长方体就越接近标准形态。这一发现不仅揭示了圆柱体积与长方体体积之间的内在联系,更让学生深刻体验到了极限思想的魅力。

三、渗透数学思想要审时度势

数学思想方法有一个从模糊到清晰,从未完成到成熟的过程。在教学中,思想方法时而深藏不露,时而暴露无遗。这就需要教师在教学时要审时度势。

在"教学植树问题"时,如题:园林队要在200米长的小路一边种树,每隔5米种一棵,且路的两端都要栽种,一共需要多少棵树? 读题后,教师问学生:"间隔和两端各表示什么?"有的同学不能准确用语言表达。教师灵机一动,让学生伸出一只手,再张开五指。此时,教师将抽象的语言转化为直观的图形,在观察中理解问:"你们有什么发现?"学生纷纷回答:"五指之间出现了4个空隙!"教师告诉学生:"这4个空隙,就是4个间隔。就是相邻的两棵树中间的距离。4个间隔的首尾都有手指,就像两端都种树。除了这样的种树方法之外,还有其他的种树方法吗?"有的学生说,一端种,另一端不种;也有的说可以两端都不种。接着教师继续引导学生读题,问:"你们认为题中还有哪些词语要引起我们的注意?"学生找出了全长200米、一边、每隔5米、一共等词语。然后教师请同学们一起想办法解决,一共需要多少棵树?

讨论中,大部分学生用推算的方法:第5米的地方种的是第2棵树,第10米的地方种的是第3棵树,第15米的地方种的是第4棵树……

老师此时启发说,除去按照这样一棵一棵地数还有没有其他的方法? 此时,学生也感这样计算太浪费时间了。同学们也一致认为这样计算既费时又费力。此时,教师再次启发学生:要找到简便的方法,就要弄清全长、间隔与棵数之间的关系……没等老师的话说完,一个同学说:"我准备选小一点的数,用铅笔代表小树插插看。"一个学生大声说:"我用画线段图的方法,找出全长、间隔和棵数之间的关系。"在他们的启发下,其他同学也分别用折纸、数折线等方法进行实验。经过探讨与试验后,问题得到了解决,总结出规律。面对自己的发现和总结出的规律,每个学生都表现得异常兴奋,甚至高兴的手舞足蹈起来。

在这一教学环节中,教师借助我们熟悉的手掌,转化了学生对间隔等陌生的词语引发的思维障碍。用数学的方法让学生感受到植树问题的数据较大,产生化繁为简的需求,并使他们对"转化"的策略有了深刻的体验。

四、渗透数学思想要循序渐进

数学思想方法的渗透应循序渐进。教师在备课时需进行长远规划,因为数学思想与数学知识的深化是相辅相成的,呈现出一定的递进关系。在教学"平面图形的面积"时,教师应对比并讲解不同平面图形面积计算公式的推导过程,旨在让学生认识到这些图形面积之间的内在联系。例如,正方形的面积公式可由长方形推导而来;平行四边形的面积公式可通过转化为长方形得出;圆的面积公式则是基于无数个类似三角形的组合形成的近似长方形推导出来的。因此,无论是新授课还是复习课,教师都可以明确地告诉学生所运用的思想方法,并向学生加以介绍。

在数学学习的过程中,思想方法的渗透是一个循序渐进、有系统和有层次的过程。这一过程在不同学段中体现得尤为明显,特别是在小学五年级学习方程的阶段。

对于小学生来说,数学思想的渗透往往是从直观和具体开始的。例如,在正比例关系和反比例关系的学习中,学生虽然没有正式接触函数的概念,但已经开始感受到函数思想的存在。正比例关系和反比例关系,作为函数思想的基础,帮助学生理解变量之间的关系,为日后学习函数打下了坚实的基础。

五年级的学生开始学习方程,这时方程思想的显著性开始体现。方程作为一种重要的数学工具,能够帮助学生解决更为复杂的问题。通过设立未知数、建立等式,学生学会了用数学语言描述和解决实际问题。这一过程不仅锻炼了学生的逻辑思维能力,也让他们深刻体验到方程思想的魅力。

值得注意的是,数学思想的渗透并不是孤立的,在不同学段,数学思想

的渗透是有系统和有层次的衔接。教师需要根据学生的认知水平和兴趣爱好,选择合适的教学方法和手段,引导学生逐步深入理解和掌握数学思想方法。

综上所述,数学思想的渗透是一个长期而复杂的过程,需要教师和学生共同努力。通过系统的学习和实践,学生不仅能够掌握数学知识,更能够培养数学思维和解决问题的能力,为未来的学习和生活奠定坚实的基础。

第三节　善问善导体现以生为本

教师要转变教育观念,将过去以教师的教为中心转向以学生的学为中心,师生互换角色,以学生为主体,教学中让学生唱主角。加大教师导学的力度,引导学生乐学、善学、活学、渴学。

一、教学要体现新与活

兴趣是学生获取知识和丰富内心活动的推动力,是学生对事物的内在的趋向和选择。它有助于学生拓宽眼界,丰富内心活动。因此,教师要在教学中设计培养学生浓厚的学习兴趣的场景,把学生带入他们喜闻乐见的故事、童话和趣事中,以此调动学生参与学习的积极性,增强学生的求知欲与参与度。使学生在喜闻乐见的环境中感到学习非常有趣。让数学学习变成身心愉悦的快乐活动,在活动中,学生能够潜移默化学习和运用数学的思想方法,使课堂教学焕发生命力。

教师若想使课堂生动有趣、富有韵味,就必须以"趣"字为核心设计问题,并营造相应的情境。从问题的提出开始,经过深入分析,问题得到圆满解决,课堂教学要体现趣、新、活,激发出学生参与学习的探究热情。

加强导学教学目标不限于知识传授,而是着眼学生的身心发展,注重以学生的"最近发展区"为切入点,以具有发展性、层次性的数学活动开发学生的潜能。因此,教师的课堂教学要以激活学生的思维为前提,打开学生的视野,拓宽学生思维的广度和深度。既要扩大教学的知识面和信息量,又要揭示事物的本质规律及其内在联系,并以此为主导,引导学生进行深入猜

想。鼓励他们在争辩中展开思维碰撞,从而激发创造思维的火花。这样的教学方式能够促使学生更加深入地理解和掌握知识,培养其独立思考和创新能力。

把数学中的问题根植于现实需要的问题情境中并结合学生所学的知识、结合生活实际,将数学课本中难以想象的抽象概念转化为学生耳濡目染且熟悉的生活情境,激发学生的求知欲望,产生迫不及待的探究热情,从要我学变为我要学,以此提高课堂教学效率。

如教学"用含有字母的式子表示数量关系"时,教师从"猜年龄"活动入手。课前老师了解到班里有一个叫李丽的同学11岁。让学生猜老师的年龄,并给出提示:老师比李丽大20岁。学生脱口而出31岁。全班同学公认只要知道李丽的年龄,根据老师比他大20岁这一关系就能猜出老师的年龄。接着教师继续引导学生:"你们已经知道老师现在的年龄,谁能接着说出其他时候老师的年龄?"学生们争先恐后地说:"当李丽12岁时,老师的年龄可以表示为12+20;当李丽16岁时,老师的年龄可以表示为16+20……"说着说着,突然有个学生站起来发言:"我发现表示王老师年龄的式子都是用李丽的年龄加上年龄差20岁。这样表示太麻烦。所以王老师的年龄可以用a+20来表示。因为李丽的年龄是变化的,所以用a表示李丽的年龄,而老师比他大20岁是不变的,所以可以不用别的字母表示老师的年龄了。"他的发言引起了全班同学的关注,激活了学生的思维。"这里的a表示什么?"此时教师将学生的学习兴趣引向深层次的思考,表示任意一年李丽的年龄,李丽的年龄是变化的,可以用字母表示;李丽年龄是不确定的,这个a表示不确定的年龄。学生得出的这一结论揭示出事物的本质规律及其内在联系。

教师进一步追问:"那这里的a可以表示哪些数呢?"学生根据教师提示的吉尼斯世界纪录年龄最长者116岁的美国老妇伊丽莎白波尔登,确定了a的范围应是100以内,进而认同用含有字母的式子表示生活中的数量,但字母所取的数值要符合生活实际。

教师利用这个教学活动,让学生进一步认识到用字母表示数的优越性:

11+20 只能表示今年老师的年龄,而 a+20 可以表示老师任何一年的年龄。教师又继续引导:如果换个角度,用 b 来表示老师的年龄,那么李丽的年龄该怎样表示呢？教学中,正是在教师的精心引导下,使学生的思维步步深入逐渐爬坡,打开了学生的视野,拓展了学生思维的广度和深度。

最后学生明白:这个含有字母的式子既能表示老师的年龄,又可以清楚地表示出老师的年龄与李丽年龄之间的关系,同时反映出年龄差是不变的规律。

这样的教学活动注重了情知相携,既创设了生动鲜活的学习情境,让学生在活动中体验新知,在解决问题中提炼新知,又明白了同一个量可以用不同的字母表示,也可以用含有字母的式子来表示。学生在学习活动中处处感受着老师精心创设的情境,他们的思维被激活了,对新知探索更主动了,课堂上不断生成新颖独特的见解。这样课堂会更具智慧,更有生机和活力。

再如,教学"能被 2、5 整除数的特征"时,教师先让学生观察 2 的倍数特征。观察后,他们发现个位上是 0、2、4、6、8 的数都能被 2 整除。随后,教师要求学生寻找几个数来验证为何只需看个位数即可。有学生研究了 130、70 和 50,发现它们都是偶数,也是 2 的倍数,从而得出 130 必定是 2 的倍数;还有学生分析了 96,认为个位上的 6 是 2 的倍数,因此 96 也是 2 的倍数,无需考虑十位上的数。学生总结道:如果一个数个位上的数字是 2 的倍数,那么无论是整十数还是整百数、整千数,都是 2 的倍数。因此,只需关注该数的个位即可。这一规律的发现和概括不仅锻炼了学生的逻辑思维能力,学会了用数学眼光观察分析事物,同时也让学生体验由具体到抽象思考的魅力。

学生在掌握了 2 和 5 的倍数的特征后,为研究 3 的倍数特征奠定了基础。教师则通过质疑学生的表面知识经验,引导他们进行深入思考。教学采用前馈控制方法,使学生在学习中自觉地从"数的组成"寻找规律,开辟了新的思考路径,消除了学生的思维定式。

在辩驳中学会猜想规律。学生知晓了 2 和 5 的倍数特征后,教师乘势而为,让学生猜想 3 的倍数具有什么特征？有猜个位上是 3、6、9 的;有的猜

个数位上是 3 的倍数的;有的学生指出只看个位不行,如 13 就不是而 12 却是;还有的认为不但要看个位还要看它的十位和百位等。

学生敢于猜想并猜想出五花八门的情况。到底哪种猜想正确呢? 教师引导学生通过用具体实物或计算来验证。这一教学环节中,教师让学生从自己的视角去观察、去发现,用自己的思考方式加以猜测和验证,学生的思维被打开了。教师在鼓励学生猜想 3 的倍数会具有哪些的特征前,学生脑海中已储存了 2 和 5 的倍数特征,当研究 3 的倍数特征时,他们会自然地联想到研究余数。教师让学生动手研究的目的是让他们理解:抽象的数学规律其实蕴含在除法之中。通过用小棒摆三角形,学生可以观察能摆出多少个完整的三角形,并剩下多少根小棒。这样,学生就能从表象的基础出发,深化对 3 的倍数特征的猜想与推理。操作后,教师又进一步引导学生研究余数,又为研究余数开辟了途径。在实验操作中教师首先让学生用 1 至 9 根小棒搭出三角形,再引导他们观察哪些有余数,哪些没有余数,各余多少?

接下来用 10 根小棒搭三角形,观察有余数吗,余几? 再放手让学生实验 20 根、30 根、40 根、50 根……

通过实验操作,学生们发现,使用 10 根小棒搭建三角形时,搭成 3 个后会余下 1 根。同样地,使用 20 根、30 根、40 根,无需实际摆放,便可推测出余数规律:10 根余 1;20 根余 2;30 根无余;40 根又余 1。这一发现凸显了操作实验在揭示数学规律中的重要作用。在此过程中,学生的思维逐渐从依赖具体形象的思维转向更为抽象的思维。形象思维虽以事物或动作行为作为起点,但在操作中,学生通过实物操作揭示了数量关系,进而找出规律,这至关重要。

在"研究 10、100 除以 3 的余数"和"变化 7 的位置感受同余"等教学环节中,结合推理进行操作,使学生对 3 的倍数的研究深化到"一个数包含几个 3 还余几"的层面。这不仅进一步指向了数的组成,而且让学生的思维更加清晰。然而,教学中的操作并非最终目的,其真正意义在于将操作过程中所获得的数学方法感知和内化,在学生学习数学的过程中形成深刻的表象。

通过引导学生动脑反思,亲历从操作到根据经验进行想象的过程,并及时鼓励他们用语言描述操作和思考的经过,有助于强化操作实践对形象思维的促进作用,并抽象出数学术语。这一过程促进了操作、思维与语言表达的协同发展,从而提高了学生的数学素养和综合能力。

猜想与推理的过程,其实是学生透过现象看清本质的过程。当学生在猜想"可能与数字之和有关"时,他们正处于一种"不愤不启"的学习状态。这种状态意味着学生内心充满了疑惑和好奇,他们渴望解开谜团,了解2、3、5倍数的特征究竟是什么。这种强烈的求知欲和探究欲望,正是教师调动学生学习愿望、增强探究意识的最佳时机。在课堂上,教师通过步步深入的诱导,引导学生逐步揭开2、3、5倍数特征的神秘面纱。教师不仅让学生知其然,更让学生知其所以然,通过现象看到本质。

善导,可以从以下几方面着手。

1.改变教学素材的呈现形式

小学生的思维以直观形象思维为主,且具有好奇、好动、好胜的特点。为此,在教学设计时,教师要善于运用有趣的游戏活动、故事和色彩鲜艳的图片、音乐动画等贴近学生的现实生活,直观、形象、灵活多变地呈现教学素材,变枯燥乏味的教学为充满童趣的情境式学习。教师要抓住学生的无意注意,通过他们喜闻乐见或熟悉的情境激发求知欲,调动学习的积极性。

2.拓宽学生自主学习的空间

学生年龄小生活经验不足。教师需要根据教材内容的特点和学生的认知水平,灵活地处理课本知识,把能够放开的内容交给学生让他们,结合已有的知识经验独立思考,独立解决问题。在获取知识的时间和空间中,赋予了学生更多自我发现和自我体验的机会,他们能以此充实数学知识,优化数学结构,并显著提升独立获取知识的能力,使他们对学习数学充满自信心,热爱数学。

3.开展小组合作学习

合作是一种至关重要的学习方式,它为学生提供了自主互助、共同探索解决问题的宝贵时间与空间。通过合作,学生们得以深入交流,从而了解彼此间不同的思维方法、解决问题的策略和思维结果。这种交流不仅丰富了

他们的认知,更在相互启迪中吐故纳新,重新建构自己的知识体系。

在合作学习的过程中,学生们得以在正确获取数学知识的同时,体验到自我价值的实现。他们学会了欣赏他人的长处,并以此来弥补自己的不足,这种相互学习、共同进步的氛围,无疑对学生的全面发展有着积极的推动作用。

此外,合作学习还有助于增进师生、生生间的团结和友谊。在合作的过程中,学生们学会了倾听、尊重和理解他人,这些品质的培养对于他们的情感发展和社交能力的提升都具有重要意义。同时,教师也能够在合作中更好地了解学生,从而更有针对性地指导他们的学习。

4. 让学生了解数学与生活的联系

数学是人类文化的重要组成部分。数学源于生活,并且广泛应用于生活。教学中,教师要把生活中的问题引入课堂,在司空见惯的熟悉环境中让学生发现数学。用数学的眼光观察分析周围的事物,使学生生疑、质疑,并运用自己掌握的数学知识解决生活中的问题,从而让学生充分体验生活离不开数学与数学的应用价值,感受其魅力。

5. 采取多样化的练习

练习能巩固知识,形成技能,发展学生思维,也是课堂教学的重要组成部分,单一形式的写和练对好动的学生而言,无疑是枯燥无味的。它会抑制学生的兴趣并产生厌学情绪,降低学习效果。而新颖多变的练习形式,却能激发学生探究的动机和渴求知识的欲望。学生可采用试一试、查一查、问一问等形式,使书本的文字、符号在动中固化、活化。它不仅能激发学生完成作业练习的兴趣,还能变被动练为满足心理需求的探究,自觉积极主动参与学习,提高学习效果。

6. 实行分层教学

学生的认知水平不同,思维方式各异,因此学习产生的情感体验也存在差异。教师要确立保底不封顶的教学目标,采取分层教学与分层要求的策略,把每个学生推上学习的主体地位,解决学习上"吃不了"与"吃不饱"的突出矛盾,让学生在原有的知识经验基础上有所收获与发展,人人都能获得成功的体验,树立学好数学的信心。

总之,教师要更新观念,善于把培养学生的学习兴趣作为己任。优化教学过程,采取灵活多样的教学方法,以不同的活动方式寓教于学,寓教于乐。让学生在数学知识的海洋中乐此不疲地发现问题、解决问题。探索数学的奥秘,感受它在生活中的精彩展现,以增强学习的信心和动力。教师要致力于满足不同层次、不同水平学生的学习需求,确保每个学生都能体验到学习的乐趣与成功。

二、导法,启迪智慧挖掘潜能

教学过程是师生双边的活动过程。在此过程中,教学的方法是解决教与学之间矛盾的关键。教学有法,但不定法。教学方法要根据不同的教学内容和不同水平的教学对象,因势利导,因地制宜。方法是为教学目标的实现服务的。教学方法可灵活多样,但教学目标却是一致的。教师应挖掘潜能、启迪智慧,让学生学有所得,得有所悟。

学习之路,唯有持之以恒地探求,方能显现其深远与高效,进而迸发出无尽的活力。如若不然,学生便容易陷入机械模仿的窠臼,创新思维难以萌发。因此,在教学的过程中,教师之职责不仅在于传授知识之精髓,更在于尽可能地把教学内容设计贴近学生发展的最近区域,引导学生从中悟出一定的学习方法,进而掌握科学的学习方法,培养他们独立思考与解决问题的能力,使学习成为他们人生道路上不断前行的动力源泉。

数学,作为一门基础且至关重要的学科,其内涵丰富,不仅涵盖了大量的定义、公式,更蕴含着深刻的思想方法和解题技巧。然而,单纯依靠课堂教学来使学生掌握这些知识和技能,显然是不够的。关键在于,教师需要引导学生学会学习,将传统的被动接受转变为积极主动的探索,激发其内在动机与学习欲望。通过学习方法的指导,激发学生的思维活力,提高学生参与的积极性和主动性。

如教学"两位数减两位数"时,学生在春游情境展示图后生成的算式

是：67-19，然后全班交流计算方法：

①67-10＝57，57-9＝48，所以76-19＝48。

②67-9＝58，58-10＝48。

③67-20＝47，47+1＝48。

④67-17＝50，50-2＝48。

⑤把67看成69，69-19＝50，50-2＝48。

⑥把67看成70，把19看成20，70-20＝50，50-3＝47，47+1＝48。

学生在讨论方法的时候，列出方法②的同学首先介绍了他的方法和方法①差不多，只是先减哪一个数的次序不同；方法③是教师重点引导学生理解算理的方法。教师先让同学观察计算过程，再让能够理解计算过程的学生讲一讲列式思路：把减数19看成20先用67-20，因为多减了1，所以要再加1。对于不理解"明明是减法，为什么要加1"的同学，教师又请其他同学，结合情境再次讲解：春游花了19元，减20元是多减了1，所以减了20以后还要还他1元；列式方法⑤的同学也发现了他的方法与方法④差不多，方法④是按照被减数的个位数字拆分减数，少减了，还要继续减，方法⑤是按减数的个位数字改变被减数，多算了，也要继续减；对于第⑥种方法，大家普遍认为理解起来比较困难，计算起来也不方便。在教学实践中，教师扮演着至关重要的角色，不仅鼓励学生充分展示自己的解题思路和方法，还积极引导学生相互理解和探讨。这种交流不仅拓宽了学生对解题方法多样性的认识，更深化了他们对解题方法合理性的理解，从而培养了学生的优化意识。在充分交流的基础上，教师运用观察、分析对比的方法引导学生各种方法进行比较和归类，以帮助学生形成系统的知识体系和解题思路。

在教学活动中，教师注重过程与结果的有机结合，恰如其分地运用各种教学方法，不仅让学生知道问题的答案，更使学生理解问题的来龙去脉和解决方法的推理过程。这种教学方式注重过程和结果，有助于培养学生的逻辑思维能力和问题解决能力，使学生不仅知其然，更知其所以然。从教学过程本身出发，让好的教学过程结出好的教学结果。

再如，为让学生弄清应用题的条件和问题间的内在联系，教师用课件演

示,动态出示以下画面:

原来有 2 只鸭子,又游来 4 只。现在有几只?

教师让学生结合演示画面说出三句话,根据学生的回答教师整理后出示板帖。问:如果要把这三句话放到表格中该怎样放? 让学生到黑板上摆一摆,摆出的结果如下:

①原来有 2 只鸭子,又游来 4 只,现在有几只?

②原来有 2 只鸭子,现在有几只? 又游来 4 只

③又游来 4 只,原来有 2 只鸭子,现在有几只?

教师让学生分别读一读后问:他们摆放得有道理吗?

学生认为第一种和第三种读起来顺,第二种不顺。其实第一种和第三种是一样的。此时老师开始导法:"像这样的题是表格式的解决问题。要先找一找题目的条件和问题,此问题是两个条件和一个问题组成的,第一、二格摆条件,第三格摆问题。"接着教师要求学生把事先给每个学生准备好的四个条件和两个问题分别摆到表格中。即姐姐买来 7 块点心,吃了 3 块,一共有几个? 还剩几块? 有 5 个男同学,8 个女同学。

反馈学生的摆法:

①姐姐买来 7 块点心,吃了 3 块,还剩几块?

②有 5 个男同学,8 个女同学,一共有几个?

这样摆法学生的意见比较统一。紧接着老师又提出一些条件与问题,让学生练习搭配并请学生说明理由。在学生体验了摆的方法后,教师导法:"两个条件和一个问题必须有联系,即讲的是同一件事,才能组成一道表格式的解决问题。"表格式解决问题的教学,如果仅让学生知道什么是条件,什么是问题,会列式解答这样的题目,那就没有教学难点了。这里教师别出心裁地设计了摆条件、问题的两次活动,让学生初步地感悟到表格式解决问题与画图解决问题的联系,以及解决问题的条件和问题之间的内部联系。

在具体教学过程中,教师根据一年级儿童的特点给予恰如其分的点拨和引导。如:指明学生把三句话放到表格中时,出现了两种情况,教师巧妙地运用读的方法,非常自然地让学生理解了为什么把条件放在第一和第二

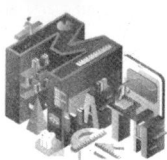

格内、问题放在最后一格。从而掌握了表格式解决问题的结构。又如：当学生初步建立了表格式解决问题是由 2 个条件和 1 个问题组成时，教师及时地组织了第二次人人参与的操作活动，在对 4 个条件 2 个问题摆入格的过程中，让学生明白了 2 个条件和 1 个问题并不能够组成一道应用题，条件和条件之间，条件和问题之间还必须有联系，从而为进一步学习解决问题打下基础。

算理看似抽象，但可以通过直观呈现出来，让学生理解。算法看似直观，实则是人们总结、抽象得出的结果。在计算教学中，教师往往过于关注既定的算法，而忽略了算法背后的算理。即使有教师能借助具体实物帮助学生理解算理，往往只是点到为止，没有深入讲解。这导致学生在理解算理与掌握抽象算法之间出现了断层。因此，尽管学生练习后能得出正确答案，但大多只是机械模仿，未能真正掌握算法的本质。实际上，从直观到抽象的过渡不仅是教学中的主要难点，也是解决问题时的关键所在。如果教师在计算教学中忽视了直观理解的重要性，学生虽然能够模仿算法并得出正确答案，但在面对实际问题时仍会感到困惑。教学中如不重视对算理的理解，不重视理解题目中的数量关系，不重视学生自己列出的抽象算式，学生解决问题的能力便无从谈起。

以前的数学课本注重数量关系式的训练，将其按题型分类，并融入解决问题的教学内容中。学生在快速浏览中理解题意，随后便揭示出题目中抽象的数量关系式，再按形式抽象出的数量关系解题。只要学生遇到同类型问题便按部就班继续模仿，形成学生高分低能。一旦题型有变，学生便无从下手。

现今的小学数学课堂彻底摒弃了原先的按题分类的教学方式，减少了机械训练，更加注重对解题策略的深入探究。此举旨在让学生经历从直观到抽象的思维过程，从而增强他们解决多变实际问题的能力。

如一次测验，其中一道解决问题只是把练习中的一道题稍微变形，学生便全军覆没。

原题是一张长 18 分米、宽 12 分米的长方形纸板，裁成边长 3 分米的正方形,能裁多少张。变形后,纸板长变为 17 分米,其他条件不变,问最多能裁出多少张?

学生大多采用大面积除以小面积的方法计算,即 $17 \times 12 \div (3 \times 3) \approx 22$（个）。但这种方法忽略了裁切的实际情况,只是简单地用数学公式计算。

教师在试卷讲评时,需要引导学生深入探讨:为什么原题的计算结果与实际操作相符,而改编后的题目却不同,这其中有什么规律或发现?通过让学生将算理画在纸上,帮助他们更直观地理解问题,使他们认识到:用大长方形面积除以小正方形的面积,其实质是包含除法。原题中,恰逢长方形的长和宽都是 3 的倍数,裁成边长是 3 分米的正方形后,长方形纸没有一点剩余,所以可以直接用长方形面积除以正方形的面积;而改编后的题目,长方形的长不是 3 的倍数,裁成规定的正方形后剩余长方形的长和宽不都是 3 的倍数,剩余的面积虽然超过 9 平方分米,但却得不到边长是 3 分米的完整正方形,所以不能用大长方形面积除以小正方形面积。只能按画图的思路思考,先算沿长边画的个数,再算沿宽边画的排数,最后计算一共能画的个数。像这样,学生掌握了画图的策略,理解了算式算理,并弄清了其本质,从而掌握了学习方法。学生便不会盲目地用大面积除以小面积了。在教学中,教师要搭建起从直观到抽象的桥梁,确保直观数量与抽象算式间的顺畅过渡,使学生充分体验这一演变过程。学生将逐渐实现从动作思维到形象思维,再到抽象思维的转变,深入理解和把握问题解决中的数量关系,掌握解题策略,进而提升解决问题的能力,真正学会学习。教师有效地引导学生学习的方法一般有以下几种。

1.题意若隐若现,运用补充方法

在练习中,教师应引导学生对信息不全或省略的问题进行延伸和扩展,通过补充细节来增加已知的信息,然后再思考解决问题的步骤,有助于提升学生对问题的全面理解和分析能力。

如题:一个长方形的周长是 36 分米,宽是长的 $\frac{4}{5}$,长方形的面积是多少平方分米?读题后,教师引导学生:根据长方形面积计算公式,要计算长方

形的面积,只需知道其长和宽。现在已知长方形的周长,我们可以通过周长

公式(长+宽)×2,结合题目中给出的宽是长的 $\frac{4}{5}$ 这一条件,来求解长和宽。

我们可以设长为 x 分米,宽为 $\frac{4}{5}$ x 分米,这样便能求出长和宽的具体数值,进

而计算出面积。

又如,一种玩具车原价为 32 元,现价 15 元,那么其价格降低了百分

之几?

面对这个问题,教师首先引导学生深入解读题目中的核心概念"降低

了百分之几"究竟意味着什么?这涉及哪两个量的比较,哪个量是基准,即

单位"1"?通过一连串的追问与引导,学生们逐渐明晰这里的"降低百分

之几"指的是玩具车现价相较于原价降低了原价的百分之多少。

在这个过程中,学生们积极参与对短句进行"扩句"处理,将题目中隐

含的信息一一揭示出来,使问题的脉络变得清晰明了。这一步骤不仅有效

地消除了学生在解题过程中的思维障碍,使他们的思路更加明确,而且还教

会了他们能够正确且深入地理解和解决问题的学习方法。

2.对题中圈套,用选择性注意法

选择性注意是学生在学习时的一种心理状态,即学生将注意力集中在

所学的关键知识或重要信息上,保持对学习内容的觉醒与警觉。教师需要

培养学生的辨别能力,教会他们如何区分信息的重要性与次要性,并掌握专

注于重要信息的方法。

如:某省共有 100 多块人工绿地,它和天然绿地总面积是 11.37 万平方

千米,约占全省总面积的 8.2%。这个省的面积是多少?

部分学生读题后不假思索地列出:100×11.37÷8.2%,学生产生的错因

是没有区别有用与无用信息。在读题时,教师要引导学生边读题,边在重要

文字下面画线,如总面积是 11.37 万平方千米,约占全省总面积的 8.2%。

以此使学生辨明重要信息,增强其敏感度。学生就能围绕这一信息进行思

考,获得解题方法。从中剔除了无用信息,如 100 多块。

又如:一个圆锥形粮囤,底面积为 2.2 平方米,高为 95 厘米,如果每立方米稻谷重 580 千克,它能存放多少千克稻谷?

学生列式为:$\frac{1}{3}$×2.2×95×580。错因是没有关注计量单位。如果读题时,给 2.2 平方米、95 厘米、每立方米下画线做记号,以此提醒计量单位没有统一,学生便能破解圈套避免错误,提高解题的正确率。

3. 题意错综复杂,运用数形结合法

数形结合是数与行互译的过程。它抓住数与形的本质联系,即以直观的形表达数;以数精确地研究形。数形结合是把文字表达或数量关系转换成图形,能使抽象的数量关系形象化。如:一根木头,一半一半地锯,锯了 3 次,最后剩下的长度是原来百分之几? 题中的叙述文字,对空间观念发展有限的小学生来讲是抽象的、难懂的。教师启发学生在纸上画一画,分一分。通过动手画、分,将文字变成线段图后,学生受阻的思路如同打开的闸门,感到豁然开朗。直观图形使他们弄清了的图形表意,打开了学生思路,排除了困惑。学生能清楚地发现并说出正确的结果:一半一半的锯,锯了 3 次,最后剩下的长度是原来的 $\frac{1}{8}$,即 12.5%。

4. 题意似曾相识,运用类比方法

类比是推测与类似事物具有同种属性的一种推理方法。学生在初读某些题目时,可能会感到既陌生又似曾相识,一时难以找到解题思路。此时,教师应引导学生进行深入思考,探寻这些题目与已学过的习题有何相似之处。通过发现共同点,激发联想,从而找到解题方法。

如:将棱长为 6 分米的正方体木块削成最大的圆柱,其体积是多少立方分米? 此题与在正方形内剪出最大圆,求圆的直径的问题相似。

学生通过对比发现,在立体图形中,正方体削成的最大圆柱的直径等于正方体的棱长,圆柱的高也等于正方体的棱长。学生在寻找相似性的过程中,通过比较,找出了底面直径与高的长度这一关键条件,从而获得了解决新题型的方法。

5.题意未曾谋面,运用转化法

转化策略在解题中扮演着至关重要的角色,它通过性质、公式或方法的转换,将那些陌生、复杂、未知及抽象的问题转化为熟悉、简单、已知的问题,从而化难为易,化繁为简。以某班级学生出勤问题为例,这一策略的应用尤为显著。

原题中,班级上午的缺席人数是出席人数的 $\frac{1}{7}$,下午又有一人缺席,这时缺席人数变成了出席人数的 $\frac{1}{6}$,求全班总人数。初看之下,这似乎是一个棘手的问题。然而,一旦运用转化策略,将分数表述转化为比的意义,解题思路便立刻变得清晰起来。缺席与出席人数的比例关系,实际上为我们提供了一个解题的突破口。

通过深入分析,我们发现全班总人数是不变的。因此,上午全班人数可以分成 8 份,缺席人数占总人数的 $\frac{1}{8}$;而下午全班人数则分成 7 份,缺席人数占全班总人数的 $\frac{1}{7}$。通过比较分析,我们可以得出下午请假的人数正好占全班的 $\frac{1}{7}-\frac{1}{8}=\frac{1}{56}$。由此,我们便轻松地计算出全班共有 56 人。

教师巧妙地引导学生运用转化策略,将原本陌生的抽象问题转化为熟悉且具体的数学问题。这种策略的运用不仅使问题变得易于解决,还培养了学生的逻辑思维能力和问题解决能力。因此,在解题过程中,教师应充分重视并善于运用转化策略,以获取更简洁、高效的解题方法。

三、导思,巧妙引领高效简洁

在教学中,教师如何将课本的死知识教活?在教育教学过程中,加强对学生思维能力的引导和培养至关重要,因为只有当学生的思维有了明确的路径和方向,他们的学习才能取得真正的成效。实现这一目标的"导思"方法多种多样,各具特色。通过以问诱思、创设情境、阐述事理以及利用现代教育手段和直观教具等多种方法,教师可以有效地引导和培养学生的思维能力。这些方法不仅能够实现由记忆型教学向思维型教学的转变,还能让学生从死学变为活学,真正提高学习效果和思维能力。

现在课堂教学一般的流程是:创设情境—学习交流—探究发现—创造发明。这种流程是在教师的引导下通过学生自主学习使学生学会生疑—发现问题:质疑—提出问题;释疑—分析问题和答疑—解决问题。由被动听讲转为主动参与,培养学生的发散思维、想象力和创造力。教师要创设软性情境即鼓励学生大胆质疑,激励他们敢于创新,勇于创造。

总之,在教学中,教师应努力寻求开发创造性的教学模式,鼓励学生求异创造的欲望,以情励学,以趣激学,注重内化,启迪创造。教师要教给学生掌握创造的规律和方法,把"死"知识学"活"。

传统课堂把教师问和学生答看作是引导,其引导的过程就是牵着学生走。我们仔细想一下就会发现,这种引导只不过是把知识切碎了,使之成为一连串琐碎简单的问题,让学生回答。在这样的教学中,有些需要学生独立思考的问题没有落实,另外,也没有重视传授学生分析问题的思考方法。

教学中真正"导"的含义是:当学生在学习中遇到困惑时,教师应积极引导他们去思考,不断开拓新思路。如果思路中断,就需要重新连接;如果迷失了方向,要引导他们回到正确的道路上;当他们走进黑暗,就给他们一盏指引的明灯;若遇到无路可走的困境,就为他们铺路架桥。总的来说,当学生的思维陷入"山穷水尽疑无路"的境地时,教师应巧妙地领他们走向"柳暗花明又一村"的新天地,让学生在灵活学习中不断进步。

"导"和"牵"虽只是一字之差,却体现了两种教育思想。教学中一定要做到"道而弗牵",牢记"学而不思则罔"的道理。课堂教学要随学生的思维随机生成。教师要舍得在每一节课上付出时间和精力,按学生思维脉络调控课堂教学。

如教学"正负数的减法"时,通过课件复习正负抵消,原有大小不变的知识后,可采用打扑克的方式:将每四人分成一组进行,一号和二号分别出

牌,三号写两数的算式,四号计算写出答案。红色表示正数,黑色表示负数,看哪个组写得多,计算得快。紧张兴奋饶有兴趣的活动在游戏中解决了许多学生不会解决的正负数减法题计算。如$(-3)-(+2)$、$(+5)-(-4)$、$(-4)-(+1)$、$(+2)-(-1)$……这样把书本知识学活了,理解了,记牢了。教学中的难点突破了。学生在不会解决的问题过程中还提出了他们计算时遇到的困惑:"都不能从被减数里直接拿掉减数。"教师及时抓住这一问题让学生以$(+2)-(-1)$为例,摆一摆,自己想办法解决这一问题。摆后在小组中说一说为什么这样摆。在摆的过程中教师的参与和点拨发挥了很大的作用。接着,教师为学生搭设一个放飞自我的小舞台。即组与组之间多向交流的辩论场面:采用"三人留一人走"的方式,选代表到其他组讨论,看能不能说服其他组的同学,这一举措使课堂学习达到了思和辩的高潮。

老师收集到学生对一些题有不同意见的时候,没有做任何评判,只是又一次发动学生进行小组再讨论,看能不能得到更统一的意见。待意见逐步统一汇报后,为了进一步整理提升学生的思维方式,教师又抛出问题:"你们还有不清楚的问题吗?"学生之间又一次展开质疑、释疑活动加深了学生对知识的理解。最后由学生归纳出正负数减法的法则:减去一个数,等于加上这个数的相反数。

纵观整个教学过程,教师没有任何牵强附会的硬加,只是不断抓住学生在学习中的问题进行点拨和启发,课堂教学随机自然生成。课堂教学中学生展示的说理和算法都没有机械的重复,学生的质疑也不是漫无边际问个没完。学生只问了"为什么只去掉-1,不把$+1$去掉?""为什么要给$+2$添上$+1$?"这两个切中算理要害的问题能以一当十,表现出学生高水平的质疑能力。学生学会了质疑,在释疑的过程中,使课堂高效而简洁,教学效果和教学效率得到了有机的统一。

传统的教学侧重于知识传授,但题型和内容相对单调。课改后,新的课堂为曾经"轻松不足,严肃有余"的氛围注入了新的气息与活力,赋予了课堂数学思想的精髓。渗透数学思想和数学方法已成为教师日常教学的得力助手。然而,数学思想方法并非每堂数学课都能自然融入,这需要经验丰富的教师或擅长课堂设计的教师能巧妙地将之融入每一堂课的教学内容之中。

每堂课能否有效渗透数学思想方法,关键在于教师对教材的深入挖掘,在于教师教学观念的转变,以及对教材的娴熟驾驭和精心设计。任何一堂课的教学都离不开学生的思考,而学生思考必然伴随思想方法的体现。

教师应具备高瞻远瞩的视野,不应局限于让学生掌握知识和技能,追求高分。而应把教学重点放在拓展学生的思维上,培养他们成为善于思考、具备高数学素养的可持续发展人才。

总之,作为数学文化的传承者、数学素养的培育者和潜能与智慧思维的开发者,教师应助力学生在自主探索与合作交流中,真正理解和掌握数学的基本知识与技能,领悟数学的思想和方法,积累数学活动经验,学会学习,善于学习。让数学思想方法的渗透与数学知识与技能的掌握并行不悖,共同促进学生的全面发展。

四、导渴,设置悬念激励探究

生活中常有一些不可思议的事情。如:爱因斯坦,第一次考大学竟然落榜,后来却成为世界最有名的科学家;伽罗华,两次都没考上大学的数学系,却在 17 岁成为杰出的数学家;大发明家爱迪生只读了 3 个月的书,就被学校退学回家,被认为是不堪造就的笨学生;达尔文在校成绩并不出色,家长和老师都对他的未来不抱期望,但他却开创了进化论,为人类作出了巨大贡献。他们为何能成功,难道是靠机遇吗? 绝非如此! 爱因斯坦在短短半年内就取得了物理学领域的杰出成就,难道这也是偶然吗? 爱迪生一生发明了无数物品,难道都是碰巧吗?

自古以来,成就斐然的人都与勤奋紧密相连。然而,勤奋之人众多,为何他们能成为佼佼者? 是因为拥有顶尖的实验室还是得益于良师益友的帮助? 爱因斯坦既无名师指导,又缺乏设备和材料,更非专业科学工作者。

他们成功的秘诀在于:对事物怀有浓厚的兴趣,拥有渴知、渴学的精神。

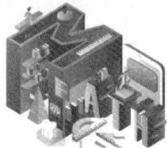

兴趣的力量无比巨大,它使人废寝忘食,夜以继日地工作;它使人愿意将毕生奉献给热爱的事业。正是兴趣,让达尔文将甲虫放入口中,让罗蒙诺夫以40天的劳动换取一本数学书。为了追求理想和真相,许多科学家甚至终身未婚。成功带来的喜悦是他们持续学习的强大动力。因此,教师在引导学生时,不仅要关注学习过程,如制订计划、安排时间、选择学法,更要引导他们形成独特的学习风格,客观、正确地评价自己的学习。教师在指出学生不足的同时,对他们取得的每一点进步,哪怕是微小的,也应给予充分的肯定,让学生在成功的喜悦中保持持续学习的渴望。

如学习体积后,教师拿出一个土豆请学生们计算一下它的体积。这可给同学们出了一道难题。他们大眼瞪小眼,束手无策。有的同学低声说它不规则没法计算,有的说我们没学过求这种特殊体积的方法,有的突发奇想要把这个土豆先蒸熟再算。他是要改变物体形状后求体积。还有的说:可以先用天平称出它的重量,接着在它上面切下1立方厘米的部分,再次称重。通过比较两次的重量,就可以计算大土豆的重量是这部分的几倍。因为同一物体的重量与体积成正比,所以大土豆的体积也就是1立方厘米的几倍。学生们不停地议论着猜想着思维的火花不断地闪现与互撞。这时,又有一个学生想出拿一个容器,往里面倒水,量一下水深,就可以算出水的体积,再把土豆放入水中,再量一下水深,又可以得到第二个体积,两次体积差,就是土豆的体积。为解决土豆的体积问题,同学们犹如小谋士纷纷献计献策。学生以前学过的不少知识,在解决问题的讨论中得到了巩固和应用。学生的大胆猜想拓展了思维。

在教学中教师应重视学习动机的激励作用。激发学生的参与热情,强化学生的参与意识。教师的教学行为在教学过程中,对学生的学习会产生各种相关变量。在许多的变量中,学习动机是关键。它是学习活动的催化剂,具有情感性。良好的学习动机,能对学习产生积极的影响。它促使学生集中精力,认真思考,主动参与探索未知。

如教学"能被3整除的数的特征"时,把384这个数各个数位上的数字不断地变换位置,让学生检验变换后的各数是否是3的倍数。学生惊奇地发现:"奇怪,怎么全都是 3 的倍数呢? 这里面到底有什么奥秘?"惊叹之余,学生急于了解原因,于是,他们带着疑问带着求知欲积极主动地投入新知识的探索之中。

再如教学分数的性质时,教师让学生提问:"这节课你们都想知道些什么?"之后,有的学生提出"分数的基本性质是什么""在什么情况下它的大小不变""分数的基本性质有什么作用"等问题。上课伊始教师先调动学生积极性。让学生提出问题,明确学习目标,不但能激发学生求知的欲望,还能集中其他学生的关注和热情参与,这是因为渴求的欲望是从问题开始。强烈的求知欲成为一种求知的自我需要。为新知识的学习打下了良好的基础并通过积极的探索以达到自己的精神需求。

教师在教学中要鼓励学生质疑,要让学生多问,引导他们发现问题。让他们在教师创设的情境中,质疑。这不仅能有效地促进学生参与教学,积极互动,重要的是强烈的求知欲能培养学生的主动性与创造性以及学生的创新意识。

在圆周率这一课的教学时,课前教师要求学生量出几种圆形物体的周长和直径,并记录下数据。上课时教师请同学说出自己测量的几种圆的周长后,教师立即说出这些圆的直径。学生们非常好奇,教师又让学生再说出圆的直径,教师又很快地回答出圆的周长。教师报出的数据不仅速度快,最重要的是与学生的结果很接近。教师的每次回答都得到学生的掌声回应,学生感到不可思议。学生纷纷向老师请教:"你是怎么算出来的呀?"。这时,教师笑而不答,而是引导学生带着这个奇妙的问题观察课件中每个圆的周长和直径,问:"你们发现了什么问题?"学生很快发现每个圆的周长总是直径的三倍多一点,从而引出了"圆周率"。

教师向大家介绍了祖冲之对圆周率的贡献,并激励学生要勇于质疑、探索、创造。

除此之外,教师还引导学生用验证和猜想的方法满足学生的求知欲。在认识了平方厘米、平方分米后,教师提问:"什么是 1 平方米?"学生用手比划一下 1 平方米的大小,再让学生说说周围有哪些物体表面的面积接近

1平方米,教师又再拿出一块面积是1平方米的纱窗,让同学猜它的边长是多少,又请部分学生站在1平方米的纱窗上,看看能站几个人……学生的学习热情非常高涨。

课后教师留了这样的作业:测量自己家某一房间地面有多少平方米?这种作业形式注重揭示和呈现矛盾,巧设悬念,层层深入,既有利于激发学生的学习欲望,又注重知识和能力融为一体,学以致用,鼓励探究,引导学生在实践中感受,从而加深对知识的理解。

数学课上的知识需要开放,走向生活,走向实际。开放数学课程内容有利于发掘学生的数学潜能,有利于学生学习交流与合作,有利于满足学生多种需求,只有这样,才能培养学生的创新思维。为此,在数学课堂上,教师要积极地为学生创设生动活泼的教学环境,提供发展的空间和搭设放飞自我潜能的平台,使学生在主动建构自己的数学知识和学习经验的过程中提升自我价值,丰富自己的内涵。

第四节　突出"解放"凸显"主体"

数学不仅让学生掌握数学基本知识和基本技能技巧,还应唤起学生的主体意识,掌握学习方法和思维方法,培养学生独立获取知识的能力,达到会想、会说、会做、会运用知识主动研究和探索,使学生得到全面且主动的发展。因此,教师应首先确立"五不"原则:学生能独立思考时,不给予暗示;能自主探索时,不替代其行动;能自学掌握时,不加以教导;能自我表达时,不抢话发言;能自主完成时,不插手干预。其次,教师应鼓励学生经常进行深入研讨,勇于提出多个"为什么"。最后,在讨论之前,先让学生独立思考,再在讨论中深化思考。变"呈现—接受"模式为"诱导—探索—发现"的模式,把课堂真正还给学生。

例如,教师有意对一名学困生进行一个测试:请他拿 10 元钱到菜市场买 3 斤白菜,单价为 5 角;半斤带鱼,单价为 12 元。问题:还剩多少元? 学生很快算出还剩 2 元 5 角,并且有条不紊地叙述:3 斤白菜要付 1 元 5 角,半斤带鱼要付 6 元,两样一共付 7 元 5 角,应找回 2 元 5 角。学困生的成绩不理想的原因在哪呢? 究其原因是课本知识脱离了具体生活的实际。数学知识本就是从生活经验中总结而来,数学教学也必须回到生活中去。教学应以学生已有的生活经验为基础,引导他们将实际问题转化为抽象的数学概念,并用数学概念解释与解决实际问题。在日常生活体验中体会数学的内涵和价值,产生学习的动机。实际上,教师常常并未顾及这些,而是用一种简单机械的死记硬背的教学方式,将数学知识"灌输"给学生,使数学学习变得枯燥,使许多学生对数学产生怵头的情绪,也使部分学困生丧失了学习数学的兴趣,失去学习的信心和勇气。事实证明,掌握了一定的基础知识的

学生,哪怕是成绩不理想,也能在实际生活中将所学的基础知识派上用场。当然,基础知识的潜能不会只表现在购物上。教师若能再仔细观察,还有可能发现在人的认知能力上,都会感觉到基础知识的力量。数学课主要学习数学的思想和方法,这是科学的基本食粮,是科学的营养餐,是数学课上学生的主餐。讲好数学的思想或方法需要教师事先有正确、深刻的认识。

数学课上,数学思想方法是数学教学的主旋律。可惜部分教师现在将精力放在强化经验上,这样的数学课,学生学不到科学、学不到科学思维、学不到数学精髓。学数学的意义被打了折扣。教学从根本上是帮助和促进学生进行学习和发展的手段,而教学活动则取决于在学习活动中学生兴趣、情感、态度等非智力因素的投入,其作用是为学生提供外在的动力,为学生提供示范的方式,还提供给学生学习的内容和方式方法等。因此,新课程改革特别强调让学生主动地学习,如何让学生主动地学习呢?

首先是改变教学方式,使学生掌握学习的主动权。

一是把探究的权利还给学生。每个人的心灵都有一个希望,这种希望是根深蒂固的成长需要,希望自己是一个成功者,希望得到人们的尊重。儿童表现尤为突出和强烈。教师在教学中要调动学生天生好探究的习性,让他们在不同方面获得成功,产生情感上的满足并让其成为探究的动力。

二是把讨论交流的权利还给学生。学生学习数学时,合作方式发挥着举足轻重的作用。鉴于小学生活泼好动、乐于展现自我,并热衷于人际交流的特性,讨论交流成为满足他们心理需求的有效途径。通过不同层次、多维度的深入研讨,学生们能够畅所欲言,无论是深思熟虑的见解还是稚嫩的想法,都能在此得到充分的表达。在此过程中,他们相互激励、补充知识,共同解答困惑。这种合作讨论不仅有助于培养学生的团队协作精神,还能有效促进他们社会交往能力的提升。

三是把提问的权力还给学生。提出问题无疑比解决问题显得更为重要。解决问题,往往依赖的是数学中的既有经验或实践中的特定技巧,更多是对现有知识的应用与验证。然而,从日常所见的事物中发掘疑点,进而提出新的问题和可能性,却需要一种超越常规的创造性想象力。这种想象力是科学进步的源泉,是推动社会不断前行的原动力。然而,在传统的师问生答教学模式中,教师往往占据了主导地位,替代了学生独立思考的过程。这种教学方式不仅限制了学生的思维发展,还可能导致学生情感和创造力的压抑。在这样的环境中,学生往往缺乏足够的时间和空间去深入思考问题的本质,更别提从中提出新的疑问和观点了。

因此,教师在教学中应当积极调整教学方式,为学生创造更多提出问题、深入思考的机会。这意味着,教师需要放下传统的权威角色,扮演引导者和促进者的角色,鼓励学生大胆质疑、积极探究。只有这样,学生才能在思考和提问的过程中,不断锻炼自己的想象力和创造力,为未来的科学探索和社会发展贡献自己的力量。

四是把作业选择的权利还给学生。作业是内化知识的必要环节。作业是学生自己要完成的作业,做什么样的作业,用什么形式完成作业,做多少作业等都应有选择的权利。教师应减少作业的强制性,即不同学习层次的学生也要完成相同的作业。减少作业的单一性,增强作业的开放性和层次性,是教育教学中一项重要的改革举措。这样的做法不仅有助于激发学生的学习兴趣,还能更好地满足学生的个性化需求,促进他们的全面发展。

首先,教师在设计作业时,应充分考虑学生的性格爱好、认知水平和学习能力的差异。通过设计多样化的作业形式和内容,如实验报告、项目研究、口头表达、艺术创作等,让学生在完成作业的过程中能够发挥自己的特长和兴趣,体验到学习的乐趣。

其次,教师应根据学生的学习情况,设计出分层次的作业。这些作业可以根据难度和复杂度进行划分,让学生根据自己的实际水平进行选择。这样,每个学生都能在适合自己的难度范围内完成作业,既不会感到过于轻松也不会感到压力过大,从而保持对学习的积极态度。同时,教师在设计作业时还应考虑作业的难度和量度,避免给学生带来过重的负担。在作业量的安排上,教师应根据学生的实际情况进行适量调整,确保学生能够在合理的时间内完成作业。在作业难度的把握上,教师应注重循序渐进,逐步提高,让学生在完成作业的过程中不断挑战自己,提升自己的能力。

最后，为了进一步增强作业的弹性和可选性，教师还可以设计一些可供学生选择的弹性作业。这些作业可以是针对某个知识点的深化拓展，也可以是对某个话题的自主探究。学生可以根据自己的兴趣和能力进行选择，完成自己感兴趣的作业内容。

通过实施这样的作业设计策略，教师不仅可以更好地满足学生的个性化需求，还能激发学生的学习兴趣和积极性。同时，这样的作业形式也有助于培养学生的自主学习能力、创新能力和解决问题的能力，为他们的全面发展奠定坚实的基础。

五是把评价的权利还给学生。评价在教学过程中占据举足轻重的地位。学生作为教育的核心和学习活动的主体，他们直接参与教学活动，因此对教学活动本身有着最直观的感受和评判能力。为了充分发挥评价的激励作用，教师应将传统的单一教师评价模式转变为师生共同参与的互评模式。这一转变不仅能增强评价的客观性和公正性，更能激发学生的参与热情，促进他们在教学过程中的主动性和创造性，在评价中互学，在评价中学辨析，在评价中提高升华，使评价成为促进学生学习的有效手段。

总之，在教学中，教师要把学习的权力还给学生，让他们在合作学习中乐于思考，勇于探索。

数学中要解决的问题有两种：一种是解决学科的问题，另一种是运用知识解决实际问题。不论是哪一种都不能等同练习题处理，更不可与考试题相提并论。因为它不一定有标准答案，也不能靠简单的模仿来解决，其核心是围绕问题让学生经历观察、验证、推理等，达到解决问题的目的，培养学生的问题意识。这种意识越浓，对数学现象、成因与规律的探索越深入，也就越有利于学生的个性发展。调动学生的学习积极性，全身心地投入解决问题的活动中，在充分感知下形成表象，借表象展开思维，悟出解决问题的方法，使学生真正成为学习的主人。

一、放脑，由表及里由浅入深

大脑能接收各种外界信息，并将这些信息加以存储、整理和反馈。教师在教学中要鼓励学生多动脑思考,启发学生展开合理想象,由表及里、由浅入深、使学生不但要"思之源",而且要"思之果",养成学生动脑的习惯。

如在复习课上,同学们对判断题持有不同的意见,互不相让,争论不休。于是教师把持有相反意见的同学,分为正、反两方展开辩论。

辩论题为:

①$35 \div 7 = (35 \div 5) \div (7 \div 5)$

正方:算式是正确的! 因为被除数和除数同时除以5,商不会改变。

反方:算式是错误的! $35 \div 7$ 没有余数,但 $7 \div 5$ 有余数,两者结果并不相等。

正方:当被除数和除数同时缩小相同的倍数时,商保持不变。

师:正方说得有道理。只要满足这些条件,我们就可以确定商是不变的。至于 $35 \div 5$ 和 $7 \div 5$ 的计算,你们以后学了分数就会明白了。回家后可以向家长或朋友请教。

②$36 \div 9 = (36+36) \div (9+9)$

正方:这个算式是错误的! 因为被除数和除数在这里是同时增加了,而不是扩大或缩小。

反方:我计算过了,算式两边的结果是相等的。

正方:我们之前做过 $(60+20) \div (20+20)$,商是变化的。

反方1:这两题不一样,前面那题是被除数和除数加上同一个数。这道题是被除数和除数各自加上与自己相等的数。

反方2:我已经看明白了。$36+36 = 36 \times 2$,$9+9 = 9 \times 2$,被除数和除数都乘2,商不变。

师:我们要仔细辨认,弄清它的真实面目。不能被表面现象迷惑。

③$90 \times 6 = (90 \div 3) \times (6 \div 3)$

正方:对的,因为被除数和除数同时除以了相同的数。

反方:计算结果不相等,左边是540,后边是60。

正方:他具备了商不变的条件啊?

反方:90×6 是求商吗?

正方:明白了,应该是商不变,不是积不变。

教师在教学中设计了新颖的辩论式教学环节,让学生在辩论中积极地动脑思考,辨别是非,热烈辩论,充分展现了学生的思维过程。他们面对新问题和一个个冲突性的挑战,促使学生的思维处于跌宕起伏,争与辩是正方与反方智慧火花的不断碰撞。他们敢说、善思理清了知识的内涵,增强了辨析的能力,使知识得到深化。学生始终沉浸在思考的乐趣之中,体验着成功的喜悦也发现了失败的原因,满足了心理所求。辩论,使学生学会明白观察要认真,不能被表面现象所迷惑,要透过现象看到本质等数学思想,既达到了认知技能领域的目标,又落实了发展个性目标。

对于有一定难度的数学题,教师可给予适当的学习方法。

如,教学分数应用题后出示:饲养场养的白兔和黑兔共 18 只。其中黑兔是白兔的 $\frac{1}{5}$,黑兔和白兔各有多少只?教师先让学生读题理解题意,然后引导学生根据文字的叙述画出线段图,变抽象为直观,加深对题意的理解。接着启发学生变换角度,加以思考,构建解决问题的新方法、新设想。此时,学生学习气氛浓厚,情绪高涨。通过讨论,说出了多种解法:

解法 1:把白兔的只数看作"1"。黑兔的只数就是 $\frac{1}{5}$。依题意列式为:

白兔:$18 \div (1 + \frac{1}{5}) = 15$(只)。

黑兔:$18 - 15 = 3$(只)。

解法 2:如果把黑兔是白兔的 $\frac{1}{5}$ 理解为黑兔和白兔的比为 1:5,用按比例分配的方法列式为:

黑兔:$18 \times \frac{1}{(1+5)} = 3$(只)。

白兔:$18 \times \frac{5}{(1+5)} = 15$(只)。

在教学中,教师要注意培养学生逻辑思维和求异思维等多种思维方式,引导学生从不同角度,利用不同思维方法解决问题,以此开阔视野。求异和创新,就是让学生打破常规,突破思维定势,全方位、多角度地思考问题和寻求多种解决问题的办法。

在课堂教学中,教师应从学生已有的知识结构出发,诱发学生思考那些与自己已有知识所不同的问题,让学生的新旧知识产生认知冲突,激发探求新知的欲望。好的问题能给学生思维以方向和动力。在探究新知的过程中,教师应善于创造质疑的契机,引导学生积极思考并提出问题,通过提问进一步促进思维的深化。

在开放命题时,教师出示了如下一题:一条343米的小路,在其中一侧每隔7米种一棵树,一共要种多少棵树?

题中条件开放、问题开放,有利于培养学生搜集和处理信息的能力。其中:一侧每隔7米种一棵树,可以是一端种,一端不种;可以是两端都种;还可以两端都不种。此题不仅关注了不同学生的学习差异,还能满足不同学习水平学生发展的需求。这种开放结果,有利于保护学生的积极性,发展个性化思维。

数学开放式命题突破传统数学纯文字叙述的枯燥与藩篱,以形象的画面、有趣的动画或表格等丰富多采的形式取而代之。把僵硬的课本知识活化,教师将需死记硬背的法则、公式、定理等建立在生动活泼、新颖且有趣的形式中。在学生喜闻乐见的情境里学习,能激发他们的好奇心和求知欲,有利于发展不同水平学生的思维,激发学生大胆的想象,标新立异。

怎样促使学生动脑呢?除设置情境来激发思考外,复杂的题目对学生而言确实具有挑战性,但同时也具备发展独特思维的价值。面对这样的题目,部分学生可能会选择放弃。在这种情况下,教师应该从一系列相互关联的思考题中找到学生思维发展的线索,帮助学生思维"爬坡"。

教师要鼓励学生大胆地问,勇敢地讲,以此打开学生视野和思路,加深对思考题中所蕴含数学思想方法的理解。对此不能单靠老师的讲解,而是需要教师激发学生的内动力,让他们积极参与,主动领悟,深入探知。学生可以自行对题目进行改编,这一过程中,应将所学方法进行整合。通过方法

引申出变式题,化复杂为简单,从而激活学生的思维能力。教育的目标是培养创新人才,不是重复地做前人的事情。为此,教师要以传播和继承已有知识为中心,转变为重在培养学生创新意识与能力。教师还要从创造性思维的主动、求异、发散与独创着手,开发教材的深度和广度,让学生在民主和谐的氛围中拓展思路,放飞自我,展示才华。

二、放口,在争辩中正本清源

语言是思维的外壳。爱因斯坦曾说,一个人的智力发展及其形成概念的方式,很大程度上依赖于语言。为培养学生的语言表达能力,教学中教师要善于给学生创造"说"的机会:说一说做法;讲一讲想法;谈一谈思路;总结一下收获等,养成学生敢表达、会表达的习惯。随着思维水平的提高,教师还应该慢慢地训练学生表达要完整、语言要规范、确切和叙述要有条有理。让学生在课堂上尝试使用数学语言进行表达,以此培养学生良好的数学思维品质。

(一)在会说善讲中发展思维

语言表达是人之间交往的基础。小学生年龄小,常常心里明白,但说不出或讲不清楚,有时还说"半截话"。课上老师要耐心引导和帮助学生,运用语言,表达自己的思维过程。它是培养学生学会学习的措施,又是调控教学的主要方法。教学中,教师要给学生留时间,给空间,让他们充分表达自己的独特见解和解题的思路,发挥学习主人的积极作用和自主学习的创造精神。

例如,在教学"利用数量关系解决问题"时,除了让学生说出题目中的已知条件和问题外,更重要的是让学生说出数量关系,"单价×数量＝总价",并让学生按照自己的列式,有序地讲一讲解题的思路:思路①如果先选"5箱"作为已知数量,就必须先求出单价,即"每箱多少元?"思路②如果是先选"每个热水瓶卖11元"作为单价,则必须先求数量,即"5箱共有多少个?"通过学生的语言描述展现了两种不同的解题思路。列出算式后,还要让学生说一说,每一步运算所表示的意义。再如 11×12 表示什么,列式的根据是什么,132×5 表示什么,又是运用哪个关系式?

这样层层递进,深入探讨"知其所以然",不但使学生语言表达得更为精准,重要的是通过语言表达,使思维更清晰,解题的思路更明了。

小学生对新奇而有趣的事物很敏感,情绪也会受其影响而发生变化。教师要为学生营造轻松愉悦的学习情境,让学生说说情境中或发生在身边的数学小故事、小体验和与数学有关的趣事,以此开启学生思维的内驱力,使学生在讲"理"的过程中掌握知识,学会方法,通过现象看到本质。培养学生语言表达能力可采用以下方法。

1. 在情境中说

即在直观有趣的情境中,让学生想说,运用数学语言描述情境或现实生活中的简单数量关系与空间形式过程,深刻体会数学与生活的紧密联系,实现思维的可视化。同时,鼓励学生运用数学语言全面揭示现实生活与周边事物的关系与规律,深刻感悟数学的意义与价值。要使学生进入角色,在主动的合作探究中爱说,学会用数学语言表达与交流自己对课堂知识的理解,以形成意识,养成习惯。

2. 在操作探究中说

数学中蕴含着大量内容枯燥的公式、定理和法则,对具有好动天性的小学生而言无疑是乏味的,因此变枯燥的文字内容为丰富多彩的探究活动显得尤为重要。

(1)在概念教学中说本质。操作是小学生通过动手、动脑亲身经历知识的产生与发展的过程。它是学生喜闻乐见的数学活动。探究实践加深了学生对知识的理解,使他们的思维从感知表象,到发现规律,经过推理验证,完成了思维从具体到抽象的过程,从而加深对概念的深刻理解,通过表象看到问题的实质。

(2)在探究学习中让学生边动手边思考。请他们说出实验前自己的猜想,讲出自己对算理的初步理解,叙述实验的过程,谈操作后的感受。学生

的这种系列表达,不但内容真实具体,表达也生动活泼,对操作后的悟感乐在其中,操作使学生明白了知识的内涵,弄清了算理,学会了算法。这样的现身说讲,不但生动活泼还使人感到亲切。教师让学生经历算理和算法的探索过程后,将抽象的知识以直观的形式加以呈现,促进了学生深层次的学习。在解决问题过程中,让学生讲题目中的条件,谈条件之间关联,发表自己的思考方法和计算过程。

(3)在实际应用中说理。数学源于生活,让学生观察发现他们身边的数学问题,并用学过的知识解释或解决实际生活中的问题。对这些问题要让学生说想法,谈解决的过程,讲效果。感悟数学的应用价值,品尝成功的喜悦。另一方面是在画图和梳理中说"理"。让学生讲一讲对内容的理解,以促学习。此外还要在探究或知识的延伸中说。生活中许多数学问题,以学生现有的知识很难解决,但是通过猜想,进行探究,既能培养学生说理的能力又发展了学生的数学思维能力。语言与思维相辅相成密切相连,语言是进行数学思维的前提。

语言训练影响学生学习数学的积极性和课堂的教学效果。因此,教师在教学中要重视语言的训练,要提供和创造语言训练的机会。因为语言的核心是思维,语言与思维互相依存密不可分。学生思维的发展借助语言来实现的,思维的发展,促进语言表达能力的提高。在课堂上让学生说的形式很多。可采用:小声说、台前讲、独立说,同桌互说,小组讨论,总结、汇报等形式。说的内容也很丰富,比如:说题意,说算理,讲思路,辨析、判断、概括、小结等。教师还要经常演示教具,向学生提供鲜明的富有感性的话题,尽可能多给学生提供语言训练的机会,以利于促进学生的思维发展。

三、在质疑、释疑中持续学习

亚里士多德曾言,思维始于疑问与惊奇。换言之,质疑是思维的引子,是学生学习的内在动力,它能激发学生的求知欲,使其从潜在状态变为活跃状态。在疑问与提问中,疑问是前提,提问是结果。因此,在课堂上,教师应激发学生的提问热情,培养他们质疑的兴趣,并教授质疑的方法,让他们在学习中不断提问,在提问中持续学习。

(一)问题让学生提

有实效的教学,不是教师传授了多少知识,而是学生提出了多少问题,教师和学生一起解决了多少问题。学生的问题与疑惑恰是激活学生思维和学习兴趣动机的源泉。因此,在教学中,教师要全方位设疑,促使学生多生疑,学会提问。

通过解决一个个的"为什么",调动学生探究知识的欲望,从而使他们积极主动地参与到学习中。提问是学生向教师提供反馈的一种方式,这种反馈反映了学生的内在思维过程。它有助于教师根据这些反馈信息,了解学生在学习、思维上的不同水平,进而改进教学方法。同时,提问也能促进学生之间的共同讨论、相互启发,从而深化对问题的理解。提问的过程,实际上也是完善认识的过程。学生在逐渐释疑的过程中能够领悟到研究问题需要多角度全面思考,这样才能掌握学习的方法,真正学会学习。

如,小军想买一台手机,在付款时他该怎样思考?他现在有 3000 元,每月还可以存 250 元。专卖店的手机价钱是 3360 元,但可以采用三种付款方法:①一次性付全款 3360 元;②先付 360 元,以后每月付 250 元,付一年;③先不付款,每月付 280 元,付一年。他现在思考的是:①哪种方法付款最少?②哪种方法可以很快得到手机?小军会靠攒零用钱来支付手机款吗?如果你是小军,会选择哪一种方案?再说出你的理由。

此题围绕一个付款问题,引导学生从不同的角度思考最优的方案,以此培养学生思维的灵活性。

再如:三年一班有 38 人去动物园游玩,要买门票时,有些问题要考虑:

(1)动物园门票的价格,一人券的门票是 20 元,团体券的门票会是多少元?多少人以上才算是团体?学生票和大人票在价格上会有什么不同?

(2)如团体票每 10 人,需 150 元,到底应该选择哪种购票方案,怎样购买最省钱?问题从学生熟悉的生活中产生。多方位的提问,引发学生全面

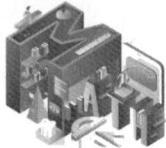

思考。教学中,让学生提问,然后让学生回答。

这样的互问互答不但能有效调动学生参与学习的积极性,而且促使学生多角度地思考与答辩,深挖学生的思维潜力,使学生求胜心理得到满足。课堂的学习气氛越热烈,学生的思维积极越活跃,他们据理力争,语言表达流畅。这种学生问、学生答,比老师问、学生答,更具活力。课堂上学生自己提问,质疑引起矛盾冲突。学生答,释疑齐心协力。伴随激烈的辩论,收获了对知识的深刻理解,培养了学生敢想、敢说的创新精神。在说、辩、争的过程中发展了学生思维的灵活性和创造性。

(二)疑难让学生解

课堂教学应鼓励学生质疑。有疑问才会去思考,有疑问才会产生学习的动机,为探索真相而不懈地努力,以达释疑或成功。在课堂上,教师不仅要善于设置疑问,还要引导学生学会质疑,并鼓励他们通过合作来自主解答疑惑。除此之外,教师还要引导学生多讨论。讨论的形式多种多样,教师课上的质疑可让学生讨论解答,教师的设问可引发学生的思考与探讨,让学生自己研究,提供方案解决问题。讨论可以让学生淋漓尽致地发表自己的见解,不同意见相持不下时,恰是智慧火花的迸发之时。在讨论中相互学习、互相补充进而达到共同提高的效果。讨论既可提高学生自主学习的参与度,又可提供更多新的反馈信息,还可使学生在民主、平等、合作的学习氛围中有效发展自己的创新思维。

如教学"分数的基本性质"时,教师利用"西游记"中的童话人物编题设疑:"孙悟空给猴儿们分桃,白猴说我要6片,悟空把一个桃平均切成8份,给了白猴6片;花猴说我要9片,悟空又将一个桃平均分成12份,花猴拿走9片,机灵的小灰猴跑来悄悄地对悟空说,我要12片行吗?悟空笑着又把一个桃子平均分成16份,给了它12片。小猴子们都非常满意地拿走了。"生动的故事,同学们听得入神入化。在此情境中老师请同学们算一算,哪只猴子吃得最多?通过学生计算,个个笑得前仰后合,直呼"一样多"。

有的老师为了让学生区分乘与加的不同,故意制造错误,引发学生的思考。如:根据 2+2＝4,2×2＝4,所以 3+3＝6,3×3＝6。这样的列式和计算对不对呢? 观察后,老师把问题推给了学生。让学生自己发现问题,让学生自己辨明结果。

学生通过自己的辨别和思考,弄清了区别和问题的内涵且印象深刻。讨论可以帮助学生牢记知识,灵活运用知识。在教学中,教师应努力设计具有价值的问题,引导学生进行深入思考和探究,以促进学生思维能力的发展。

(三)方法让学生悟

在运用知识解决问题时,学生的方法灵活多样,常常一题可多解。教师要鼓励学生多角度思考解决问题。因此,教师要多为学生创造机会,给予他们探究的时间和空间,让他们充分去想象,让他们去发现问题,去思考,去验证。在实验操作中去其糟粕,取其精华。感悟学习的乐趣,感悟数学的魅力和数学的价值。如:计算"64+28",一年级的学生竟然可以想出 11 种方法,这么多种方法,是集体智慧的结晶。

别人的方法是需要结合自己的经验去领悟的。如,作已知直线的平行线的方法;推导平行四边形、三角形、梯形等图形的面积公式的方法;求不规则图形的面积;求平均数的方法等,它们往往不是一成不变的,会随着实际问题的变化而变化,这就需要学生结合个人实际经验和理解,灵活处理。学生只有在平日的学习中领悟了方法,才能以不变应万变。

(四)思路让学生讲

在教学中,教师要让学生多说多讲。有条理地说,能梳理自己的思维,形成严谨的思路。讲思路可以训练学生思维的条理性。如,在解决"鸡兔同笼""相遇问题"等问题时,先让同学独立思考,教师再拿出自己准备解决问题的策略。教师要给予学生充分的时间,让他们深思熟虑。最后请学生说一说自己对题意的理解,讲一讲已知条件与未知的关系,解决问题的关键,谈一谈自己准备分几个步骤逐一解决问题以及怎样列出算式等。深入

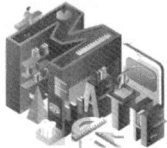

思考和表达是学生思维的外露,系列的说、讲可使学生思维更加清晰有条理。在解决问题中,学生学会了思考,学会了推理,学会了解决数学问题的思想方法,内化为自己的知识技能。

再如,有的教师为了让学生熟悉"三角形内角的关系",设计猜一猜活动。先露出三角形的一个角,让学生猜另一个角,再露出三角形的一个角,让学生猜另外两个角。还有的教师为考查学生对圆柱、圆锥、长方体、正方体、球的认识,安排类似的猜测活动,学生在猜测之后,一定要讲清:为什么这样猜?为什么是这样的结果?用推理来支撑自己所得的结论。这是使知识融会贯通的有效途径。

(五)错误让学生析

学生在学习的过程中,难免会出现错误。教师要善于针对练习中出现的易混淆易错的问题,巧妙地生成新的教学资源,以形成学生自己研究和剖析的材料。让大家借此共同分析错误的原因,正本清源,加深对知识的理解,提高学生运算和解题的正确率。除此之外,还要培养学生自醒自悟。

在上复习课时教师根据学生练习中常出现的错误,选出以下几种,请学生观察,指出错误所在,讲清错误产生的原因。

如:①$29 \div 5 = 4 \cdots\cdots 9$

②因为$9 \div 4 = 2 \cdots\cdots 1$,所以$900 \div 400 = 2 \cdots\cdots 1$。

③$254 \div (28 \div 4) = 254 \div 28 \div 4$

④$0.046 \div 0.2 = 0.023$

对于这些错题,学生边观察边思考,有的还动手在纸上算一算。此时的学生犹如医生在给病人认真把脉并动脑找出病因。同学们找到各题错误之处后抢着指正。此时,教师既不讲解,也不说明,而是放手把错误题抛给学生自己去辨析。此举提高了学生的学习兴趣,大家都迫不及待地想参与其中。这是因为教师知道剖析错误比正确讲解记忆更为深刻,学生也更容易找到贴近自身的真实原因,从而使学生在错误中警醒,一改教师反复强调而学生无动于衷的知错还犯的无效劳动,让学生在纠错中得到意想不到的收获。事实证明,在此后的练习中,类似的错误,学生很少再犯。学生的改错过程,实际上是一种自醒自悟,它加深了学生对知识的理解。教师在这一过程中的主导作用是引导、启发和点拨,而学生的主体作用则是提问、理解、感悟、表达、分析和应用等多种思维活动参与学习之中。学生是学习的主角,有说的主动权,他们是课堂学习的主人。

在教学活动中,教师要尊重学生参与教学的主体权利,允许学生发问。学生如能提出可以难住老师的问题,说明教师启发得法,学生真动了脑筋,而且学有水平。教师教学得法还体现在改进教法,研究学法,从"会教"到引导学生"会学",变学生被动地"要我学"为学生主动地"我要学"。

三、放手,引领思维内化提升

小学生以形象思维为主,教师会采用直观操作、演示或动画等具体形象教学,以加深学生对数学内容的理解。学生的思维是从动作开始的,他们的智慧在自己的手上。给学生创造动手探究学习的平台,是使思维走向理性和成熟的必经之路。如何在课堂有限的时空内,让学生主动探究,学会学习,是教师关注的重要之事。"会做"是动手能力的表现,是思之结果。动手能力则是大脑思维后的实现过程。教师要根据这一特点,大胆地解放学生的双手,引入动手操作的直观过程,让他们摸一摸,从形象到感知;做一做,提高动手能力。动手操作应该体现在整个教学过程中,它是发展学生思维,培养学习能力的有效途径。动手操作不但能激发学生的学习兴趣,还可培养学生创造思维能力。

如,教学"平均分"时,教师出示练习题后请同学们每人取出 10 根小棒,按题目要求摆一摆。在教师的引导下,同学们每人拿出 10 根小棒,

从 10 根小棒中取出 5 根,摆成 5 堆,每堆 1 个;然后再拿剩下的 5 根。每堆再放 1 根,列出算式 $10 \div 5 = 2$,动手摆一摆使学生:①理解了怎样分才是平均分。②学会了 10 根可以平均分成 5 份的方法。③明白了每份 2 根是分的结果。④学会了把平均分的过程用算式表示 $10 \div 5 = 2$,⑤知道了这个

算式表示的意义。然后教师又让同学们利用手中的小棒继续动手操作分一分 $10÷2=$ ，$8÷4=$ ，$8÷2=$ ，$6÷3=$ ，$6÷2=$ ……一次次的动手操作，内化了学生对知识的理解，操作丰富了感性认识，促进了学生思维的发展。

接着教师又让同桌互相说一说：摆的过程，讲一讲每道题表示的意义。学生边说边查，他们听得仔细，查得认真。通过摆一摆的操作"平均分"这一教学内容更加丰富。操作引领学生的思维，通过对直观的表象进行内化和提升，掌握了平均分的本质属性，数学概念也通过操作的形式再现出来。

四、放眼，抓住特征发现规律

观察法是指研究者根据一定的研究目的，用自己的感官去直接观察被研究的对象，从而获取信息的一种方法，其目的是发现所观察事物的发展和变化规律。其重点是要抓住事物的个性特征，运用于解决问题。眼睛是心之窗，对外界感知和认识都是从眼睛开始。在教学中，教师要培养学生养成善于观察的习惯，让他们会看会想，边看边想，从而学会观察，发现问题和解决问题。只有给予学生无限发展的广阔空间，并提供丰富多样的选择和可能性，学生才能在知识海洋中找到自己的兴趣点和生长点。

在教学中，教师要调动学生的多种感官，让他们在丰富的感知基础上，建立表象，以利思维的发展，促其知识形成。数学不同于实验性较强的学科，能及时发现实验的结果，但可以让学生观察发现数学公式的推导，数学题目的解答。小学生容易被课本中的语言文字或符号影响，从而缺乏对数学概念的把握和理解。如何解决这一问题呢？

在"认识长方形"的教学中，教师给每个学生发放了一张不规则的图形让学生观察，并询问："这是长方形吗？为什么？"接着，教师进一步提问："你们能否用自己的方法将它变成长方形呢？"其目的一是使学生通过说明原因，讲出长方形的内涵。二是通过剪一剪，拼一拼，把不是长方形的图形变成长方形，以此建构长方形的本质属性。教师之所以这样设计，是因为教材是以常态呈现概念的内涵与外延，其形式相对单调。偶尔，也会出现"欲速则不达"的尴尬情况。为打破学生思维的定式,对概念本质属性可进行开发,便不可能为可能,看不见变为看得见。在教学时,教师应深入思考概念的不同表现形式,采用丰富多彩的呈现方式,这会极大地帮助学生建构概念。

小学生对概念的把握与理解尚浅,往往只停留在表面,知其然而不知其所以然。课本知识与现实生活之间的互动明显不足。因此,学生在知与不知中,不易发现隐形条件,为加深对概念的理解,在教学"分数的意义"时,教师提出:"你们能把自己用一个分数表示吗?"并让学生讲出理由。课堂上出现了少有的沉默。一会儿,有的同学站起来说:"$\frac{1}{42}$可以表示我。"听罢,同学们向他投去了疑惑的目光。他接着说:"如果把全班人数看作单位'1',平均分成42份,我占1份。"同学们点头表示赞成。一石激起千层浪。受他的启发,同学们纷纷举手抢答。有的人说,$\frac{1}{2}$代表我,同桌人数视为单位"1",若平均分成两份,我占其中一份。也有人说,若用分数表示一组人数,我则是$\frac{1}{4}$。还有人说,我们四个人若用分数表示,则是$\frac{4}{4}$,即全组人数……此时的课堂在同学们的想象中答案一个接一个,创新思维的火花迸发。课上,教师适时地点拨和引导,学生兴趣高涨,对分数的认识也在不断加深,甚至有学生激动地高呼:"我能用分数表示世界的万物!"

揭示概念一旦与现实生活相联系,把概念的本质拉近到学生的眼前,并与他们现实生活相结合,概念就不再抽象了,且能唤起学生的学习热情。世界上的万物相联,教材也是如此。

第五章　善用错误　让课堂充满生机

恩格斯说过:"最好的学习是从差错中学习!"在出错和改错的探究中,课堂才是鲜活的。错误是学习的必经之路,学生因其独特的知识背景、思维方式、情感体验和表达形式,与成人存在显著差异。因此,他们在学习过程中出现各式各样的错误是极为正常的现象。错误是没有经过预设而瞬间生成的一种宝贵教育资源,它有别于文本的教材和习题。它的形式和产生反映了教与学的关系,其真实并有较强的可塑性和逆转性。教师要将其引用并提炼为学生的新学习材料时,学生探究自己提出问题的过程会展现出浓厚的兴趣与热情,从而发挥"错误"的最大价值。捕捉错误的基础上,因为通过对错误的分析、讨论、辨别和对比,既能使学生认识错误,又可对其的解题方法及其运用的规则进行更加深刻的记忆和理解,突破教学的难点和易错点,这种资源在悄无声息中提升了学生的思维能力。它是灵动的生命个体如同智慧的"活水",标志着学生不同的学习基础和储备水平,它检验着教师对课堂的驾驭能力。

第一节 按图索骥 夯实基础 提高技能 面对错误

每次质量监测都会揭示一些关键但易混淆的概念,学生的错误率普遍偏高。尽管教师将这些概念在教学中被多次强调,但学生似乎并未给予足够重视。对于不同班级、年级、学校,乃至不同年代的小学生,他们在数学学习的某一阶段出现的错误往往具有共性,这些也是教学中的难点所在。

既然这些教学难点有规律可循,教师需细心观察、发现并分析小学生在学习数学时犯错的原因。主要原因在于他们并未真正理解数学概念便盲目练习。正确、清晰、完整地掌握数学概念,是学生夯实基础知识、提升基本技能的关键。数学概念尤为抽象,而小学生的思维发展尚不成熟,接受教材中的概念并非易事。若教师讲解不够透彻,学生对概念仅有一知半解,便容易与旧概念混淆,进而导致推理荒谬,最终在计算上出错。因此,教师需加强概念教学,确保学生清晰理解。

学生中曾出现 $0 \times 6 = 6$、$8 + 2 \times 4 = 10 \times 4 = 40$、$\frac{2}{3} + \frac{2}{3} = \frac{4}{6}$、0.2 小时 = 20 分钟、一个数先减少 10% 再增加 10% 仍然是这个数等这些错误,对于那些对知识不求甚解的学生,教师刚刚纠正了他们一个错误,不久之后,同类的错误又再次出现。

一、排除干扰打破定势

（一）记忆干扰

记忆清晰准确是学生学习的基础，而模糊或错误的"印象"则会妨碍学习进程。心理学对记忆遗忘的原因进行了深入研究，主要提出了"衰退理论"和"干扰理论"两种观点。其中，干扰理论指出，遗忘往往是由于学习和回忆过程中受到内外因素的干扰，导致记忆痕迹受到抑制。这种干扰可以进一步分为前摄抑制和倒摄抑制。在学生的学习过程中，这两种抑制现象普遍存在，对学习效果产生显著影响。

案例一：类似"印象"模糊叠加——深入对比分析

类似"印象"模糊叠加的现象，源于相似记忆间的相互干扰，这往往表现为前摄抑制，即先前学习的知识对现时学习产生负面影响。例如，学生在计算过程中常犯的错误，如将 46-19 误算为 25，或将 74-28 误算为 42，这些错误看似难以理解，但深入分析后发现，学生"做减想加"时受到了类似"印象"模糊叠加的影响。

在对类似错误的案例分析中，会发现学生常常因为先前的计算印象，如"6+9=15"，而错误地联想到"16-9=5"。这种错误的发生，实际上是由于学生在计算过程中的记忆模糊与混淆所导致的。

为了帮助学生认清并纠正这类错误，教师应设计针对性的练习。首先，通过一组包含学生常见错误答案的练习，如 73-29=（42）、56-28=（24）、65-49=（14）、74-69=（3）等，让学生再次陷入误区，进而引导他们进行讨论和交流，自行发现错误所在。

接着，进行对比练习，如 7+9=、5+8=、2+9= 与 17-9=、15-8=、12-9= 等，这样的练习旨在引导学生深刻认识到计算过程中记忆错误的真正原因，分清模糊"印象"的干扰，从而走出思维误区。通过这一系列有针对性的练习，学生不仅能够纠正现有的错误，还能在未来的学习中避免类似问题的发生。

案例二:现时学习知识背景干扰——打破心理定势

记忆遗忘也体现在当前学习情境对先前学习的干扰上。这种干扰往往因为学习过程中缺乏对比而产生,导致学生难以形成深刻的心理认识,从而被局限于当前的学习环境中,如同"井底之蛙"。因此,教师应及时引导学生进行对比学习或创设对比情境,使学生通过这一过程打破思维定式,推动学习的快速进步。

学生学习了分数乘法后计算"$\frac{2}{15}+\frac{3}{10}$"就出现了"$\frac{2}{5}$"这样的结果,这主要是受分数乘法"约分"的影响,过分关注算式中数的特征,"2"与"10"约分、"3"与"15"约分,再把约分后的两个分数相加,得到"$\frac{2}{5}$"。学生忽略了约分的前提条件是在乘法算式中。然而抛开乘法运算,就不能谈先约分后计算。因此在教学中要加强对比,随时在分数乘法练习中穿插一些分数加减的习题,激活认知。此外教师要给学生讲授完整的概念,包括法则的前提和结论。引导学生形成正确、全面的思维过程,在符合前提的基础上才能应用结论。

在学习了"解比例"后,学生对解比例的过程,形成了程式化思维,尤其是直接运用"比例的基本性质"解比例,每个学生都显示出秒解比例的热情和信心。此时教师应有意识设计低区分度的练习题,让学生经历思维定式造成的"错误",引起他们的反思来调整学习状态。例如下面这样一组练习:

(1) $3:8=15:X$

(2) $\frac{X}{4}=\frac{2}{5}$

(3) $\frac{1}{2}X=\frac{1}{4}\times\frac{1}{5}$

前两题将学生引入用比例的基本性质解比例的常规思路,第三题则无

需应用比例的基本性质进行变形, 只要将等式两边同时除以 $\frac{1}{2}$ 即可。然而学生的错误解法如下:

$$\frac{1}{2}x = \frac{1}{4} \times \frac{1}{5}$$

$$解: \frac{1}{4}x = \frac{1}{2} \times \frac{1}{5}$$

$$x = \frac{1}{10} \div \frac{1}{4}$$

$$x = \frac{2}{5}$$

这样的错误占全班总人数的 $\frac{1}{4}$。造成错误的原因是学生只关注等式中数的特征: 三个已知数, 一个未知数; 并且等号左右两边各有两个数, 进行的是相同的运算。这些关注点表现为学生恰恰忽视了比例的意义这一根本, 等号两边应是两个比, 这是应用比例的基本性质解题的前提。学生出现这样的问题, 反映出学生在解比例技能的学习时, 没能基于概念的含义理解解法, 流于形式上的模仿, 同时反映出教师的日常教学缺乏对学生思维的深度引导, 长此以往致使学生不会思考, 只会依葫芦画瓢。

因此, 日常概念教学要引领学生分别认识概念的前提与结论, 在此基础上整体建构概念的意义。练习设计切记讲什么练什么, 要扩大练习的广度。既要关注有区分度的练习, 又要适当插入干扰性题目给学生应用新知的选择权, 这样的练习设计不仅能给学生创造应用知识技能的机会, 促其灵活应用, 而且也给学生创造无需应用、不必应用的判断机会, 这样才能全面地培养学生的应用意识。

(二)"隐性迁移"干扰

心理学研究表明, 知识的迁移可分为正迁移和负迁移。当下, 教师在教学中注重迁移的效应。他们不仅利用已有知识进行新知的探索, 还积极开展对比,努力克服负迁移的影响,这在心理学研究与实践方面已取得显著成效。然而,一些隐蔽且间歇性的负迁移现象往往被大多数教师忽视,他们错误地将"错误责任"归咎于学生。

教学"小数乘法"后,大部分学生掌握了小数乘法的法则,并能灵活运用。总有一小部分学生在点积的小数点时出现错误。与学生访谈中了解到学生是受小数加、减法计算的负迁移影响"相同数位对齐,就是小数点对齐,结果对齐小数点,点上小数点。小数加减法的计算为什么会对学生计算小数乘法有这么大的负面影响呢? 学生回顾了小数乘法的学习过程:由于小数乘法单元的第一课时是小数乘整数,尽管在竖式中整数因数没有与小数因数的整数部分对齐,但是计算结果的小数点是与小数因数的小数点对齐的。当教师让学生具体讲一讲积的小数点的确定过程时,学生显然摸不着头绪,只是说将因数的小数点落下来。教师又引导学生分析3.25×2.7的积的小数点如何确定,学生根据小数位数多的因数,这里是3.25的小数位数较多有两位,因此,3.25×2.7的积的小数点就与3.25的小数点对齐。结果令教师瞠目结舌。又是什么原因让学生这样误解小数乘法呢? 分析教材发现小数乘法单元以小数乘整数为第一组例题。其积的小数点从形式上看是与小数因数的小数点对齐的。学生就自觉地用小数加减法中小数点定位的方法同化了。这看似相同,实则本质不相同小数点定位。即使再往后学习例3、例4小数乘小数的计算,学生已经被从加减法沿袭下来的思维固化了,无心去关注小数乘小数的算理。这表现出学生对知识的学习不求甚解。

学生的问题,即教师教学的问题。有的教师建议要打破教材编排顺序,直接先进行小数乘以小数的教学,这样就能更好地避开小数加减法对小数乘法的强势干扰。但这种解决问题的方法仍然停留在通过形式的改变让学生学习方法,并没有触及数学的本质。最终解决问题的关键不是回避,而是让学生直面小数乘整数积的小数点为什么与小数因数的小数点是对齐的。教学中,学生把小数乘整数转化为几个相同小数连加的竖式,用旧知解释乘法的小数点对齐。小数乘法竖式还与整数乘法竖式相关,能不能借这个思路理解小数乘法呢? 教师引导学生理解整数乘小数的意义,全面经历整数

乘小数的过程。理解小数乘法经历了小数转化为整数相乘、整数乘积转化为小数的过程。体验了因数的小数点从左往右移动扩大 10 倍，100 倍，1000 倍，将小数乘法转化为整数乘法。为了不改变乘积的大小，还要将乘积缩小到原来的 $\frac{1}{10}$、$\frac{1}{100}$、$\frac{1}{1000}$，积的小数点就要从右往左移动相应的位数。尽管表面上看似积的小数点与小数因数的小数点是对齐的，但实际上积的小数点位置的确定是经历了一个转化、回归的过程，进而让学生感受到相同表象的背后蕴藏着不同的数学本质。

因此，教学中如遇形式相同或相近的现象，教师切不必因担心放在一起学生会混淆而回避，实则恰恰相反，唯有将易混的问题暴露出来，并揭示其背后的不同本质，学生才能对它们有清醒的认知，深刻地理解，克服负迁移的影响。

(三)定势影响

定势是心理活动的一种准备状态，若与当前问题不吻合，便会阻碍学生解决问题的能力。尤其在数学中，这种定势往往体现为思维定式。例如，学习简便计算后，学生的思维容易陷入"追求简便"的心理状态，对具有简算特征或类似特征的题目可能产生过度兴奋，难以跳出这种思维定式，从而影响解题思路。简算强势信号干扰了正常的运算顺序。

人教版小学数学四年级上册教材安排了第一单元《四则运算》和第二单元《运算定律和简便计算》，当学生按顺序学完了这两个单元，进行综合复习时，总会有一些学生被数字和运算符号干扰，迷失了原来掌握还不错的运算顺序。比如计算题 80+20×20+80，80 与 20 中间恰好是加号，当然先算和好算;计算题 1015-15×4+6，1015 与 15 中间是减号，它们相减结果恰好得整千;计算题 (100-100÷25)×8，100-100 结果是 0，后面再乘再除都好算;计算题 865-257+243 学生算成:"865-500＝365"。学生之所以受到这些强干扰信号的牵引主要原因:一是只求简便，不问意义。数学中提出的"简便运算"不是想当然的简便着算，而是以运算定律为基本原则，保证计算结果不变的简便,是有约束的简便,不是天马行空的方便。二是对运算定律的理解不透彻。只顾形似模仿,忽略数学本质。三是对于运算顺序的综合认识不深刻不灵活。因为正常的运算顺序是数学中的常规,越是常规越容易被忽视,所以教师对运算顺序的教学也只是常温处理,停留在平淡的认知:先乘除后加减,同级运算从左往右,有小括号先算小括号里面的。因此,固然学生的运算能力的培养需要一个长期的过程,但仅靠持久战训练运算能力也是不科学的。尤其对于运算顺序的教学投入还是有很大空间的,比如可以系统设计变式练习题组:

$2+2-2×2÷2$	$2+(2-2)×2÷2$
$(2+2-2×2)÷2$	$2+(2-2×2÷2)$
$2+2-2×(2÷2)$	$2+(2-2)×(2÷2)$
$2+2×2-2÷2$	$(2+2)×2-2÷2$
$2+2×(2-2)÷2$	$2+(2×2-2÷2)$

学生通过计算相同数字不同运算顺序的算式,体验计算过程,比较运算结果、体会运算符号、小括号等在运算中的作用,触动学生内心对运算符号的敬畏,感受数学是讲规矩的科学,在计算中才能有意识地去关注运算符号引导的运算顺序,增强抗特殊数字的干扰能力,从而提高运算能力。

一次测试中,题目"2 时 45 分 = (　　)时"的错误率高达 68.3%。其中,答案为"2 时 45 分 = 2.45 时"的有 36 人次,占学生总数的 60%。

老师们表示,这类题目不仅讲解过,还多次练习。但为何仍有如此高的错误率?普遍认为,原因在于学生受整十、整百、整千进率的干扰,换算时将"1 时 = 60 分"误当作"1 时 = 100 分"。学生常因定式思维而犯错。

为消除这种干扰,建议:

新授时,要突出本质与重点,预防定势形成。帮助学生深刻理解知识的特征,消除新旧学习干扰。要让学生通过观察表针运行、比较不同量单位间的进率及各种方式的体验,牢固掌握"1 时 = 60 分"的进率,预防其他进率的影响。

练习时,要强化变式与对比,排除定势干扰。设计不同题目,培养学生

思维的灵活性和深刻性。组合易受干扰的题目,指导学生有针对性地练习,促进正向迁移,开阔思路,排除负向迁移。

复习时,要立足反思与纠错,形成正确概念。教师记录学生出现的典型错例,安排错例剖析课,让学生在找错、改错中反思问题剖析根源,警惕消极定式。建立改错本,记录错例、原因、思路和正确做法,减少出错率,弥补知识漏洞,培养学习习惯。

(四)注意力不足

小学生正处于身心发育阶段,对注意力的分配存在明显不足。因此,教师在引导时需强调"耐心细致、按步骤解题",以弥补他们当前阶段的思维局限。

学生在学习了分数乘法和除法计算后,面对计算题"$15 \div 0.3 \div \frac{2}{3}$"时,需考虑多个步骤。由于刚学完分数乘除法,他们可能只想将"0.3"转化为分数$\frac{3}{10}$,并将除法转化为乘法;同时,还需将"$\div \frac{2}{3}$"转为乘法并约分。由于涉及多个环节,学生在解题时容易遗漏步骤。

对于这样的练习题,教师要特别关注,先让学生自主完成,然后由学生自己订正,发现计算中存在的问题,改后在小组内与同学交流。对于无法自行发现问题的同学,可以鼓励他们相互查找,共同发现问题并商讨如何避免错误。通过这种方式,引导学生深入体验"心灵感悟",使他们对数学解题的程序思想和规则意识有更深刻的体会。

1. 注意力受到干扰引发错误

小学生注意力高度集中的时间较短,不能坚持完成完整的多步计算题,也是造成计算出错的原因。

有些学生在学习新法则时,过于关注新法则的执行,导致在某些旧有计算程序中出错。例如,在学习除法竖式试商调商的计算时,他们只专注于试商,却忽略了余数必须小于除数这一要点,从而造成了错误。

2.虎头蛇尾未完成

有些学生在做三步混合运算题时,只算完了前两步的结果就以为得出了最终的结果,还有的在草稿纸上算出了最后的结果,却没有抄在答题卡上。如"100+200=30""7×900=630"中学生知道结果是"300""6300"书写中都少写了一个"0"。

3.丢三落四忘进退

退位减法中,前一位退了1,可减到那一位却忘了减1,如学生计算608－163会得545,就是十位向百位借了一,再算百位的时候应用6退"1"后的5减1,而学生还用6减1造成错误。再如,做进位加法时,经常忘记后一位进上来的数。尤其是在连续进位的加法和连续退位的减法中,忘加或漏减的错误更为频繁。多位数乘除多位数时,学生出错的情况也不在少数。总的来说,随着综合运用的知识增多,计算程序变得复杂,学生出错的概率也相应增加。

4.草稿纸使用没有整体规划

有的学生使用草稿纸时,第一个竖式草稿就摆在正中间,随着后面的竖式东一个、西一个、上一个、下一个,最后有一个小小的空白处写不下一个完整的竖式,就摆在之前的竖式上面接着计算,数字重叠,看不清晰,自然容易产生错误。

5.草稿潦草誊写易出错

草稿纸使用草率,学生的注意力也不易集中,就容易出现数字誊写的错误,从题目到草稿上的数据抄错,或是从草稿到答题纸上的结果写错等等。

小学生计算错误的原因,除了智力因素外,还有学习目的不明确,学习兴趣不高,学习习惯不好等一些非智力因素。

为什么会发生这种现象呢?如约分的结果应该写在什么位置,有经验的教师是会告诉学生的,那么学生为什么还要这样写呢?从另一方面看,在学生不良习惯的形成中也能透视出教学的缺欠。学生身上反映出的问题,不仅源于学生自身,还与教师日常教学工作的缺漏密切相关。因此,我们需要精细、到位地探寻这些问题,并引起教师深刻的反思。

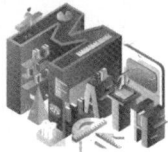

（五）抽象思维有限

6 至 12 岁的小学生思维能力处于缓慢发展阶段，抽象能力有限，其思维方法依赖直观，同时他们缺乏生活经验，从多角度思考题中信息的经验不足。如习题：丽丽要将 30 本书，平均分给自己和五个同学，每个同学分到几本书？正确列式应为 $30 \div 6 = 5$。全班 45 名同学中有 31 人列式为 $30 \div 5 = 6$，他们忽略了题目中的隐藏条件"我"。其次，学生不善于从题目中的上下文全面分析数量关系，捕捉到其中的隐藏信息，也表明平时学生练习中题目的表述过于程式化，学生只要依据一定的套路检索题目中的个别关键词即可代替对数量关系的分析且八九不离十。日常练习的重点则集中在解题模型的应用上，见"多"就加，见"少"就减，见"倍"就乘，见"分"就除；忽视了对学生收集信息、分析信息能力的培养。实质上，数学语言与生活语言的沟通转换是学生在数学学习中应形成的最基本的数学素养。

作业是课堂教学的延伸，日常作业中学生的答案曾出现：参加春游的有 38.5 人；植树节同学们共植树 89.4 棵；今年妈妈 35 岁，女儿 27 岁；从 A 城到 B 城李师傅开车要 14365 小时……面对这些啼笑皆非的结果，教师设计了一节"奇特的数据"数学反思课，让学生先观察这些数据奇特在哪里？然后小组讨论、全班交流，这些离奇的数据结果显然不符合生活实际，你想对创造出这些数据的同学说些什么？学生们开始现身说法。后来在学生的数学日记中有的学生记录下了其他同学的经验：做题之后要检查，有时检查需要重新计算，有时检查可以倒过去验算，有时还可以通过生活经验来检查计算结果是不是符合实际。还有的将同学的经验应用到解题中，并在日记里这样记录：

今天数学作业中有一道题的结果我算出了"3.2 人"，在写答话的时候我突然想起那天数学课上同学的提问："有 0.5 个人吗？"我出了一身冷汗，如果这样交了作业这又要成为同学们的笑话了。于是我检查了答案，发现除法计算时被除数的小数点没有移动，造成商的小数点点错了。正确结果应该是 32 人。我又重新检查了一遍，保证计算结果正确。

学生在同学间的评价中明白自己的错误,体会到如果自己稍加思索就不会出这样的笑话了,认识到检查作业的重要性,从而养成认真仔细的学习习惯。

追溯教学的缺失

1. 难点教学不透彻

数学学习对于学生的难点多集中在抽象程度较高的知识学习中,其中数学概念更为明显。一般地,数学概念抽象性比较强,教学中,教师多是通过空洞的语言讲解数学概念,更多地依赖学生现有的判断、推理、抽象、概括等思维能力埋解概念,学生的学习难度较大。往往是当堂明白、下课就忘,最后只能用概念本身理解概念,形成概念旋涡,学生没有真正理解只能死记硬背。这些概念题在试卷中通常以填空题的形式出现。对于一部分学生来说,做这类题目时往往只是连蒙带猜,反正也不用详细阐述思考过程。像认识长度单位米、分米、厘米、毫米后,由于概念不清,学生的答案总会让人啼笑皆非:小红身高 132 米,课桌高 70 分米,文具盒长 23 毫米等等。其主要原因是学生的生活中并未使用这些长度单位,它们在学习这些长度单位概念时,又不能大量地将它们与生活中的事物反复建立关联,即使有关于这些长度单位的作业,学生往往连尺子都不用摸一摸就可以填出答案,有的题目会画出尺子让学生认读数据,有的仅凭空间观念选择单位,像这样将数学中的概念与学生生活实际相脱节,加上概念本身的抽象性,使得学生理解起来困难重重。这也导致教师在教学时难以准确把握学生的知识基础,并难以采用有效的教学策略进行教学。

2. 习题设计欠有效

学生的认知误差或多或少与我们的教学有关,教师的理念中总有:数学技能是练出来的,没有白做的题,练习就得多多益善,多练才能手熟,手熟才能生巧。一旦教师进入一个误区,所有的题目都变成盲目的练习,教师对学生练习中的错误视而不见,任由其不断重现,更有甚者,部分教师并不深入分析错误的根源,还有的教师不能准确分析错误原因,更欠寻找解决对策。

例如:下图中,学生计算 803×4 的错误结果是 3242,通过观察学生的书

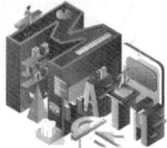

写痕迹发现个位 3×4 得 12,向十位进 1,这个进位 1 本应与十位的计算结果 0×4＝0 相加,乘积十位上的结果应该是 1,而学生在这一位计算错误的原因是先把进位 1 与因数十位的 0 相加,用 0+1 的和 1 再乘 4,积的十位上得 4 就错了。说明学生并没有理解因数中间有 0 的这一位的算理与其他数位的计算是一致的,教师应该进入因数中间有零的计算过程中,重点突破学生计算因数中间有 0 的这一位的算理与算法,让学生掌握正确的计算程序。

对学生出现的问题如果不进行针对性的辅导,这样的练习就是低效甚至无效的。如何解决呢？答案就是"变"！教师应有目的、有计划地设计教学内容,改变命题的非本质特征,调整问题的条件和结论的表达方式,转换问题的内容和形式,并设置多种实际应用环境。同时,教师应有意识地引导学生从"变"的现象中洞察"不变"的本质,从"不变"中探寻规律,打破僵化思维,从而使学生更深入地理解数学对象的本质属性。

3. 教师言行少引导

教师经常抱怨学生粗心毛躁,但是教师并没有真正去分析学生粗心毛躁背后的原因。日常练习时,为了多练几道题,教师总是催促学生做得快些,学生自然是一道题接着一道题做、一组题接着一组题做,谁先完成谁先下课,老师批出错题的继续改。学生只做题不检查、对与错老师一判便知。然而,在考试时,我们要求学生静心、放缓节奏、认真读题和审题,首要追求的是做题的质量。而平时的学习中,却更多地强调完成速度和数量,忽视了质量的提升。考试时,我们要求学生细心检查,但在日常练习中,却鲜少给予足够的检查时间,这又如何能培养出学生良好的检查习惯呢？作业完成后,我们强调要检查,但如何进行有效检查,学生却感到迷茫。在日常教学中,我们对学生提出了诸多要求,却未能教授他们如何达到这些要求的具体方法,更没有实践和养成习惯的时机,考场上自然不会出现教师期待学生沉着、镇定、充分利用时间有效检查的状态。

解决问题的策略

1. 抓好课堂是前提

数学课堂教学依其功能可分为四类:新授课、练习课、复习课以及习题评讲课。每种课程因其独特功能而各具特色。

新授课要在新知的重点和学习的难点处着力,重点要让学生清楚明白,难点要给学生提出问题的机会,暴露学生的真实想法,带领学生深入探究,逐步解析,直至他们完全理解和掌握。

练习课并非仅供学生独立练习的自习课,教师在设计练习时应注重层次性,由浅入深,体现思维的梯度,并合理安排基本练习、提高练习和拓展练习,讲评方式也要预设示范题精练合作探究。练习课上学生生成的问题、疑问、灵感是教学不能放过的教学资源,课前要有心理和时间的预设,课上才能从容捕捉。

复习课要带领学生系统梳理单元知识点,使学生建构单元知识结构图,建立知识间的内在联系,贯通单元练习题间的内在逻辑,总结习题解答中存在的问题,发现知识链中的断点,查漏补缺,再根据学情自编综合题。

习题讲评课中讲评的习题要有典型性,既体现题目在知识体系中的典型性,又凸显学生认知难点的典型性,讲评课的主体应是学生,让学生开口问、开口讲、开口辩,教师应把握讲题不仅要链接与题目相关的知识点,而且要评方法,如不同方法的优劣之处、错误方法的误区在哪里……

2.精讲精练是关键

现在的学生并非能力减弱,而是因碎片化的知识导致他们承受了超出年龄的负荷。由于信息过量且难以抓住重点,反而导致学习效果不佳。因此,学生常常感到困惑。教师应该构建知识结构图,并以此为指导进行习题训练,将碎片化的知识整合成系统。在学生的疑惑处进行详细讲解,在知识薄弱处加强练习,从而让学生从繁重的题海中解脱,逐渐释放其潜能。精讲精练、明确重点、攻克难点,是解决学生粗心毛躁问题的关键所在。

二、规范行为养成习惯

良好的学习习惯是保障学生可持续发展的基石,而不良的做题习惯则常常导致学生错误频发,造成错误的原因:

其一是数字书写不规范引发错误

学生在计算过程中的数字书写不规范,造成自己都不能准确辨识,如数字"9"写得像"7",数字"7"写得像"1",数字"5"写得像"3"等,导致最终计算结果的出错。如下图中正确结果是555,由于数字书写不规范,第一个"5"两部分分离,并且主体的起笔竖不直更像"3"。(如下图)

$$110 \times 5 = \qquad\qquad 111 \times 5 =$$

图 5-1 错误计算

其二是格式书写不规范引发错误

像"$\frac{5}{14} \times 42 = \frac{5}{3}$",就是明显的格式不规范引发的错误。学生在计算约分时,错误地将约分结果写在了"42"的下方,导致视觉上产生误解,让人误以为"3"是分母,最终错误地写出了"$\frac{5}{3}$"。

学生粗心毛躁有时是一种表象,其根本原因是对知识点还存有疑惑,没有真正理解掌握,融会贯通。因此,上好每节数学课是改进粗心毛躁的前提。帮助学生找到了错误根源;纠正了错误"顽疾",学生在发现与纠错中享受着快乐,而更重要的是通过这样的探究,给学生一个很好的教育和启示,突破了障碍。

习惯养成在平时。良好的运算习惯是提高运算能力的有利保证。然而,学生习惯的改变并非一朝一夕所能完成的。教学中,培养学生良好的运算习惯,就是一项需要长期坚持的工作。

(一)抄题——一步一核对

抄题是解答计算题的第一步,如果题目都抄错了,结果又怎么能正确?抄题包括抄原题、落步抄题、计算结果抄数,抄题还包括抄数字、抄符号、抄单位。

抄题错误是数学解题中最低级的错误,也是危害性最大的错误,因为它属于学生学习品质问题,影响的是各个学科的学习。养成准确抄题的习惯日常可以对学生进行两方面的训练:一是加强一步一核对的习惯养成:①抄好题目与原题核对,核对数字、符号是否正确,小数点有无漏写或错写情况;②竖式与横式的数字核对;③竖式的得数与横式的得数核对。二是对学生进行1分钟注意力和手眼协调能力训练,1分钟抄写,比一比谁抄得又准又快。

(二)审题——定程序明依据

做计算题同样也需要审题,先审运算符号,确定正确的运算顺序;再审参与运算的数,是整数、小数还是分数,如何转化,运用哪种计算法则计算更方便;三审运算关系,是否具备运用运算定律简便计算的条件。运算能力是学生数学学习后养成的重要核心素养表现,教学中要充分发挥计算练习题的学科育人价值,其计算分先后,每步操作有依据,既是对思维的训练,也是对行事为人的约束。

(三)书写——工整规范

作业、练习的书写都要工整,不能潦草,格式一定要规范,对题目中的数字、小数点、运算符号的书写特别要规范化,数字间有适当的间隔,草稿上的竖式也要求工整、数位清楚。

(四)演算——循规蹈矩强基础

$$24 \times 5 = 100$$
$$70.8 \times 65 = 507$$

$$
\begin{array}{r}
70.8 \\
\times 65 \\
\hline
390 \\
468 \\
\hline
507.0
\end{array}
$$

图 5-2　错误的演算

数学中的演算是按照加、减、乘、除四则运算的法则按正确的运算顺序进行计算。计算的准确性除了在计算时要认真、细心外,还需要教师在日常教学中加强基本计算的口算练习。这里的基本计算包括两个方面,一是基础的加减乘除计算,如20以内的加减法、100以内的加减法、乘法口诀及应用

乘法口诀求商的计算,二是学生日常错误率较高的计算题,如:学生计算24×5往往会不假思索地口算出结果是"100",主要是与25×4混淆。再如上图,学生计算因数中间有零的乘法时,漏乘中间的0,造成错误,针对这一问题,日常口算中加强类似102×4,203×8的练习,强化因数中间有0的乘法计算的算理,0也要乘,也占数位。

(五)验算——上意识有方法

验算主要是检查计算结果是否正确。小学数学计算题的验算方法根据不同需要可以采用估算验算、重算验算、逆算验算、倒推验算等方法。

估算验算用在时间不充裕时,根据估算结果大致判断计算结果的范围是否正确,如 $12.6÷7=18$ 这样明显的错误是可以通过估算验算来判断的。12.6平均分成7份每份一定不足2,得数是18肯定不对,经过检查发现商的小数点漏掉了。再如下图,学生计算出 11.3(3上面加循环点)这样的结果,就意识到出错了。回头检查发现是计算 0.2×200 时出现的错误。

重算验算是将计算重新演算一遍,将两次计算的结果比较,如果两次的计算结果一致,说明计算正确,如果两次计算的结果不一致,通过对比两次的计算过程找到不同的地方再分析对错,来判断第一次的计算是否正确。

$$0.2 \times 200 - 3x = 14$$
$$解:\qquad 20 - 3x = 14$$
$$20 - 3x + 20 = 14 + 20$$
$$3x = 34$$
$$3x \div 3 = 34 \div 3$$
$$x = 11.\dot{3}$$

图 5-3 验算

逆算验算是通过一步计算题的逆运算计算来验证计算结果是否正确,如乘法用除法验算,减法用加法验算等。

倒推验算是针对四则混合运算题的验算,根据原题的运算顺序,从结果出发按步倒推,用每一步计算的逆运算验证其结果是否正确。

在练习中培养学生验算的习惯不仅有助于养成做题做事认真负责的态度,还可以训练学生思维的灵活性,同一道题可以有不同的验算方法,学生可以根据具体情况灵活选择。此外,学生在验算的过程还可以加强对四则运算之间关系的理解,增强数感。因此,教师在教学中应重视验算,开发验算在培养学生数学核心素养中的作用。

运算能力是《数学课程标准(2022 年版)》小学数学 11 个核心素养表现中唯一以"能力"命名的。培养学生的运算能力是一项长期、复杂且艰巨的工作,数学教师首先立足课堂教学让学生明理、懂法。其次,精心设计高质量的练习题。与此同时还要培养学生良好的运算习惯。在学生会算、算对的基础上,教师还要想方设法用不同的方式激发运算兴趣,逐步提高学生的运算能力,发展思维的灵活性,为进一步学习数学打下坚实的基础。

三、理解内涵 回归术语

数学,这门古老而深邃的学科,以其高度的概括性、严密的逻辑性和广泛的应用性而独树一帜。在数学的世界里,数学语言不仅仅是一种工具,更是表达、交流数学知识及其应用的重要手段,其重要性不言而喻。它是思维的具象化,是智慧的外露。

(一)目前学生数学语言表达常见的错误

1.忽略重点词语的表述

学生对于某些数学概念的理解不够深入,导致在表达和运用时,常常会忽视其中的关键字词或限制条件,从而使得表述不完整、不严密。

如把"质数"说成"一个数有 1 和它本身两个约数,这样的数叫做质数",虽只是缺少了一个字,但"有"和"只有"可说是千差万别。再如学生表述圆柱体和圆锥体的关系时,常表达成:"圆柱体的体积是圆锥体体积的 3 倍"或"圆锥体体积是圆柱体体积的 $\frac{1}{3}$",省略了"等底等高"这一大前提,致使产生歧义。

2.任意改变概念范围

数学概念的界定极其严谨。在描述和归纳这些概念时,有些学生未能准确把握其范围,经常在数学语言的运用上犯下扩大或缩小概念外延的

错误。

还有的学生将"质数和合数都是自然数"误说成"自然数不是质数,就是合数",把自然数的外延说窄了。在自然数中,"1"既不是质数也不是合数。

3.算理表述不清

在计算教学中,有的教师过于关注学生计算的结果,而对学生理解算理关注不够。如果学生长期接受"知其然,不知所以然"的教学方式,对算理的理解仅停留在表面,不深入探究其内在逻辑,那么他们很容易在计算过程中出现错误。

如在讲两位数乘法"26×14"计算过程时,学生常常会这样表述:计算26×14,先用因数14个位上的4去乘26,得到104,然后再用因数14十位上的1去乘26,得26,得数的末位和十位对齐,……但为什么要和十位对齐?学生对这一步骤的算理没搞清楚,就有可能对正确计算造成障碍。所以在有余数的除法中,学生出现"56.8÷1.2=47余4"的类似错误屡见不鲜,究其原因,都是算理不清惹的祸。

4.曲解数学术语

有的学生为建立某种概念的直观表象,借用形近而质异的数学术语来代替、诠释所要描述的概念,结果造成曲解概念或生造数学术语的错误。

例如:"在计算异分母分数加减法,先求分母的最小公倍数,然后再加减"的表述中,有的学生将"分母的最小公倍数"说成"最小公分母",这是在生造名词术语,实际上根本没有"最小公分母"这个词。

(二)解决学生误用数学术语的策略

1.丰富数学活动,增强学生数学术语的记忆能力

数学术语是学生进行数学表达的材料。数学中表达概念、法则、定义等的文字背后是有条件、有算理、有结论的逻辑思维过程。如果学生只是将他们机械记忆,则会遵循艾宾浩斯的遗忘规律,在一定的时间内会发生模糊或遗忘。为此教师应积极为学生营造生动的教学情境,引导他们通过视觉、听

觉等多种感官参与观察、比较、猜测、验证、推理与交流等数学活动,使学生亲身经历知识的形成过程,亲历技能的应用,感悟数学思想,积累数学活动经验,深化对数学术语的认知和理解。

2. 加强思维训练,提高学生数学语言的表达能力

语言是思维的外壳。数学语言表达能力的提高是数学思维提高的外化,不是一朝一夕能达到的,需经过长期的训练。教学中,教师多给学生创造说的机会,学生已知的,教师不说,让学生说;学生能独立思考的,教师不告诉,让学生先想再表述;学生能探讨的,教师不讲,让学生先探究再汇报。首先教师要注意自己教学语言科学、严谨、规范,做学生数学语言表达思想的表率;教师还要关注课上学生表达中出现的数学语言的瑕疵,并及时给予纠正;对于学生理解性表述错误,教师要做针对性辅导,采取跟进训练。

训练方式有:模仿表述练习、换题表述练习、扩展表述练习、讲解表述练习等。

模仿表述练习就是学生在理解的基础上模仿教师或同学的表达,重复表述,这种方式能培养学生思维的准确性,有助于规范数学语言。换题表述练习,是在学生理解的基础上,变换题目,让学生模仿案例进行替换表述,这种方式能培养学生思维的敏捷性,有助于把握数学本质,灵活运用数学语言。

扩展表述练习,是学生在理解的基础上将新的数学表述运用于较复杂的解题思维程序中,这种方式利于学生思维发展,有助于提高语言的深刻性。

讲解表述练习,是让学生对某一知识点或完整的解题过程的算理进行透彻的解释说明,这种方式能培养学生思维的逻辑性,有助于提高语言表达的严谨性。

3. 提供变式比较,提高学生数学语言的理解能力

小学生正处于直观思维向抽象思维过渡的阶段,他们的概括能力相对较弱。如果未能深入理解某些数学术语,就可能导致在表达和运用数学语言时出现不准确、不严谨的情况。因此在学生第一次学习数学知识时,教师

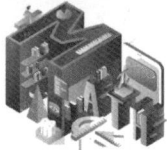

就应该重视学生对数学术语的理解。对数学术语的理解不仅要特别强调术语文字表达中的重点字词,还要讲清术语的产生背景、应用条件、对应的结论、条件到结论内部的逻辑关系、涉及的数学算理等等,让学生在完整的数学文化中认识、理解术语。此外,还需要通过一系列的变式训练,让学生在不同的情境中使用术语,认识提炼术语的本质,在多次思维碰撞中,准确把握数学术语的内涵,加深对数学语言的理解。

四、防微杜渐　善待错误

赏识、尊重和爱戴每一个学生,这是以人为本的教育基石。我国古代教育名著《学记》中提道:"教者也,长其善,而救其失者也。"这句话凝聚了我国历史上众多教育家在教育实践中积累的丰富经验。教育者应当擅长发掘学生的优点,即他们的"闪光点",同时帮助他们纠正错误。这种教学心态对于易犯错的学生尤为重要。那么,如何有效利用这些错误,使它们成为学生成长和进步的阶梯呢?面对孩子的错误,我们应该秉持怎样的教学心态呢?

(一)和风细雨　面对错误

教师应相信学生,他们写在答案处的结果都是他们认为正确的答案。学生的每一个错误背后都隐藏着他们对知识的误解和存在的问题。学生出现错误的过程,正是给教师提供了一张认识学生错误思维的地图,教师需要按图索骥,探寻学生真实思维中的堵点和岔路,并为学生规划正确的思路,带他们从迷茫、困惑、错误中走出来,从而丰富教师自己的教学经验。"教师应感谢学生的每一个错误。"带着这样的心态去和风细雨地鼓励学生从错误中认识自己,纠正自己,走向正确思路,得出正确答案。让学生不畏惧错误,敢于面对错误,并能从错误中走出来,感受错误生成的智慧,思维和精神获得成长,也能体验到成功,认识到错误是走向成功的必修课。

（二）引领反思　找出错因

根据学生错误的原因,对学生中出现的普遍错误或个别的顽固性错误,教师应善于组织学生集体反思或个别辅导进行一对一引领反思。反思时,可以先让学生讲一讲错误答案出现的过程,将书面上反映不出来的思维过程充分地呈现出来,以便教师发现学生思考过程中的问题。在这个过程中,有的学生自己就能发现问题,这说明学生不存在理解性问题,对此,教师可引领学生反思错误的直接原因;有的学生自己不能发现错因,会讲着讲着出现中断的情况,这说明学生思维有断点,教师需要及时补充学生的知识漏洞,疏通思维路径,让学生形成完整思考过程;有的学生出现讲着讲着进入思维的"死胡同",在一个知识点上打转,讲不下去了,这说明学生在此思维混乱,存在模糊认知,教师需要给学生对比区分,明确混淆的概念,帮助学生建立清晰的认知,并辅助练习加以强化,最终让学生形成正确、通畅的思路。

学生的错误也是引领教师反思教学的重要依据。针对学生的错误症结,教师对应教学环节进行反思,分析教学活动中的经验和缺失,重新完善教学活动设计。如果是学生中普遍问题,在后继教学中应进行教学补漏;如果是个别学生的错误,后继关于相似知识点的教学中应对该生给予特别关注。

教学中要让学生的错误发挥其在教与学中的最大价值,不仅让学生知错就改、由此及彼,还能引以为戒、防微杜渐。

（三）以错促学　走向成功

日常教师与做错题的学生沟通不善,会引发学生产生过度敏感的情绪:紧张焦虑、缺乏自信等心理。造成这样的结果主要是教师没有把学生的错误与学生本人区别对待。学生在学习的过程中出现错误是不可避免的,教师不仅要善于从学生的错误中汲取力量,更要善于接纳出现错误的学生。即使某位学生的错误频繁出现,或同一类错误比较顽固,或各种错误层出不穷,教师对学生的态度都应是宽容的和谅解。

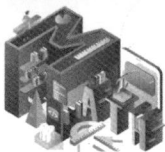

　　解决上述问题的方法不在于对学生的态度,而在于教师对学生错误的分析水平。并非所有错误都"生而平等"。有的错误仅是偶发,而有的则是长期累积形成的系统性问题。要帮助学生纠正学习中的错误,须深入分析错误产生的原因,追溯错误的根源,通过有效的正确思维来逐步削弱错误的影响,从而实现根本的解决。

　　随着大众对学习科学的认识不断加深,运用学习科学理论来分析学生学习将更为深入,对学生学习错误的理解也将更加全面和科学。这将促使教学焕发出新的智慧,对"错误"的理解也将更为深刻。教师绝不能让学生因做错题而降低学习数学的热情,失去学习数学的信心,甚至产生焦虑的情绪。尽管教师对待学生的错误像秋风扫落叶一样残酷无情,但是对学生应始终保持春天般温暖,学生的思维和心灵都需要温暖的阳光照耀。

第二节　善用错误资源　深化思维层次

良好的数学教育是最大限度满足不同学生的需求,最大限度开启学生的潜能、开发学生的智力。然而在实际的课堂教学中,学生难免出现理解偏差或计算不准的错误,教师不能回避学生的错误,而要利用好学生的错误,化害为利。教学中教师索性顺着学生的错误思路进行分析,不仅能使不同水平的学生发现问题,还能激发学习的兴趣,趋利避害,拓宽思维,培养思维的灵活性和创造性。

一、将错就错,生成教育资源

教学从本质上说是一种"沟通与合作的活动",没有沟通就不可能有教学。教学展开的过程应该是师生之间和生生之间知识、思考、见解及价值取向的多向交流与碰撞的过程。在这种交流与碰撞的过程中,如果教师视预设为"法规"不能根据学生信息反馈情况及时调整预设,那么教学充其量也只能算是教师展示其授课技巧的一种表述,因此教师要在教学中正确处理教学预设与生成的关系。

在计算教学中,教师们常常聚焦那些能得出正确结果的算法,而对那些导致错误结果的算法,他们往往只是在学生得知正确答案后,简单地点评一下错误之处。然而,错误同样是一种宝贵的教学资源。在课堂上,教师们应当细心观察并深入关注学生的各种解题思路和方法,不仅要肯定并鼓励正确的思路和解题方法,更应积极捕捉并善加利用那些看似不起眼的"错误"资源。错误并非一无所用,它往往隐藏着学生的思维盲点和知识漏洞,是教

学过程中的宝贵财富。通过深入分析这些错误,教师可以揭示出其中的逻辑缺陷和认知误区,帮助学生理解为何某些方法行不通,从而引导他们掌握正确的算法和计算原理。这样的教学方式不仅能促进学生的思维发展,还能帮助他们更加深刻地理解计算的本质,提高解题的准确性和效率。

教学"有余数的除法"的难点是列竖式计算。

$$
\begin{array}{r}
3 \\
6\overline{)18} \\
\underline{18} \\
0
\end{array}
$$

教师通过一道表内除法的准备题讲解了除法竖式的格式如上述计算,又结合题目情境说明竖式中各个位置上的数表示的含义。然后,让学生独立进行竖式计算28÷6。教师在巡视过程中了解全班同学的计算情况,确保在交流展示前对情况了如指掌。接下来,教师会先邀请计算正确的学生进行展示,待学生们一致认同正确解法后,教师会将同学们在竖式计算中出现的几种不正确方法呈现出来(如下述计算),将这些课堂生成后作为教学资源,充分利用。教师先调动全体学生猜一猜,他可能是怎样想的? 这一问突破了从表面现象找错误的局限,引领学生透过现象去挖掘本质,立刻激活了学生的思维。

①
$$
\begin{array}{r}
4 \\
6\overline{)28} \\
\underline{28} \\
0
\end{array}
$$
②
$$
\begin{array}{r}
4 \\
6\overline{)24} \\
\underline{24} \\
0
\end{array}
$$
③
$$
\begin{array}{r}
4 \\
6\overline{)28} \\
\underline{24} \\
4
\end{array}
$$
④
$$
\begin{array}{r}
2 \\
6\overline{)28} \\
\underline{12} \\
16 \\
\underline{16} \\
0
\end{array}
$$

在第①个竖式中,学生猜:这名同学模仿老师写18÷6的竖式,写了两个18,所以这里写了两个28。其实老师写的第一个18是被除数,被除数下面写的是3和6的积,恰好也是18,所以上下两个数是一样的。可是这个竖式中被除数是28,被除数下面应该是4和6的积,这次4和6的积是24,跟被除数28不一样了,所以28的下面应该是24,不是28。发言学生的猜想让出错学生的心里热乎乎的,"没想到他这么懂我。""原来被除数下面的数是商和除数的积,不是照上面抄下来的呀?"

在第②个竖式中,学生猜测:他看到老师在写 18÷6 的竖式时,发现被除数恰好是 3 和 6 的乘积,因此差就得 0。于是,他尝试将被除数写为 4 和 6 的乘积,期望也能得到差为 0 的结果。可是在除法竖式中除号里面上边的位置表示被除数是 28,28-24=4。

……

学生分别猜测了这几个错误竖式出错的原因。这样的教学活动不仅让做错题的学生明白了自己的错误所在以及原因,还使学生在猜测错误原因的过程中深入理解了除法竖式中每个位置上数的意义,以及它们之间的关系,理清了除法竖式的计算程序。学生在分析、比较中质疑、辨析,学会反思,感受数学思考的逻辑关系。

"将错就错"是在精准辅导的基础上通过举一反三,学生的知识得以丰富,思路得到拓展,求异思维能力也相应提升。教学活动中,教师关注学生生成的错误,将其作为教学资源,及时引导点拨,学生就会少走弯路。"将错就错",不仅能精准深刻地帮助学生理解算理、掌握算法,还拓宽了学生思维,这样的学习才是真实的,才会呈现出精彩的课堂。

二、转化错误　促进有效学习

在一节试卷分析课上,教师总结了全班总体情况后,要求学生仔细查看自己的错题,找出不明白错误原因的题目,并鼓励学生首先在小组内进行讨论和解决,对于一些较为复杂或具有普遍性的问题,教师选择在全班范围内进行集体研究。在小组讨论的过程中,教师穿梭于各个小组之间,与学生一起讨论,提供指导和帮助。

一个女生提问:89÷3 为什么不等于 29? 这个问题打破了小组讨论趋于结束的局面。同学们纷纷把目光投向她。

教师没有急于解答,而是把问题抛向全班同学:"哪个小组来帮帮她?"教师的话音未落又有一个女生不好意思地说:"老师,我虽然做对了,但我

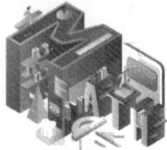

也不理解 89÷3 为什么大于 29?"看来对勾下面也藏着问题,对学生的实事求是和敢于自我反思、自我突破的精神必须给予及时的表扬,并鼓励其他学生帮助解答。最终,学生通过购买尺子时比较价格的生活情境:2 元多的尺子当然比 2 元的尺子贵。巧妙地、直观地帮助学生理解了抽象的数学问题。此时教师再带着学生回到算式中理解有余数除法各部分的生活含义,及它们之间的关系,学生就能够理解用余数表示除法结果时,说明平均分的过程还未结束,只是现在余数比除数小,如果继续分,那么每一份得不到 1 个 1,但是要分完所有的剩余,每一份一定还会增加,因此用余数表示结果时,对应的商并不是平均分完后每一份的数量,而是平均分过程中,每一份得到的最大的整数结果。

教师的鼓励和耐心的讲解、同学的热心帮助唤醒了学生提问的热情。紧接着对一个一个的问题在班里进行了热烈的讨论,有的学生甚至提出计算题错得多怎么办的问题,得到了更多学生的呼应。针对这个复杂的普遍问题教师也鼓励学生分享他们的做题经验和方法,以促进同学之间的互相学习和交流。

这样的课堂为学生提供了一个生动、活跃且高效的学习环境,这是教育应该追求的理想状态。教师创造了一个让学生敢于表达、敢于质疑的氛围,真正做到了以学生为中心,尊重并倾听每一名学生的声音。

在这样的课堂中,学生不再是被动的接受者,而是主动的探索者。他们有机会表述自己的错误,有机会听取他人的观点,有机会在交流和讨论中深化对知识的理解。这样的学习方式不仅能帮助学生纠正错误,更能培养他们的批判性思维和创新能力。

教师不仅是知识的传授者,更是课堂的组织者和引导者。他们通过有效的提问和引导,帮助学生找到错误的根源,激发他们的思考,促进他们的成长。这种教学方式不仅提高了学生的学习效率,也让他们在学习过程中体验到了成功和乐趣。然而,这样的课堂需要教师具备较高的教学素养和灵活的应变能力。他们需要能够准确地判断学生的错误原因,需要能够引导学生进行有效的思考,需要能够处理课堂中可能出现的各种情况。这无疑对教师提出了更高的要求,但也提供了更大的发展空间。那么怎样才能将错误转化成促进学生有效学习的资源呢?

首先教师应是转化错误为教学资源的组织者、引导者、合作者和参与者,教师需要积极承担以下角色。

(一)错误原因的剖析者

教师应收集学生的典型错误,并深入分析这些错误背后的原因。通过具体的例子,向学生解释错误的根源,如审题不清、计算失误或方法选择不当等。强调避免类似错误的策略,帮助学生形成正确的解题思路和习惯。

(二)解题方法的引导者

当学生因思路不清晰而出现错误时,教师应通过多样化的教学方法或提供多种解决方案来引导他们。针对不同层次的学生,提供适合他们的解题方法和策略,确保他们能够理解并掌握至少一种方法。

(三)改错过程的示范者

教师在批改作业时,不仅要指出错误,还应展示正确的解题过程和思路。鼓励学生在改正错误时写出完整的解题过程,包括理由和步骤,帮助他们更深入地理解问题。

(四)优秀改错团队的塑造者

教师需要建立一个积极的改错文化,鼓励学生之间互相帮助,共同改正错误。根据学生的不同能力层次,设置不同的改错要求,确保每个学生都能在改错过程中获得进步。优等生可以通过帮助同学来提升自己的能力;中等生通过独立思考和请教他人来提升;后进生则通过解决基本问题来实现最大限度的发展。

为了有效地实施这些策略,教师需要具备良好的观察能力、分析能力、教学能力和团队管理能力。同时,教师还需要保持耐心和热情,鼓励学生勇

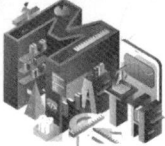

于面对错误,积极改正错误,从错误中不断学习、不断进步。通过这样的教学实践,教师不仅可以帮助学生提高学习效果,还可以促进他们的全面发展。

三、合理构建改错方式

改错教学不同于一般的数学教学。一是真实性,即教学的内容来自学生解决问题真实出现的错误;二是针对性,即教学的重点不是完整的知识点而是对一个知识点剖开后对应错误的小关节;三是深刻性,即学生出现错误的根源多是理解模糊、认知偏差,在教学中教师要充分调动学生原有的知识经验和生活经验,达地知根找准问题纠正错误,矫正偏差的经验基础,让正确的认知和理解在适宜的经验中吸收养料,形成正确的思维和习惯。改错教学中可以有下面几种组织方式。

(一)构建小组,学生充分交流

在小组合作学习中,同学间的互勉、互助、互爱,让出错的学生不必受教师权威的影响,放松身心平等交流,有效地保护了学生的自尊心,学生表达的想法更加真实、充分。一个小组3人为宜,这3名学生分别为3个学习水平层次为佳,推选一名组长。其中优秀的学生作为小组的导师负责纠错指导、讲解反馈、核查针对错题的巩固练习(包括出题、批改、矫正等),中等生的任务是自我纠错、错题讲解、编写与错误同类的巩固题、批改,暂困生的任务是自我纠错、错误讲解、做同类巩固题。引导学生从错误中学习,从错误中探究。这种处理方式不仅帮助学生纠正了错误,还让他们学会了如何面对错误、如何解决问题。

纠错小组为学生提供了共同学习、取长补短的机会。在交流中学生的错误减少了,数学表达能力提升了,学习的积极性高了,彼此之间的情感真挚了,班级的学习氛围浓厚了,全班同学会向更好的方向发展。

(二) 集体点评,教师有的放矢

这种方式主要是教师根据学生中普遍存在的错误进行引导:剖析错误的原因,明白正确的思路及解题中需要注意的问题。这种方式在选题和教学方向上,教师基于前期对学生错误的调查结果发挥主导作用,在点评中教师依然充分调动学生主体性、主动性参与学习,其能省时、高效地让每个学生获得最大的收益。

如题,一个浴缸能盛水 0.8( )。在括号里填上适当的单位名称。这道题班上有一半的学生填的单位是"升";教师仅提出一个问题:0.8 升水大约有多少,请用生活中的事物描述。经讨论最终学生找到的参照物是粉笔盒,教师不失时机地拿出一个粉笔盒。粉笔盒的体积大约是 1 立方分米,容积近似 1 升。0.8 升是粉笔盒容积的 $\frac{4}{5}$,你现在想说什么? 有的学生惭愧地低下了头,有的学生喃喃自语:这点水是给蚂蚁沐浴还是给人沐浴?

教师发现学生错误背后是容积单位"升"的空间观念模糊,因此有针对性地用生活中直观具体的事物呈现,为学生架起抽象概念与具体事物之间的联系。通过举例子的方式让学生说明自己的观点,并引导学生进行深入的讨论和思考,帮助学生深入探究问题的本质,从而让他们从本质上去理解数学知识,解决数学问题。这种教学方式不仅让学生理解了具体的知识点,更重要的是,培养了学生的批判性思维和探究精神。

(三) 组长汇报,明确竞争方向

这种方式是由组长在全班交流组内改错情况。主要汇报 1. 小组成员出现的错题,2. 小组分析的错因结果,3. 小组成员改错的情况,4. 小组解决不了的问题。此举不仅使教师了解了各组改错的情况,而且便于对组长的工作进行指导,助力组长与组员的交流,还对学生中出现的疑难杂症借助其他小组的力量重点突破。同时,全体学生都看到了各组的差异,激发了他们的竞争意识,不比错题的多少,比的是面对错题的态度认真,分析错题深刻,

解决错题有法,改正错题彻底、错误不重复。这不仅提高了学生的数学能力,还培养了他们的逻辑思维和解决问题能力。

(四)组内交流,教师适时参与

这种方式是由小组组长和两名组内成员进行交流。交流内容包括:一是看错误有没有改对,二是看对错题会不会讲解,三是看巩固题完成的情况,四是需不需要老师帮助。同时,教师会深入小组解决有争议的问题。这样的教学环节,教师要组织和把握课堂,深入小组辅导要因材施教,让不同层次的学生都获得发展。

改错教学在小学数学教学中不可缺少,可以设计为正式的课堂教学,也可以作为学生日常学习的方式。改错教学实践活动体现了以学生为中心的教学理念,是对学生差异的尊重,充分培养学生的主动性和参与性,同时发挥了教师的主导作用。这种教学方式不仅有助于提高学生的学业成绩,更重要的是,它有助于培养学生的综合素质和未来的发展潜力。

四、达地知根错中探究

错误的意思是与客观实际不符。当下在教学中对学生"错误"的理解有两层含义,一是学生的答案与正确答案不符,是错误的本意;二是学生呈现出来的错误答案,是他们真实的思维结果的反映,这是错误在教学中的价值,是我们将其作为鲜活的教学资源的原因。在教学中,教师应擅长将错误转化为教学资源,深入挖掘并发现其背后所隐藏的重要教育价值。同时,教师应引导学生善于从错误中学习,探究其中的知识,从而不断提升自身的学习能力。

(一)在错误处点化

在教学中,教师预设再充分,也不可能考虑教学生成的全部内容,因此教师应努力提高自己的教学应变能力,培养数学素养,能迅速、灵活、高效地判断和处理教学过程中生成的各种信息,引领学生的思维。

例如"用字母表示数"一课的教学中有这样的辨析题:$2a = a^2$ 引起了学生的争议。教师通过举例子的方式让学生说明自己的观点。

有的学生认为是错的,如果 $a = 3$ 时,$2a = 6$、$a^2 = 9$,那么 $2a \neq a^2$。有的认为是对的,如果 $a = 2$ 时,$2a = 4$、$a^2 = 4$,那么 $2a = a^2$。教师没有马上评判,而是问其他学生同意谁的意见。当学生发现"$a = 2$ 时,$2a = a^2$"只是一种特殊情况,不能代表所有情况时,教师让他们再举一个例子来证明。最终在学生理解具体实例的基础上,教师引导从意义上理解 $2a \neq a^2$。

教学中,教师的两次追问,并非浮于表面的对话,而是对学生理解深度的精细剖析。其根本目的在于激发学生探究事物本质的渴望,并促使他们进行深层次的思考。在改错教学中,仅仅满足于学生判断对错的层面是远远不够的。教师需要以富有成效的追问为手段,引导学生展开交流,使他们直面错误的根源,深入分析问题的核心,精准把握问题的症结所在,进而深入理解错误的本质,最终能够自主解决数学问题。这样的教学方式,不仅让学生知其然,更知其所以然,从而避免了简单机械的纠错。

(二)在意外处激化

这里的"意外"是指课堂上学生的答案尤其是学生的发言有时会有出乎教师预设之外情况。一些教师往往认为这是对课堂教学的最大干扰,多以消极的方式处理。其实这些"意外"是学生独立思考后灵感的萌发和创造。教师不仅要保护这种"意外",而且在有条件的情况下,还应顺势而上、紧追不放,进一步提高学生的思考能力,引导他们深入挖掘问题的本质,培养他们的探究精神和创新能力。

在"万以内退位减法"的教学中,一名学生提出了一个有趣的问题:是否可以从高位开始进行减法运算。这个问题挑战了传统的从低位开始减法的常规方法。全班学生齐刷刷地向这名同学投去了惊异的目光,面对这个教学意外,"她的建议如何,一试便知道。"教师鼓励学生大胆尝试,计算一道从高位减起的题。计算过后,学生的表情不是一副轻松的样子。在交流

分享中,学生一致认为,从高位减起,后面还需要退位时不好算。教师进一步引导学生想办法,有的说直接让差比原来少写1,也有的说,同时观察两位,若下一位需要退位,在写差时就先留下一个1。当学生们认同这个方法时,又有一个学生提问:如果这种方法可行,那么书上为什么说要"从个位减起"呢?这时学生们恍然大悟:书中介绍的计算方法算起来简便、从个位减起要比从高位减起简便。学生在顿悟中感受到今天的数学结论是在漫长的人类社会文明发展的过程中逐渐优化来的。

苏霍姆林斯基曾深刻指出,教育的艺术并非在于预先规划课堂的每一个细节,而在于依据实时情境,巧妙地、悄无声息地作出适应性调整:

1. 在课堂上面对意外情况时,教师并未将"从高位减起"作为固定知识传授给学生,而是巧妙地将探究过程交予学生,让他们亲自体验探究问题的过程与解决方法。这一教学策略,无疑是应对课堂动态生成的一种高效方式。

2. 教师在课上采用延迟评价的方式,不仅给予学生更充分的时间去深入分析与综合思考,还使他们得以在自由的思维空间中畅游。基于学生的反馈,教师能够迅速而精准地追问,从而在动态的教学进程中有效引导学生思维的发展。

3. 学生在学数学的过程中出现新奇的想法、发生错误都是不可避免的,然而,如何巧妙地处理这些错误,却是一门艺术。优秀的教师会主动为学生创造辨错、识错、体验错误的机会。这样的做法并不会干扰学生的学习进程,反而能深化学生对正确知识的理解和认识。教师要善于运用各种方法、利用各种资源使学生不犯同样的错误。

总之,教师在面对课堂上的意外和错误时,应该保持开放、包容的态度,将其转化为教学资源,从而激发学生的思维,促进知识的动态生成。这样的教学方式,不仅有助于深化学生的数学素养,更能有效培养他们的创新精神和实践能力。通过这种探究性的学习方法,学生不仅掌握了数学知识,更学会了如何独立思考、解决问题,进而在实际生活中灵活运用所学知识,实现知识的迁移与创新。同时,教师在课堂上的灵活应变和延迟评价,也为学生提供了更为广阔的思维空间,激发了他们的探索欲望和创造力,进一步提升了他们的实践能力。因此,这种教学方式无疑为学生的全面发展奠定了坚实的基础。

第三节　预设与生成共舞　教学相长

课堂生成是动态生成的资源,它在教学过程中随机产生,包括学生的学习方法与思维方式、合作能力与质量、提出问题与争论,乃至错误的回答等。

在教学的广阔天地里,预设与生成如同矛盾的两个方面,既对立又统一。细致的预设往往容易让教学走向"剧本化",导致课堂变得机械而缺乏灵动。然而,没有预设的生成则可能盲目无序,缺乏方向。因此,如何在这两者之间找到平衡点,是每一个教育工作者必须面对的挑战。

成功的课堂,是预设与生成和谐共生的舞台。高质量的预设为课堂的顺利进行提供了坚实的基础,而动态生成则是课堂活力的源泉。课堂教学中,教师应在心中有案的同时,做到行中无案,随时去捕捉学生思维的火花,让课堂成为师生互动、共同发展的乐园。

一、顺学而导,整合预设

为了让学生的能力在课堂上能够得到充分的发展,教师需要从多维度进行预设,同时在教学过程中灵活应对,顺学而导。

如在教学"确定位置"一课时

[**静态预设**]

第一层:根据教室中的座位编排,认识行和列。

第二层:根据开家长会时家长必须坐自己孩子的座位,请学生向家长介绍自己的位置。

第三层:运用所学知识解决生活中的实际问题——在电影院找座位或

在飞机、火车上找座位。

[动态生成]

师:谁知道什么是行?什么是列?用什么方法来确定自己的位置?

生1:横着是行,竖着是列,根据在第几行和第几列来确定自己和其他人的位置。

生2:(迫不及待地发言)春节回老家,坐飞机去的,我会找飞机上自己的座位。

生3:(手举得很高,争着发言)去体育场看足球比赛,我也能按票找到自己的位置。

生4:(激动地要求发言)坐火车去北戴河。

……

显然,课前教师的预设只注意了学生的知识储备,忽略了学生的生活经验,当学生已经主动跳过第一预设和第二预设直接进入第三预设时,如果教师还按照自己的预设进行教学,学生的学习热情会被浇灭。此时,教师必须机智地顺学而导,将三个层次的预设进行整合,为学生搭建质疑和交流的平台,让学生唱好"主角",使动态生成的资源达到共享的效果,使不同层次的学生都有所收获。

生成性教育资源无处不在,不是课堂教学中缺乏这些资源,而是缺乏发现它们的眼光和有效利用的智慧。教师应该具备敏锐的洞察力,时刻关注课堂上师生、学生之间的互动,捕捉那些具有探究价值的新信息和新问题。通过积极引导,推动师生互动和探索的深入,使课堂充满思维的碰撞和创新,从而促进教学的不断生成和发展。

动态生成是教学过程中随机开发和适时利用课程资源的重要环节。在教学过程中,学生的答案,无论正确与否,均可转化为动态生成的课程资源。这些资源的生成,离不开原有课程资源的丰富与适切。因此,教师在进行教学预设时,需确保课程资源的丰富性,并指导学生通过各种途径查找相关资料,从而优化预设,为资源的生成奠定坚实基础。

如,教学"银行储蓄中的数学问题"时,让学生了解学校周边银行的存

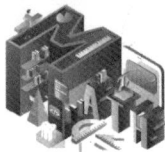

款年限及存款利率的情况,使其成为解决此类问题的依据,并为家长设计最优的存款方案。

教学"角的认识"时,教师让学生选取身边的材料做直角,并预设出学生做直角的多种方法:画、折、剪、拼、围等,并为学生提供了长方形纸、直尺、三角板等显性材料,同时还准备了钉子板、圆片、长方体、不规则纸等隐性材料,这些丰富的实践活动材料为个性化的做出直角提供了极大的空间。

教师在准确把握教材、全面了解学生、有效开发资源的基础上,精心预设弹性教学方案,做到着眼于整体,立足于个体,致力于主体,尽量预设更多的可能,厚积薄发,并有配套的调控措施,向学生提供分层学习的方案。

"生成"应对于"预设",是教学中的一对矛盾统一体,生成是相对预设而言的,课堂因为有了生成,才拥有了充满生命的气息,才使课堂教学变得精彩层出不穷、异彩纷呈;但教学是一项有目标、有计划、讲效果的活动,因此预设是教学的基本要求。教师在课前、课中、课后都应清晰思考和理性安排自己的教学任务。教学不仅是按照预设进行的操作,更是课程的创生与开发过程,涉及师生间、学生间的交往互动,是一个共同发展的多维度动态过程,开放、交往、互动的课堂具有较强的资源性,生成性。

在教师的引导下或在某种情景中,学生灵机一动、节外生枝、别出心裁等都可能催生出一个个活生生的教学资源。教师应悉心捕捉稍纵即逝的生成资源,有机地融入课堂预设,及时调整教学方案,抓住这个亮点,放大它,让个别的创造变为全班的创造,让星星之火,得以燎原,使预设、生成双赢。

如在教师教学"加和减"时,问:"6 比 4 大几?"

学生认为:6 比 4 大 2,用 6 减 4,列式 6-4=2。

教师又问:4 比 6 少几呢?

学生按照教师教学的思路回答:"4 比 6 少几,就是 6 比 4 大几,也是用 6 减 4 就行了。"突然一个学生站了起来。"老师,他说得不对,4 比 6 少几,就要用 4 减 6 才行!"这位教师怔住了,出乎意料,这要涉及负数知识! 还真不知怎么答好。若按传统的教学观念,教师会固守预设搪塞了事:下课后,老师再与你个别讨论。然而生态课堂,教师必须有动态生成意识,不能陷入预设的框架里,要善于抓住课堂上的这种动态生成资源,为学生思考、探索、发现和创新提供最大的空间。正是教师观念的转变,这群六岁的孩子才有机会彰显解决这个初中问题的惊喜。

生1:"不能减,因为4比6小。"

生2"不可以减,从来没听说过小数能减大数的。"

生3:"可以减,想想办法。星期天我和妈妈到隔壁店买洗衣粉,仅有的8元钱就能买回10元一包的洗衣粉,欠老板2元嘛。"

生4:"借数来减,那不就等于负数了。"

生5:"对了,4减6还欠2,等于–2。"课堂上响起了热烈的掌声。

这一组对话是课堂教学中,预设与生成并进的最好诠释,既体现了教为学服务,以学生为主体的理念,又让我们不得不为今天的学生点赞。坐在教室里的学生不再是一张白纸,他们带着各自的生活经验来参与学习,同时,为教师的教学准备提出更高的要求,教师的备课宽度要拓展,教学研究要有深度,这是信息时代生成课堂赋予我们的挑战。

"预设"使我们的课堂教学有章可循,"生成"则让课堂焕发精彩。预设因生成而更加充实,生成则因预设而更加精彩。教师应在继承传统关注预设课堂的基础上,自觉关注、积极引入"动态生成"并探索其有效方法和途径,实现"预设"与"生成"有机融合,并及时反思,扬长避短,使两者相辅相成,相得益彰。唯有如此,教学才能真正成为一项艺术,成为充满生命气息的动态生成过程,展现出令人赞叹的"柳暗花明"。

二、体现价值　展示潜能

心理学家盖耶说得好:"谁不考虑尝试错误,不允许学生犯错误,就将错过最富有成效的学习时刻。"郑毓信教授认为:对学生的错误应抱有理解的态度,即应当清楚地看到其内在的'合理性'。"因此,在教学中,面对学生的错误,教师应持有宽容而不纵容的态度,善于捕捉和运用教学中的各种"错误"资源,创造适当的外部环境来促进学生的自我反省。通过错误,让

学生亲身体验、发现、获取知识，从而发挥"错误"的最大教育价值，促进学生的学习。

（一）善于倾听　制造生成

预设是教师组织教学的重要依据，确保教学活动的有序进行。然而，若教师将教案视为刻板规定，完全拘泥于其中，则违背了"教学过程是师生交往、动态生成"的教学理念，难以实现"发展学生核心素养"的目标。在教学过程中，教师应敏锐地倾听学生的心声，捕捉他们问答中闪现的思维火花，并基于学生的思考状况灵活调整教学进度。

教学"认识钟表"一课时，教师先让学生观察不同的钟面，发现它们的共同之处。

学生的发现有：时针、分针、12 个数字。还有学生自豪地说："老师，这个钟面上正好是 5 点。"教师略显兴奋地问："你是怎么知道的，能告诉大家吗?"学生一边指着钟面上的指针一边讲解："因为时针指着 5，分针指着 12，所以是 5 点整。"还有的学生也不甘示弱抢着说："我还知道半点……"他们认识整点和半点的方法得到了学生们的赞同。于是，教师借助课堂反馈到的学生对钟表的已有经验，直接进入教学重点的学习——按照刚才这两个学生的方法，同桌一组，一个拨钟面一个读时刻。

教师对直接说出钟面上时刻的两位学生都给予了肯定，并询问他们认识钟表的方法。学生提前分享了整点和半点的识别技巧，超出了教师的预期。教师放弃了原本的预设方案后，鼓励学生相互探讨，在互相启发中共同建构整时和半时的认读方法。

这种做法就是从学生已有的生活经验出发，让学生迁移亲身经历中的生活经验将实际问题抽象成数学模型并进行解释与应用的过程。课标强调要让学生"经历"和"体验"数学。由于低年级学生尚处于以具体形象思维为主的阶段，由于时间概念的建立要靠学生亲身感受，他人是无法替代的。所以，让学生在尝试"失误"的体验中感悟、觉醒，重新形成的表象比起他人讲解更清晰、更深刻。

(二)重复"错误"促进自主评价

为了促进学生的自主评价,教师可以故意重复学生的"错误",将"错误"放大,让学生充分呈现自己的"错误"思路。这样做可以帮助学生显化错误原因,并引起他们对错误进行主动的思考和评价。

例如,在教学"三角形三边的关系"后,教师可以出示一道判断题:1厘米、3厘米、9厘米这三条线段能否围成一个三角形? 学生迅速回答"不能"。然后教师进一步询问学生为什么这三条线段不能围成三角形? 并引导学生思考如果将1厘米换成一个字母 a,那么 a 需要满足什么条件才能围成三角形。学生认为 a 需要大于6。接着,教师带领学生一起数比6大的数,如7、8、9、10、11、12等。在数的过程中,突然有学生提出 a 不能大于11或12。此时,教师故作诧异,询问学生为什么,并引导学生进行讨论和举例来说明自己的观点。当学生举出:a=11.9时,认为 a 不能大于11的学生立刻泄了气。

在这个过程中学生体会字母 a 是一个变化的量,逐渐变大,最后变成了三角形中的长边,此时就要换个角度考虑问题了。从而感悟字母 a 在这里的取值是有限制的。通过这种方式,教师可以帮助学生理解三角形的三条边关系,并让他们在探究和感悟中实现有效学习。同时,通过重复学生的"错误",教师可以促进学生的自主评价,提高他们的思维能力和问题解决能力。

总之,在一节真实的数学课堂教学中,学生出现"错误"是不可避免的。然而,这些"错误"实际上为教师提供了宝贵的教学资源。不同的处理方法所得到的效果是不同的。因此,在教学中,教师应善于把握学生生成"错误"的时机,善于利用这些"错误"资源,引导、帮助学生在探究、感悟中实现有效学习。

(三)引用"错误"促主动探究

数学课堂上最打动人心的瞬间,并非教学的顺畅,而是学生那些关键性

且具有普遍意义的"错误"。当教师关注这些错误,将其引用并提炼为全班学生的新学习材料时,学生探究自己提出的问题的过程会展现出浓厚的兴趣与热情。正如苏霍姆林斯基所言,学生内心深处都渴望成为发现者、探究者和成功者。他们希望通过修正错误来展现自己的能力。

在教授"三角形的内角和"时,学生总结出"三角形的内角和为180°"后,教师进一步引导学生探究四边形的内角和。一个小组将四边形分为两个三角形,每个三角形的内角和为180°,因此四边形的内角和为360°。这一发现赢得了学生们赞许的目光和热烈的掌声。

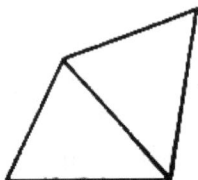　　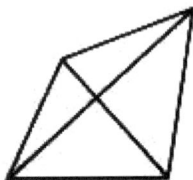

图 5-4　四边形 1　　　　图 5-5　四边形 2

然而,有学生提出不同方法,声称四边形的内角和为720°,因为他把四边形分为了4个180°。

这一观点立即在学生中引发争议,让这名本就不自信的学生感到窘迫。教师见状,引导学生深入思考,不急于否定,而是提出一串问题:为什么会多这么多? 多在哪里? 怎么解决? 经过观察和讨论,学生们发现问题所在,并解决了这一困惑:减去中间多出来的360°就行了。那个得出720°的学生也顿悟了、激动了起来,还为大家讲解了理由:中间多出来的360°是把四边形分成4个三角形后增加的角的度数和,应该减去。课堂再次响起热烈的掌声,充满了和谐与成功的气氛。

学生的学习是动态过程,涉及认知结构的重建。教师的责任在于利用能解决学生的疑问和困惑,创设问题情境,打破原有认知平衡,引发认知冲突。这激发学生的认知内驱力,促使他们主动参与观察、比较、分析、联系、推理等数学活动,积极探索,建立新的认知联系,达到新的平衡。这样的认知冲突,如同"碰壁"生辉,为学生的成长提供了宝贵的契机。

（四）在错误中提升，在对比中升华

心理学家桑代克认为，尝试与错误是学习的基本形式。学习过程中，犯错是不可避免的。教师应允许学生犯错，但同时要引导他们从错误中吸取教训，避免再犯相同的错误。

在计算中，学生常犯各种错误，尤其是一些微小的错误，虽频繁出现却难以察觉。这些小错误是培养学生良好计算习惯的关键，不容忽视。因此，当发现学生的错题时，教师应找学生面批："这道题没有做对。你先检查一下，看看能不能发现错在哪里？"然而，有些学生常常无法立即找出错误。这主要是因为他们缺乏检验方法。针对这种情况，在教学中，我们应加强对学生的检验方法指导。计算检验时，首先要确认题目是否抄错，其次检查是否有简便算法，最后验证计算是否正确。此外，我们还要求学生记录错题，并练习类似的三道题目。长此以往，学生的计算能力将逐渐提高。

在教学"用字母表示数"这一内容时，教师原本设计的题目是这样的："一辆公共汽车上有乘客 A 人，途中下车 18 人，又上车 20 人，这时车上还有几名乘客？"然而，在编写过程中，教师不慎将问题误写为"这时车上还有几人"。

面对这一错误，学生们的反应却出乎意料。有的学生通过列式 A−18+20 得出结果为（A+2）人。也有学生则提出无需列式计算，因为上车人数比下车人数多 2 人，所以直接得出结果为（A+2）人。面对这两名同学的答案，教师给予了肯定和鼓励。但有学生却提出了不同的观点。他注意到题目中提及的是"乘客"，而问题中询问的是"车上有多少人"。他认为除了乘客外，还应考虑司机在内，因此车上应有（A+3）人。这时，教师才意识到自己的问题表述有误。正当教师准备纠正时，又有学生提出了新的问题："老师，这道题有 2 种答案，我们该怎么办呢？"面对这一突如其来的提问，教师选择了将错就错，并真诚地表扬了他们的思考能力。

教师顺势引导学生们继续思考："你们真的很会动脑筋，思考得非常深入。在以后的作业或考试中，只要你们能够清晰地阐述自己的解题思路，哪

种方法都是正确的。那么,如果教师现在将问题修改为'车上有几个乘客',你们觉得应该有几种算法呢?"学生们纷纷踊跃回答,课堂氛围达到了高潮。

教师的错误有时也能成为激发学生思维的契机。教师只要能够灵活应对,善于引导,就能够将错误转化为宝贵的教学资源,体现其价值。不仅不会误导学生,反而引发深思,启迪了学生的思维,最终结出了丰硕的"果实",促进学生的学习和发展。

总之,对于课堂中产生的资源,教师不应回避,而应机智应对,引导学生进行深入反思与合作交流。通过多种形式,让学生领悟道理,理清思路。这样,数学学习才能深入学生的内心,学生长期浸润在这样民主、开放的课堂中,课堂生成的资源就如同智慧的"活水",日益丰富、完善、清澈。教师要有效利用这些资源让课堂充满生机,让学生在课堂上璀璨闪光。

三、以错促思　共同成长

反思,即在学习、工作过程中对自己的思维和行为进行自我意识和自我监控,是一种高级的思维再认识过程。在新课程的实施中,无论是教师还是学生,都应成为反思型的学习者。理想的课堂状态是,学生带着问题进入课堂,并带着新的问题走出课堂。教学相长,提醒我们需时刻反思错误,以此促进师生在课堂中的共同成长。对于学生而言,除了在课堂上及时反馈学习错误,教师还应引导他们进行反思和回顾,自行分析并改正错误。同时,鼓励学生记录学习中的错误,形成记错误日记的习惯,深化反思过程。

例如,在教授"百分数的认识"时,有学生误判"48%千克"为正确,并在错误日记中分析了自己的误解,明确了百分数的真正含义。这样的反思日记既有对学习方法、学习态度的总结,又有对自己的正确评价。对于教师而言,当课堂时间不足以处理学生的错误时,课后应静心反思,审视教学中的不足,并记录下来,从而不断提升和完善自己的教学水平,形成独特的教学风格。

（一）呈现错例，在评议中反思

在小学数学教学中，学生的实践、探索和发现是非常重要的环节。通过让学生亲自参与学习活动过程，他们不仅能够更深入地理解数学原理，还能体验到探索的乐趣和成功的喜悦。与此同时，将学生在活动中的错误呈现出来加以评议，也是一种非常有效的教学方法。

让学生展示他们的实践、探索和发现，可以激发他们的学习热情和主动性。首先，当学生在课堂上展示自己的计算方法和结果时，他们会感到自己的劳动成果得到了认可，从而获得积极的情感体验。这种体验会进一步激发他们对数学学习的兴趣和动力。其次，通过学习伙伴的共同评议和相互启发，学生的思维可以得到进一步的拓展和深化。在评议过程中，学生可以听到不同的观点和思路，从而发现自己的不足和需要改进的地方。这种思维碰撞不仅可以帮助学生更好地理解和掌握数学知识，还可以培养他们的批判性思维和创新能力。

此外，将学生的错误呈现出来加以评议，也是一种非常有益的教学方法。错误是学生学习过程中不可避免的一部分，通过分析和纠正错误，学生可以更深入地理解数学原理和方法。同时，教师也可以通过学生的错误了解他们的思维轨迹和存在的问题，从而更好地发挥主导作用，引导他们走向正确的方向。

如在教学 264-98 时，学生尝试解答，出现两种计算过程：

（1）$264-98=264-100-2=162$

（2）$264-98=264-100+2=166$

通过将这些方法呈现出来让同学们评议，学生可以更清楚地看到两种方法的差异和正误，从而领悟正确的思想方法。同时，教师也可以借此机会强调简便计算的重要性和注意事项，帮助学生更好地掌握这一知识点。

让学生展示实践、探索和发现，并通过学习伙伴的评议和教师的引导来纠正错误，是一种非常有效的教学方法。这种方法不仅可以提高学生的学习兴趣和主动性，还可以培养他们的思维能力和创新能力。因此，在小学数

学教学中,教师应该注重学生的实践和探索过程,并充分利用学生的"错误"更好地促进他们的学习和发展。

课堂教学需根据学生的需求和课程标准的要求灵活调整。教师不应过度"关怀"和"体贴",以免使学生产生依赖心理。要使学生成为真正的探索者、发现者和创造者,就需要他们经历困难和失败,体验真实的挑战。让我们共同欣赏错误给课堂带来的生命力和美丽吧!

(二)探究错误,深化认知

课堂上,学生可能犯的错误是教师能够预见的。基于教学内容和学生的认知规律,教师可以预设学生学习某知识点时可能出现的错误,从而提高教学的针对性和有效性。

"三角形三边的关系"的教学中,学生先进行自主活动,在此基础上,教师有意设计了一个问题情境:"把 18 厘米的线段剪成 7 厘米、2 厘米、9 厘米,能不能围成一个三角形?"学生不假思索地脱口而出:"能!"

教师请一名学生作为代表上台亲自试一试。信心十足的学生在讲台上几番努力,怎么也围不成一个三角形,嘴里不住地喃喃自语:"怎么回事啊?"坐在下面的小伙伴们见状,有的欲欲欲试,有的不停支招:"你再往下按按啊。"有的急得像热锅上的蚂蚁直接冲上了讲台:在伙伴的帮助下,这三条边看似接成了三角形。学生们心满意足地松了一口气。但当用实物投影仪放大这个"三角形"时,学生发现这三条线段实际无法构成三角形。此时教师进一步引导学生探究,通过算式和比较,学生最终明白 7 厘米、2 厘米、9 厘米的线段无法围成三角形,因为两条线段之和等于第三条线段。

教师采访了参与活动的学生,他们深刻体会到数学推理比直观观察更有说服力。

本节课的教学难点在于理解"两条线段之和等于第三条线段,围不成三角形"。教师精心设计探究问题,凸显学生的错误认知,并引导他们经历从错误认知到正确认知的过程。学生通过实际操作和数学思考,不仅掌握了这一知识点,还感受到了科学的力量。这种对错误的探究方式有助于学生形成正确的认知,深化他们的理解。

虽然这一过程耗时较长,但它体现了学生在现有认知基础上的自主思考。学生在摸索中自主感受、自我总结,逐步找到正确的认识。教师的教学应基于学生的感性经验和现实认知基础,引导他们逐步构建完整的认知体系。

(三)捕捉活资源,促知识内化

教师要有"活资源"的意识,准确捕捉学生在学习知识的过程出现的错误和问题,并把这些错误及时当作宝贵的课堂教学信息资源,呈现给学生,通过辨析、验证、甄别出错误中明确的原因,再结合生动有趣的课堂教学手段帮助学生认识到自身的错误,这有利于他们对知识的掌握和理解,使知识得到内化,提高学生分辨和鉴别错误的能力,促其思维的发展。

四、巧妙转化 活力四射

为了在教学中充分发挥错误的积极作用,教师应积极地将学生的错误视为宝贵的课堂教学资源。对学生的典型错误及其产生原因进行详细的记录和整理,不仅有助于教师深入了解学生的学习难点,还能为今后的教学提供有针对性的指导。

鼓励学生建立"纠错本"是一个很好的做法。通过这样的方式,学生可以系统地记录平时学习中出现的问题,这不仅是纠正错误的过程,更是他们自我反思和成长的过程。每一个记录在"纠错本"上的错误,都是他们学习道路上的一个标记,提醒他们曾经在哪里"摔"倒,从而让他们能够从这个"痛"中吸取教训,勇敢地"爬"起来。

同时,教师也应建立自己的"记录册",用于记录学生的问题以及自己在教学中存在的不足。这样的记录册不仅可以帮助教师回顾和分析教学过程,还能促使他们以更加开放和包容的心态面对学生的错误。通过"以错静思""以错促思""以错引思",教师不仅能够提升自己的教学能力,还能更

好地理解和支持学生的成长过程。

因此，无论是学生的"纠错本"还是教师的"记录册"，都是记录孩子成长经历和教学历程的宝贵资料。它们不仅见证了学生的学习进步，也反映了教师的教学成长。通过充分利用这些资源，教师和学生可以共同构建一个更加积极、高效、富有成果的学习环境。

总的来说，教师在实践教学活动中，应当坚决避免因学生犯错而对其产生轻视态度。相反，教师应以真挚的"师爱"为指引，帮助学生精准定位"错误点"，并耐心细致地加以纠正。同时，教师应敏锐地捕捉学生的"生长点"，给予足够的关注与引导；发现学生的"闪光点"，及时给予肯定与鼓励；当观察到学生的"希望点"时，应适时进行激励，以激发他们的学习热情。教师要充分利用这样的方式，尽全力挖掘学生的潜能，确保每个孩子都能在教学活动中得到成长与发展。

在课堂教学中，若教师过度强调防错、避错，而缺乏对差错的欣赏与包容，这会严重限制学生扩展认知的边界，减少他们接触新发现的可能性。学生的好奇心、求知欲以及勇于尝试的探究精神，在这样的教学环境下，可能会被压抑甚至被扼杀。正如一条笔直无岔路的大道，虽然顺畅，但学生却会因此失去许多触类旁通、联结新意向的机会，也错失了在纠错中获取新发现的快乐。

著名教育心理学家布鲁纳曾指出："学生的错误都是有价值的。"这意味着，错误并非完全负面地存在，只要教师能够以平和的心态，理智地看待这些错误，并辅以恰当的教学策略进行处理，错误同样可以转化为宝贵的教学资源，甚至绽放出美丽的光彩。因此，教师应转变对错误的传统观念，以更开放、包容的态度面对学生的差错，鼓励他们勇于尝试、敢于创新，从而促进学生认知的扩展和能力的提升。

课堂中的动态生成资源常常让教师措手不及。教师在把握这些资源时，应坚守教学的真谛，坚守数学的思想与本质。学生闪现的思维亮点，是教学中难得的宝贵资源。若不及时捕捉，便会错过关键的"动态生成点"，错失宝贵的学习机会。因此，教师应擅长迅速捕捉这些亮点，巧妙转化，并顺势引导。教师要发现并赞美学生的闪光点,充分认可他们的可取之处,从而突出这些亮点,吸引全班学生的注意力。通过这样,不仅能超越教材的限制,还能将这些亮点转化为新的教学资源。在这样的生成教学资源中,学生能够探索新知、提升能力,使课堂教学得到拓展和深化,使课堂更加精彩纷呈。

(一)将错就错不攻自破

面对学生的错误思路,将错就错,不攻自破。在教授"分数除法和加减混合运算"时,课堂出现了有趣的事情。教师出示例题 $\frac{1}{2} \div (\frac{11}{12} - \frac{5}{9})$ 后,大部分学生认为应先算括号内的减法,再算除法。但有学生提出不同算法,即运用乘法分配律,先分别除以括号内的数,再相减。

这显然是受到以往知识负迁移的影响。如果此时直接否定这种想法,学生不会从心底里接受,还可能扼杀了孩子的创新意识。

于是,教师暂时放下心中预设的教案,及时调整了教学节奏,让发言的两名同学到黑板上写板书,其他学生自由选择解法。于是学生纷纷拿起笔动手计算。不一会儿,班上大部分学生完成此题。同时,扮演的两名同学中一人已完成,并回到座位上。教师让同学们观察板书,思考这两种方法哪种方法是合理的? 为什么?

第一种方法: $\frac{1}{2} \div (\frac{11}{12} - \frac{5}{9}) = \frac{1}{2} \div (\frac{33}{36} - \frac{20}{36}) = \frac{1}{2} \div \frac{13}{36} = \frac{18}{13}$

第二种方法: $\frac{1}{2} \div (\frac{11}{12} - \frac{5}{9}) = \frac{1}{2} \div \frac{11}{12} - \frac{1}{2} \div \frac{5}{9} = \frac{6}{11} - \frac{9}{10} = \frac{60}{110} - \frac{99}{110} = ?$

学生们一致认为第一种方法是正确的,而第二种方法是错误的。有学生通过举例来证明这一点,例如 $12 \div (2+4)$ 的结果应为 2,但如果按照第二种方法计算,结果却是 9。有的学生从意义上讲,该题应该是用 $\frac{1}{2}$ 乘以 $\frac{11}{12}$ 与 $\frac{5}{9}$ 的差的倒数,积是多少? 而不是用 $\frac{1}{2}$ 乘以 $\frac{11}{12}$ 的倒数减去 $\frac{1}{2}$ 乘以 $\frac{5}{9}$ 的倒数,

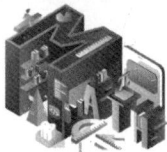

差是多少？还有的通过把这道题改编一下，改为 $(\frac{11}{12}-\frac{5}{9})\div\frac{1}{2}$，就可以运用

乘法分配律来计算。如 $(\frac{11}{12}-\frac{5}{9})\div\frac{1}{2}=\frac{11}{12}\times2-\frac{5}{9}\times2=\frac{13}{18}$。

这时，班上所有学生都表示同意，学生脸上洋溢出会心的笑容，教师也不失时机对学生的精采发言加以表扬。在一轮又一轮的找错、辩论、解析中，学生们的思维在一点一点地提升。课堂真正成为学生展示个性的舞台。心理学研究明确指出，通过多种感官协同记忆的方式，记忆效果最佳。学生们常说："我看过了，就记住了；我做过了，就理解了!"他们在亲身实践中，不仅体验到了成功的喜悦，也尝到了失败的苦涩。经历过这些"磨难"的学生们，无疑会对这堂课的内容有更深刻的理解和体验。

本课例中对于学生提出的第二种算法，我们暂且不讨论其是否具有可行性，如果不加思考而去轻易否定学生的想法，这样的教学很可能成为一种阻碍学生发展的力量。对学生而言，学生提出的观点毕竟是他在思考过程中的积极发现。教学中，让学生自己去观察、去实验、去猜测、去验证、去自我否定，这不但不会弱化学生的学习积极性，降低学习效率，反而能增强学生的学习信心和质疑问难的能力。让学生沿着自己假设的方向去探究，直至推翻自己最初的结论，能使学生表现为茅塞顿开、豁然开朗；表现为内心的澄明和视界的敞亮，达到"将错就错、不攻自破"的教学目的。

(二)辨出新思想

在教学"直线、射线和线段"时，教师引领学生认识了线段、直线、射线后，一名学生突然说："知识是直线。"正当大家疑惑不解时，他继续补充，因为直线可以无限长，而知识也是无边无际。受他的启发又有学生认为，知识是射线。因为学习知识总有一个起点，从这个起点知识可以不断延伸。学生的思维被点燃，还有学生跃跃欲试要发言。有的认为知识更像是线段。每个人的学习都有开始和结束，这是因为人的生命是有限的。还有的学生感慨:如果人的生命是射线，那就好了。教师抓住这个契机融合思政教育:

对于某一个人而言,知识是有限的,就像线段。但是对于整个人类而言,知识是无限的,永无止境。所以,我们要珍惜每一分钟,在有限的生命里,从无限的知识中汲取更多的营养。也有学生认为知识不是线段,也不是射线和直线,它应该是曲线。因为学习并不总是一帆风顺的,有时会遇到困难,不可能是一条直的线。

......

课堂教学的生成性成就了教学的丰富性、开放性、创造性与鲜活性。这一特性使得教学更加多元、灵活、创新和活力。教师应该促进教学资源的积极生成,用心捕捉和筛选学习活动中反馈出来的课程资源有效利用生成性教学资源。

数学教学不仅使学生获得数学的知识,用数学知识去解决实际问题,还应引导学生认识到数学与现实生活紧密相连,从而为他们的思维提供丰富的素材,拓宽思路。

(三)"笑"出一组新习题

在"两步计算的解决问题"教学中,教师出示了关于小猴摘桃的例题。突然,一名学生提出了与教学内容无关的疑问:"老师,猴子那么小,它们怎么可能拿得动那么多桃子?"这一意外发言引发了一阵笑声。教师灵活应对,借此机会引导学生思考如何减轻小猴的负担,并鼓励学生改编应用题。

这次的笑声成为一个宝贵的教学资源。它展现了学生良好的倾听和接纳状态,以及他们对小动物的关爱。教师顺应学生的思路,结合所学知识,指导学生创编了新的练习题。

"动态生成式教学"强调教师在教学过程中应灵活调整,根据学生的学习情况生成新的教学流程。这种教学方式使课堂充满动态和生成性,满足学生自主学习的需求。理想的课堂教学应当是一个真实且自然的师生互动过程,它需要在教师的引导下,学生自主地进行知识建构,并通过动态生成的方式不断推进教学活动。

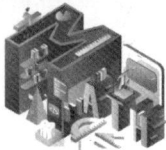

(四)"生成"促进发展

教学活动的根本目的是促进人的成长与发展。在教学过程中,由于学习活动的主体是儿童,他们的思维与成人存在差异,每个儿童的知识储备、经验积累、思考方式、灵感迸发以及兴趣爱好也各有千秋,导致学习活动展现丰富、多变和复杂的特性。因此,教学既是预设的也是生成的,二者相辅相成。

在教学活动中,教师应积极为学生营造优越的心理和物质环境,注重关注学生的需求,支持并引导学生自主活动和自发学习。同时,要把学生的个人知识、直接经验及生活世界视为宝贵的教学资源,鼓励学生自主理解和解读教科书,尊重其个人感受和独特见解,使学习过程充满个性化和活力,强调在活动过程中,进行有效的动态调整,引导学生主动进行探究新知识的活动。

学生在学习过程中所展现出的随心所语、随心所为、随心所思、随心所欲的特性,具有潜在的巨大价值。这种自发的表达与行动不仅可能颠覆现有的教学"常态",更能够催生一种新颖而富有活力的教学资源,为教学注入新的活力与色彩。通过深入挖掘和有效利用这一资源,我们有望为教学活动增添更多亮点,促进教学效果的显著提升。

(五)深化理解和应用

学生学习过程中的自由表达与思考,有时能改变现有的教学状态,产生新的教学资源,为教学增添色彩。

在教学"观察物体"后,学生们明确了从不同位置观察物体,其形状会有所不同。突然,一名学生站起反驳:"老师,这话不对。比如正方体,从前、后、左、右看,形状都相同。"大家纷纷附和。又有学生指出:"球也是这样。"教室里议论纷纷,圆柱、长方体等例子层出不穷。

这时,一名学生提出新观点:"若给每个面涂上不同颜色,看上去就不同了。"但立刻有人反驳说:"形状没变,只是颜色不同。"另一名学生则提出新问题:"那放上两个这样的正方体,看上去还会一样吗?"(如下图)说着,他拼起两个相同的正方体学具。学生们争论激烈,纷纷起身从不同角度观察,寻找答案。

有时"辩论"也可生长出教学资源,这里学生的"辩论"意外地"辩"出了奇思与妙想,辩出了兴趣热情。学习活动最大的乐趣莫过于能看到学习活动的成果。在教学过程中,教师担任组织者、引导者和合作者的角色,有效激发了学生的学习积极性、主动性和创造性。师生互动的推进,使得教学进程更加顺畅。课堂因学生的参与而活跃,因情景的变化而丰富多彩,充满了生机

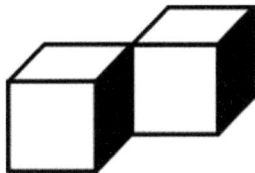

图 5-6　两个正方体

与活力,不时闪现智慧的火花,带来创造的喜悦。基于学生的原生态认知,教师引导其从数学化的生活走向生活的数学化,去感受物体的形状是数学研究的事物本质属性之一,颜色是存在于事物身上,是事物的非本质属性;为了提高事物的区分度,从本质上改变才是数学研究的对象。学生的学习特点显著体现在其将日常生活中的丰富活动规范化,并将常识经验系统整合。正因此,学生已有的生活经验在理解数学知识、洞察数学本质方面发挥着举足轻重的作用。这种生活经验的融入,不仅有助于学生更好地掌握数学知识,更能促进他们对数学本质的深刻认识。这些经验是学生的数学现实,同时,正是通过"经验",学生经历一个从具体到逐步抽象的过程。他们的自我演绎与自我表达,使得原本看似终结的课堂教学,实则转变为学生继续探索与学习的崭新起点。这一过程的激情与高潮不断涌动,延伸到了课后,形成了一个永无止境的结尾,不断推动着学生向前迈进,深化对知识的理解和应用。

教学资源无处不在,学生的"错误"中蕴含着宝贵教学资源,对于学生学习中出现的"错误"资源,教师应铸就一双敏锐的"慧眼",在纷繁复杂的课堂互动中,能够迅速捕捉那些稍纵即逝的瞬间,善于从学生的错误中发掘出潜在的教育价值。这双"慧眼"不仅是教师职业素养的体现,更是其教学智慧的象征。教师引领学生以改错为起点,因势利导,巧妙地改变题目。让学生在探讨、尝试中沟通相关知识的联系与区别,发挥了习题最大功效。

第六章 为孩子蓄积一生成长的精神力量

21 世纪是知识经济时代,"文盲"将不再单纯指没有文化知识的人,而是指不能继续学习,不能更新自己的知识、技能的人。

如今是信息技术时代,科学技术不断更新,知识的发展和更新以前所未有的速度进行,人们学习掌握的已有知识只具暂时的意义。要生存、要发展,就必须把已有的知识作为重新探索的起点,不断掌握知识、应用知识,进而创造知识,在科学的道路上勇进。社会的发展要求公民具备终身学习的能力、开放的思维与创新精神,树立积极向上的人生观和对社会的责任感,以及守法、守约、乐于助人。

培养合格公民是未来社会教育最基础和最重要的目标,高境界的理想、健康的情感、乐观向上的态度、正确的价值观来自教育。数学课程确立情感态度价值观目标适应了时代发展的需要。

第一节 培养良好的情感和价值观

价值观是指人们在长期的活动中形成的价值观念,它决定着人们对所有事物价值的选择、取舍的意向和态度,它是人们行为的指向。

小学教育的对象是六七岁至十二三岁的少年儿童,这个时期正是培养学生养成良好的情感态度和行为,树立正确的世界观、人生观、价值观奠定基础的有利时期。抓住这个时期,让他们在小学数学学习的全过程中获得自信心、收获责任感、收获求实态度与科学精神、收获创新意识……对他们终身发展会产生积极的重要作用。

情感态度价值观的培养,是全面实施素质教育的需要。学生的全面发展是指学生身体、智慧、情感、态度,价值观适应社会的全面提高与和谐地发展。

基于提高国民素质的需要,应该让学生逐步具备对自然与社会现象的好奇心、求知欲,实事求是的态度、理性精神,克服困难的自信心、意志力,创新精神等基本素质。通过数学教学活动,可以让学生产生浓厚的数学学习兴趣,对数学有好奇心与求知欲,可以让学生在不断体验成功、锻炼意志、树立学好数学的信心;可以让学生在不断探索中,形成实事求是的科学精神、养成独立思考、敢于质疑问难、认真细致等良好的习惯……这是不争的事实。我们知道,在数学教学中可以创造很多机会实现这些目标。数学课堂要为学生将来的学习、生存和发展打下基础。

认知因素和情意因素在学习过程中是交互作用的,从不同角度对学习影响重大。课堂上情感因素与学生参与学习密切相关。没有认知因素的参与,不可能完成学习;没有情意因素的参与,学习就不能发生和维持。学生

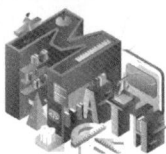

学习的动机源于对学习的喜好,愉快的学习体验和成就感、自信心对学生的学习活动起着启动、定向、维持、调节的作用。

学生的情感和价值观的培养,是一个由知识与技能的学习过程承载的启发、渗透和感染的过程。学生通过亲自参与数学学习活动才会有所感受、体验、领悟。只有日复一日的点滴积累,汇滴成溪,才能实现升华。教师要自觉地把对学生情感态度价值观的培养自觉地贯穿于教学之中,使其成为教学的灵魂。

今天的小学生是祖国的未来,肩负中华民族伟大复兴和社会主义事业兴旺发达的重任。千万不可忽视对学生的情感态度价值观的培养。数学教师要通过自己的努力,充分发挥小学数学课程的教育功能,为培养有理想,有本领、有担当的时代新人作出贡献。

一、尊重人格　培养自信

在儿童的精神世界里,他们都希望自己是一个发明者,探究者,探索者。他们应该是一潭各具特色的池水,无论深浅大小,都应该向着阳光迎着春风,自助欢唱的活水。教师要尊重每一个学生,相信每个学生都能成功。

课上师生互动是一种信息的传递,是情感的交流。在教学互动中要形成和谐民主的互动氛围,教师要热情鼓励学生善思多问,允许学生说错、做错,允许学生随时改变自己的说法做法。鼓励学生别出心裁、标新立异。

生生互动是学生相互学习的一种方式,既有知识交流的行为互动,也有情感传递的思维互动。这种互动使每个学生都有学习的机会。学生间的相互交流,相互合作,使他们始终处于一种积极的探究中。他们集思广益,寻求解决问题的方法,在解决问题中互相取长补短,共同发展,有利于培养学生的创造性思维。

教师应抓住小学生好动爱表现的心理特征,在教学设计中为学生创设展示自我的舞台,激发他们学习的热情。学习质量主要体现在学生参与到学习中的比例,深度是指学生在学习过程中思维的主动性和创造性发挥的程度。学生的学习基础有千差万别,理解水平和接受能力也有高低之分,但他们都渴望成功,都渴望被别人赏识。因此,在教学过程中,教师要根据不同学生设计出不同层次的要求,以获得成功的喜悦,满足他们好胜好强的心理需求,教育不仅要传授知识,为学生的未来生活打好坚实的基础,而且要让学生的童真、童趣、童稚得到尽情地发挥,为学生一生的成长积蓄精神力量。

(一)善待每个学生

小学生喜欢在众人面前显示自己的才能。如得不到肯定,日久就会产生失去信心的害怕心理,这种情感阻碍他们学习的积极性。为此,教师在教学中应把握好评价的尺寸。对他们在学习中产生的错误,教师不可轻易地否定,而要耐心地给予他们重新思考的机会,直至获得正确的答案,让他们在认错、改错中获得成功的体验,以强化学生学习的信心和热情。教师是与学生接触最紧密的人,充分挖掘每名学生的学习潜能,为他们创造更为快乐的学习与成长是教师的责任。教师在课堂上传递的不仅是知识,还有精神和情感。如何看待情感教育在素质培养中的重要作用,就成为当前必须解决的重要问题。

如曾有个学生提到:在音乐课时,老师曾因她不张嘴唱歌,在全班面前呵斥她。她告诉同学永远忘不了这一天。试想全班同学在这种恐怖的氛围中,能发出美妙的声音吗?他们能接受着这种所谓的"美"育吗?这还能叫做教育吗?忽视情感教育不是一个一般的教育方法、教育内容的问题,而是培养什么样的人的根本问题。教育要靠调动学生自身的情感和价值观去发展自己。不同的教育观念必然产生不同的教育结果。

再如,一个乖巧的学生,学习能力稍差,平时课上从不举手发言。于是老师决定在他生日的那天给他一个拥抱,并悄声对他说:"孩子,其实你不知道老师从心里特别喜欢你,相信你会更棒!"那一瞬间,在孩子的眼神中闪烁出激动的光……教育本身就意味着教师唤醒每个学生的灵魂,把心中的正能量输送到学生心里,学生心中必定春意盎然,激情澎湃,热爱老师的

学生怎么可能不爱上学习呢？来自不同家庭背景、有着不同地域归属、怀抱不同梦想的学生们,在教师和同学间相互激发、鼓励砥砺前行。这种情感在孩子们的心灵深处慢慢滋养生长。教育的神圣使命,就是源源不断地为孩子输送精神能量。教育如果不能启发一个人的理想、希望和意志,单单强调学生的成绩,那是舍本逐末了。情感具有信息功能和调节功能。它的认识活动的启动、发展和维持能直接作用于学生的课堂行为,并会微妙地影响和改变学习动机,调节自己的学习行为。

(二)培养自信

对于好动的小学生来讲,学习是一种复杂又艰巨的活动,他们需要有一个持续的自信情绪背景,以战胜学习中的困难。培养学生的自信,一是要靠他人的准确评价,二是要靠自身实践不断获得成功体验。

教育是门艺术在于感情的真挚。教师的情感无时不强烈地感染着学生。由于学生年龄小心智的不成熟,情感支配不理智,他们会因喜欢某老师,而喜欢这位老师所教的学科,并能为之刻苦学习。

这就是"亲师效应"是对教师教学充满兴趣和热情投入显性感染和潜移默化的互补,能使学生耳濡目染,建立起学习的热情和克服困难的意志。

1.激活内驱力

学生成长的内驱力是积极向上的动机,情绪又是驱动力的强大源泉。情绪是外部刺激、机体生理变化和认知过程这三种信息相互作用的结果。数学教学是师生之间交往互动与共同发展的过程,为此教师应创设有助于学生自主学习、合作交流的情境,培养学生肯钻研、善思考、勤探索的科学态度。有此前提和保障,学生才会积极参与,并使之产生学习的兴趣。这种讨论、探究学习的良好环境,辅之教师热情投入的情感态度,会直接影响着学生,使其产生积极的学习情绪,享受学习中的乐趣。当教师用商量的语气、参与者的身份与学生共同探索学习时,将会得到事半功倍的效果。小学生的好奇心、自尊心与创造思维有着密切联系。教师尊重学生的人格,保护学生的学习热情,关注学生的学习情绪,以使教学"知情"互促。

如,在解决问题复习课上有的学生把题理解错了,列错了算式,教师不急于评价,让学生自己认真分析,如果把这题怎么改一下就可以这样列式了呢? 又如,学生在讨论、争辩的过程中,教师说:"能不能让老师也发表一下意见呢?""老师这样的想法你们认为可以吗?""你们还有其他的想法? 如果没有,老师说一种方法你们认为怎么样?""谁能说说老师这种做法的思维过程呢?"有的教师在上解决问题的复习课时,一般情况下都是这样:"同学们,在这节复习课中,你想学习哪些知识?"学生都会说"我想学解决问题的分析方法。""我想把我的学习方法告诉其他同学,但我也想知道其他同学是怎样思的"课堂是交流经验的舞台,我想展示自己的才能"等。学生在一种民主、和谐的氛围中学习,思维不受任何约束,可以放开思路敢想敢说。活跃的思维,使之在解决问题复习课中,同一道题从多方面、多角度地思考,拓展了学生的思维,当多种解题方法呈现在学生眼前时,打开了学生思路,个个兴奋异常。教师还可以采用让学生每人编一道身边的数学问题,编后在小组内交流,并推选出一道组内同学们认为比较满意的问题向全班汇报,并请其他小组同学回答,然后相互评价。学生在自我评价中学会自我肯定、自我反思。评价后又将这些题变式,改变条件和问题大家再计算。学生在发言时教师应认真倾听,如果有不合生活情理的,就组织学生讨论,并引导学生相互质疑、补充、评价,引起共鸣,让学生在讨论、争辩的过程中探究数学知识,从而达到共同完善知识结构之目的。

2. 发展自觉的体验

情感推动认知,认知促进情感的升华。两者结合会将学生的发展导入自觉的体验的新阶段。因此教师要善于在活动中了解学生追求什么样的体验,了解学生体验到什么,要帮助学生学会和掌握主动体验的方法。

让学生在生活实践中感受身边处处有数学、体会数学的作用,认识数学的价值。这样,不仅会激发学生学习数学的欲望,使学生明确学习数学的目的,使学生爱数学;还可以由此发展成爱科学的文化情感。让学生在亲历数学知识的形成过程中,感受数学活动充满着探索与创造,锻炼学生的意志,培养学生探索意识和创新精神。再加相应介绍数学家的故事,会更有教育

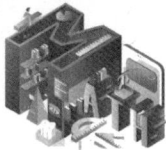

成效。

例如,在有关圆周率的认知活动中,让学生了解祖冲之每天都废寝忘食地考察、测量与计算圆周率,经过他艰苦的努力,终于得出较精确的圆周率的数据,从中体验锲而不舍的精神与艰苦奋斗的品质。

3. 调动学生的情感

调控自身的行为态度除需要其对是非有正确的认识外,诱使儿童自觉刻苦地学习使之感到自己的努力会给亲人带来喜悦。一个学生曾对老师说:"我应该好好学习,因为妈妈有心脏病,我要用好的学习成绩,让她高兴。"这孩子懂得成绩不好,妈妈就伤心难过。这就是说,学生已看见和体验到他的学习成绩并产生的力量,这种的情感和体验是他对自己力量的坚信,这份情感是学校和家庭联系起来的纽带。

4. 追求崇高的理想

理想和愿望是超越现实的自我预设,是自我肯定、自我完善中的精神追求。在教学中教师要尊重学生的主体地位,要把学生推向学习的前沿。留足时间和空间,让学生在教师营造的和谐学习氛围中乐此不疲地去探索求证、讨论交流、发现创造。为追求崇高的理想,人们不惜夜以继日废寝忘食地工作,因为他们懂得在艰辛的劳苦之后,会获得更多的知识,会获得被人尊重的满足。这种情感体验出自内心的需要,为的是寻求更高的境界。这种良好的情感体验,会为自己的努力改变世界感到荣耀。

5. 引发创造的火花

良好的心境能激活人的所有的储备冲动的情感,犹如聚集的强大的电流,连接起各个激活的"闪光点",发出独特的火花。鼓励学生面对数学问题大胆"猜想",帮助学生为"猜想"寻求证据,让学生在其中体会求实的精神。指导学生分析自己数学活动过程与结果的正误,引导学生对数学现象或问题展开讨论,对不同方法鉴别分析,能够对自己或他人数学活动中的错误提出修改建议,既有利于培养实事求是的科学态度,又有利于学生形成独立思考、大胆质疑、审慎判断等良好的行为习惯……只有以育人为本,致力于培养学生积极向上的态度和正确的价值观,才能促进学生全面发展,为学生的明天打好基础。

6.塑造完满的人格

情感教育的根本任务就是培养人对价值的感受和体验与理性的认知相结合,构建自己的价值体系,塑造完满的人格。教学中,教师让学生反复经历认真观察、仔细分析、客观验证与严谨推理,不断加深学习。数学来不得半点虚假,需要有一丝不苟的态度,使学生从中感受数学的严谨性以及数学结论的确定性,体会"求实与诚信""敬业与责任"的精神,把对数学的了解与情感培养和优良精神品质融为一体,更好地实现情感态度价值观培养目标。这样学生才能向着"成人"的方向,而不仅是"成才"的方向,全面、和谐、可持续地成长。

二、赏识个性发展特长

多元智能理论认为,世界上不存在聪明与不聪明的问题,而是存在谁在某方面聪明和怎样聪明的问题。从这个角度讲,即学校里每个学生都是独特的,教师要深信每个孩子都是有能力的,教师要将学生的这种天然的个性与特长加以适当的引导和辅助,使其不断进步。学生的能力和本领是练出来的。教师要从多角度观察、接纳和评价学生,注重发现学生的潜能和闪光点。

教师要以恰当、真诚的语言评价学生的学习活动。这种口头评价往往在一瞬间发生,但我们千万不要吝惜这一瞬间。一句赞赏的评价往往能推开学生通往成功之门,鞭策引领着学生在知识的海洋中体会、发现、探索新知识,释放各自的特长和潜能。学生获得的是欣喜、自信和荣耀。

传统的教育观念,无形中在教师与学生之间竖起一堵"师道尊严"的禁墙。许多教师只喜欢那些俯首听令的乖孩子,在知识的传授上,习惯于老师怎么说,学生怎么听,而把那些喜欢问,喜欢说的学生视为"调皮蛋",久而久之,学生的天性也就泯灭了。今天,这种传统式的乖学生已无法适应时代的需要。教师应该更新观念,要提倡学生质疑问难,鼓励学生奇思异想,允

许学生出错越轨。对于学生一些荒唐的问题和不当的观点，不应去批评和否定，而是要以博大的胸怀去宽容学生，以无私的爱去包容学生，以强烈的责任感去培育学生。这样才能培育出有个性有特长的人才。

如某同学自控力差，不守纪律还经常和同学吵架，闹得班内鸡犬不宁。教师对其感到头痛，便找机会对他进行批评教育，结果其不但不改，反而在班内搞恶作剧，令教师和家长很犯愁。无奈之下，教师改变教育方法，注重找他身上的优点，并不失时机给予表扬、鼓励。结果，没多长时间，此学生就有了明显的改变，在谈到当时的情景时，学生说："老师整天抓我小辫子，我没一点自信心，干脆对着干。当老师第一次表扬我时，心里特激动，觉得自己还行！"

又如，一个学生，遇到不会做的题就哭。课堂练习只是完成一半。当老师提问一道基础题让他回答时，磨蹭了好长时间，他才站起来，自言自语道："我还没想出来呢。"他本想教师会叫他坐下，可老师却说："没事，你现在想想也来得及。"听老师这么一说。他的眼泪又流出来了。此时，有的同学在底下催促他："别浪费时间！快点儿说呀……"在教师等待和同学的压力下，他抽搐得越来越厉害。这时，教师鼓励他："其实你会，只是不愿开口，你能行，试试看。"此时教师是多么希望他能拿出勇气。他一边哭泣一边无奈地胆怯地低语，虽然声音断断续续，但大家基本听清楚了他的回答。"真了不起！老师真为你感到高兴！"同学们也给予他热烈的掌声。

尊重，是每个人最基本的心理需求，尊重学生，就是相信学生。师生之间就像两座高山之间的呼唤："我尊重你。"对方高山回音便是："我尊重你。"教师只有尊重、信任学生，师爱即能汇聚成亮丽的风景线。

每个人内心都有被他人尊重和赏识的需要，教师作为人类灵魂的工程师要用赏识的眼光和心态，去寻找和赞赏可赏识的对象。要抓住师生、生生每一次交往中的光点和亮点，毫不吝啬地及时赏识，使学生的幼小的心灵在赏识中得到舒展，变得更优秀，更自信。

学生是拥有多元智慧的教育对象，应得到教师对他们受教育权利的尊重，而教师宽容、慈爱的呵护可以使每一名学生从小树立自信和尊严，造就学生健全的人格,使学生的生命更有意义,更能为社会和他人所接纳。教育的本质是给学生施以积极而明朗的经验,激活和唤醒学生的创造活力。

教师对学生的表扬是最易于使用且有效激发学生学习动机的方法。因此需要教师在教学活动中注重在学生成功时给予及时的肯定和表扬,培养学生成功的愉悦感,而反复的成功又会使学生产生渴求学习的内驱力,在积极愉快的情感支配下主动内化新知,促进学生的发展。

三、呵护生命关注成长

数学教学活动是以教材为中介师生的双边活动,活动的最终目标是使学生获得知识、技能,发展其个性品质,形成良好的学习态度。因此在教师的教学过程中,教学内容的确定、教学手段的运用和教学方法的选择要适应学生的学习规律,使小学生真正理解数学,提高学生发现问题和解决问题的能力,激发学生对数学学习的欲望和兴趣,不断增强学生对数学学习的自信心。

但现实教学中遮蔽了知识的生命意蕴,教师仅关注学生对学习知识的接受程度,忽视数学文化对学生的熏陶。学生成为知识之外的旁观者,课堂教学形成师讲生听,师问生答,将数学学习过程中的灵动契合变成师生互为简单你来我往的反映与被反映的关系。课堂教学缺乏生命与生命的鲜活交流,淡漠了对个体生命的呵护与关照,忽视了对生命的完善和价值的提升,阻碍了人的个性张扬,压抑了人的生命成长。

这种对数学文化内涵的缺失警示我们:要真正促进学生的全面发展。在数学教学中,教师必须树立全面育人的教育观,既注重显性"硬数学"目标的要求,也不忽视对数学思想、方法、观点、思维和精神方面在知识中渗透的隐性目标。教师要让学生在学习数学过程中产生文化共鸣,体会数学的价值,体察数学走向科学,走进生活,培养出有科学、有人文素养的现代人才。

学生生活在一个立体开放的空间里,学校、家庭、社会对学生的影响是

全方位的。在教学中,教师要挖掘蕴藏于数学之中的丰富资源,开阔学生的眼界,采用由浅入深的方法将数学知识渗透于社会生产和生活中,并把他们在生活中司空见惯的数学信息引进课堂,感受数学文化如同空气无处不在,不可或缺。

四、满足需要　放飞潜能

社会对人的需求是多元的,人的智能结构、认知倾向和学习风格也是多样的。教师要用足够的宽容和理解耐心倾听学生不同的思维方法和不完整的表述,去了解他们的学习水平和学习潜能,因为学生是吸收、分析、内化和践行学习的主体。知情才能使教学设计有的放矢。教师在领会不同教学论思想实质的基础上,孜孜不倦地贯彻因材施教的教学原则时,教学过程才能成为学生扬长避短、增强信心、不断成长的过程。学生是发展中尚未完善的孩子,衡量学生的行为和思想也要符合学生的实际不能求全责备。教育的前提是理解,因为教育面对的是具有个性差异的鲜活生命,教师在教育教学中要顺心、随性、顺其自然,对学生的某些做法只能要求不能苛求。真正的教育是关注生命及其幸福,这是教育追求的目标,是教育真正的人文关怀。

教师在教学过程中,要多一些微笑,多一些引导,多一些理解和接纳,从小事和细节爱护关心每一个生命,使之感受到学习就是享受幸福。只有这样才更容易激发学生的学习潜能。

例如,课上为了让胆小怕事的学生得到锻炼的机会,教师试着让他分析一道题。他站起来既紧张又害怕,两眼直勾勾地紧盯着老师说不出话来。教师微笑着走到他面前轻声对他说:"别怕,你能行"。于是他深吸了口气,可开口讲的第一句就错了,同学异样的目光使他更加惶恐。教师拍着他的肩膀笑着对他说:"敢讲就好,没关系,再来!"他战战兢兢地又讲错了,同学们听后哄堂大笑,他惊慌地望着教师不知所措。此时教师面对全班学生微笑着对大家说:"他现在需要的不是笑声,而是掌声。"同学们顿悟后,教室立刻响起了热情的掌声。受到鼓励的他鼓起了勇气,感激地看了看老师,又望了望大家,情绪镇定下来,顿了顿,便开始讲起来,这次较准确地讲出已知条件和求解的关系。"讲得怎么样?""好多了"教室里发出同学们会心的笑声和掌声。教师和同学们的关爱给了他勇气和力量,掌声是对他情感的激励。这种触动使他战胜自己,增加了自信。触动,是师生之间学生之间心灵情感的互动,在互动中获得的自信,这种自信是求知热情的阳光,是情感、精神的共鸣,是人文关怀的享受,是满足生命发展的动力。教师应营造让学生在触动的自信中享受真正的人文关怀,满足他们生命发展的需要。

处在成长中的小学生,出现这样或那样的错误是难免的,好动、贪玩、顽皮是正常的,如果教师因此而挫伤他们的自尊心,容易造成心灵创伤。教师要真正做到对学生宽容和理解,尤其对那些"坏孩子"做到一视同仁,并不是一件容易的事。

在课堂教学中,教师要精心设计、巧妙安排,使学生兴奋报以激情的坐立不安,或大喊大叫的课堂氛围,是因为学生太投入,只要有这样的兴头和激情,不愁他们说不出有价值的话语,这种情绪会影响到全班同学,而且是有益的。

例如:在体积单位的建立和运用的教学中,教师以数学思想方法的暗线贯穿课堂。以怎样比较出两个盒子(正方体、长方体)大小为索引,激活学生已有的关于面积与体积,质量与体积等知识与生活经验,用装入的物体多少进行比较。通过在摆与放的交流、对比、不断地摒弃的过程中,提炼出"装物体——数体积"的方法。从而引导学生领悟到"将连续的量分割成不连续的量"的数学思想,探索了体积的直接测量方法。这样的教学使好动的孩子们兴奋不已,他们全身心地投入:有的摆,有的放,有的量,有的观察,有的验证,个个忙得不亦乐乎。在不停顿的实际操作中学生学会了数学中测量体积的方法并将其牢记在心。

体积单位的建立则设计了四个环节:①让学生探索体积的直接测量方法,解决测量中的标准与形状的问题;②分别建立立方厘米、立方分米和立方米的表象。在三次"创建单位、测量体积"的教学活动中,逐步加强了数学思想的反复运用,巩固强化,并将其发展成为"体积间接测量法"之"几个

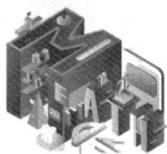

几"的算理。而每一个环节都是在学生的实际测量、交流汇报、分歧辩论、矛盾辩驳、达成共识、实践验证等活动中完成的。整个过程无不以学生的切身体验为基础,在操作体验中发现问题即用什么形状的物体做测量体积的标准最为合适?是否需要一个个的全部摆满来完善操作?明白了为密铺、好数,最终确定用正方体。学会选择好用,而不麻烦的 1 立方厘米的正方体做标准,弄清体积公式的来龙去脉。随着体验的深入,学生对如何确立体积单位,体积单位有哪些?分别"长"什么样?什么时候用什么样的体积单位等问题,都逐步清晰了、理解了、内化了,并提升为一种解决问题的方法和能力。

通过学习将测量面积的原理、方法与测量体积的原理方法连接在一起,使学生感受到数学思想方法上的一致性。在教师的引导下学生从测量面积的经验里推演出测量体积的方法,完整地体验了数学发生、发展的过程,使其对数学的认识,有了一定的升华。这样的教学设计给学生搭设了实现自我放飞潜能的舞台,全员参加,极大地调动了学生的学习积极性,在实践操中满足了学生探究的欲望,把学习变得快乐,满足了生命发展的需要。

第二节　让数学课堂变为探知乐园

亲其师,才能信其道。数学是活动的数学,数学课堂应该是老师和学生共同活动的场所,是让学生快乐成长的地方。课上教师放下架子,蹲下身子,细心倾听学生的心声,和谐的师生沟通与交流,可以产生深厚的师生情感,师生是共同参与学习的学友。这样的教学才能触及心灵,闪现出生命的教育之光。

一、感受体验　深化内涵

数学学习是以学生为主体的数学活动。因此数学教学要创设情境,开展丰富多彩的教学活动,让学生在所设情境中自觉地投入学习中,在探究过程中感受学习的乐趣体验数学的价值。

对于数学中比较大的数,比较抽象的概念和知识,教师在教学时可创设相应的教学活动,变抽象为感知,变枯燥为体验,其能有效地促进学生的思维能力的发展。

如在教学重量单位前,学生对重量单位的认识和感受是模糊的。课上教师请同学们说出身边哪些物体的重量是 1 克时,同学们你瞧我,我瞧你,手摸着脑袋说不出。有的学生能说出,但实物与实际重量相差甚远。为了让学生感知 1 克、1 千克、1 吨的实际重量,教师在课堂上请学生称出的 1 克盐、一克瓜子、一克面包呈现在学生面前时,学生惊讶地发现原来 1 克盐这么少,1 克瓜子这么点,1 克面包这么一小块呀?观察体验打开了学生的眼界。再让学生通过摸一摸,掂一掂,亲身感受 1 克的实际重量后,对"克"有

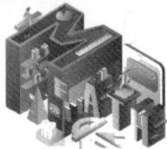

了清晰的认识。

1 千克知识点的教学也让学生分别称出 1 千克的蔬菜、水果、豆子等重量进行感受。教学一吨时,教师开始请每位同学报出自己的体重,让大家算一算全班同学的体重是多少? 够一吨吗? 又选出体重为 20 千克的学生,让班内的学生背一背,同学们争先体验,课堂学习气氛热烈。之后又请同学计算出 50 个这样的同学才是 1 吨后他们感到些许震撼。这样的教学体验使文本的内容具体生动,寓教于乐。体验开阔了眼界,深化了学生对知识的理解。

猜想是数学想象,是探索数学规律和本质时运用的一种策略。如文本中的"猜一猜""想一想"它能缩短解决问题的时间,锻炼思维、发现机会,发展学生的数感、量感和空间观念。在课堂教学过程中教师要给学生留有时间,让学生去想、去估、去猜、去验证。

如在课堂上教师设计了一个"白天鹅找朋友"的游戏:一只白天鹅,手拿着一些算式卡来到黑板前,黑板上每个天鹅身上都写着答案,聪明的白天鹅找到了许多朋友,最后一只没有标出数码,但知道它是 20 至 70 之间的整十数,老师请同学们猜猜,这个标码大概是多少? 当猜出这个号码是"50"之后,教师又让学生猜白天鹅的算式可能是多少? 这样设计"整十数加减整十数"的练习,学生学习热情高涨,不仅猜出了标码,还猜想出许多具有新意的算式。这样的教学发展了学生的数感也培养了学生的创新意识。

学生在学习新知时,往往情绪高感兴趣,但对复习课就会产生厌倦。这就要求教师巧妙设法调动起学生学习的积极性,可把学生熟知的、感兴趣的童话故事编入复习内容,使学生在故事或游玩中让学生猜想、观察、体验,达到复习的目的。

如在巩固和梳理知识时,教师出示:帮小兔子找家。一只小兔子拔满萝卜后怎么也想不起回家的路。但它还记的凡是得数是 9 的路都能到达自己的家。"你能帮助小兔子找到回家的路吗?"热情的同学急不可待地动手计算,迅速地帮助小兔子找到了多条回家的路。

再如孙悟空救师父。师父唐僧被妖怪抓走了。孙悟空想上山救师父,但它面对拦住上山的一道道数学题毫无办法,大家如果答对一题,"悟空"就能上一层台阶,谁能帮助他呢?"我!""我!"学生们跃跃欲试,十几道算术题在短时间内立即完成,当检验正确后,悟空与师父相见拥抱(完成了最后一道计算题)时教室响起欢快的音乐,学生随声起舞。这样的复习课,老师抓住小学生喜欢助人特点,使学生在游戏式的活动中巩固了知识为下一步的数学学习打下了良好的基础。究其原因,教学设计得"法"。"法"是教学手段和教学方法。有"法"事半功倍,无"法"事倍功半。教师营造快乐学习的教学设计拉近了教材与现实的距离,学生对熟悉的情景感到亲切,学习也就更有兴趣。

教师将喜闻乐见的故事片段融入数学知识中,引导学生步步深入,把学习当作看故事,做游戏,在快乐的活动中完成学习任务。更为可贵的是教师将思政教育与课堂教学同行。教师把培养学生良好的思想品德"渗"入教学中,浸润着孩子们幼小的心灵。

二、不拘一格 精彩纷呈

(一)幽默增强记忆

幽默是一种智慧的外露。它冲破沉寂单调带给人以欢乐,在博人一笑之时,引人思考。在课堂教学中,教师可借用睿智的幽默激起学生的学习兴趣,激活学生的思维,唤醒学生内心对知识的需求。如教学 3 的乘法口诀时,教师讲了一个笑话:某同学遇到了 $7 \times 3 = ?$ 的算题,麻烦的是他忘了这句口诀结果是多少,经他冥思苦想后还是无果,可马上就要交卷了,他想:不管三七二十一了,就蒙个 27 吧!学生们听后哄堂大笑,更有甚者笑得用双脚踩地。这欢快的笑声是学生对知识记忆的加深。此后该口诀无论在学生的作业和练习中反复出现,班里的学生从没有在这句口诀上出现过差错。幽默是增强学生的无意识记忆的好方法。

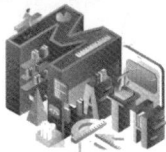

(二) 糊涂实则精明

教师在课堂教学中表面是装糊涂,实则是精明。如课堂上教师在讲到教学的重难点之处假装糊涂,问学生:"为什么要这样做? 我还是不太明白,有哪位小老师可以帮我和同学们讲清楚吗?"关键之处的这一糊涂聚集了所有学生的注意力,加速了学生对问题的思考,帮助学生梳理解题思路的同时,培养了学生数学语言的表达能力。在"糊涂"中变换角色主动让贤,把学生推向了教学的前沿,增加了学生参与学习的积极性和主动性,把学习的主体地位让给了学生。

再如当学生学习遇到争论不休的问题时,老师又可故意犯糊涂:"这样列式对吗?"在"糊涂"中,让学生讲,听他们辩,在糊涂中教师拨乱反正,理清思路,这种糊涂的实质是教师与学生在学习冲突中的相互较量。

(三) 悬念提升欲望

悬念就是答案让人去揣测。以此制造高潮,结果给人惊喜。为引发学生的好奇,吸引学生的注意力,提升学生求知的热情和欲望,它是一种积极有效的教学方法。

例如,上课伊始教师可以拿与教学内容相关的物体走进教室,展现在学生面前,学生会感到好奇。他们非常想知道这是干什么用的,里面装的是什么,或老师提出问题引发学生起好奇。如谁发明的数字,谁发明的数学符号等来吸引学生的注意力。学生非常想知道事情,却悬而未决得不到答案时,会更加吸引他们的注意力,产生欲罢不能的感觉,会形成渴求知晓的欲望,情绪高涨。此时教师便可乘势因势利导让学生探究思考。为此学生可不知疲倦地探讨,为了弄清问题,他们和同学同商共议,还会走入社会向父母、朋友请教,为此他们也会上网查,走进图书馆翻阅资料。为解开悬念之谜获得惊喜他们会执着地动手实验求证,全方位寻找解决问题的答案。在此过程中,培养了学生主动学习探究的能力,增长了才干。这种设悬念的学习方法能有效地促进学生的主动学习培养创新精神。

（四）体验促进发展

体验是学生主动亲历某件事，从中获取相应的情感或经验的过程。它能使学生在体验中掌握数学知识的一般规律和学习方法。

如学习了长度单位后，为让学生感受和体验长度单位，教师给学生布置了如下的课外作业：一是测一测你一步走出的距离是多少？二是算一算 1 千米，需要走多少步？三是用步行的方法测出你家到学校的距离是多少千米？

放学后学生在家长的陪同和帮助下轻松愉快地完成了活动。呈现在教师面前的作业新颖充满童趣，有的还测出走 1 千米所用的时间，有的测出了公交车两站之间的距离，还有的计算出公交车运行这段距离所用的时间，并运用测出的时间计算出某车运行全程间的距离。在体验中学习，解放了学生的思想，开阔了眼界，学生除在体验中获取了数学知识和感受之外，还学会运用所学知识创造性地解决生活中的实际问题。模拟体验法是架起课堂与现实之桥，能促进学生身心全面发展。

（五）直观法豁然开朗

教师要恰当地借助媒体或相关工具，将学生从课本内容的学习，通过让学生观察，动脑充分的想象；动口表达自己的思路；动手检查验证推导过程；互相启发、相互借鉴、取长补短的方式积极参与到学习中，让课堂活起来，动起来。挖掘出学生的学习潜能，提高学生的形象思维能力。

如在行程问题的教学中，如果单凭书本中文字的叙述，小学生难以理解行程问题中的"追击问题"和"相遇问题"，因为较抽象，学生想象力不足会造成教学中的难点。如果将 A、B 两车利用媒体直观地动态地演示，那么"追及"与"相遇"这两类行程问题学生便会一目了然豁然开朗，既能清晰明白算理，又能学会计算方法，使教学中的难点变易，省时省力困惑迎刃而解。

演示可以帮助学生打开思路，加深对知识的理解，容易被学生接受。

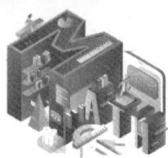

（六）转换开辟想象

即跨越时间的界限，超越现实的局限，可古为今用，也可洋为中用，让时光倒流或前行。教师可把教学内容恰当、适时地编排在其中，能使教学收到意想不到的效果。

如在学习乘法口诀时，教师采用时空转换的方法，把学生带入童话中问学生：孙悟空在火炉中被火烧了多少天？唐僧取经遇难多少次？七七四十九、九九八十一两句口诀使学生牢记在心。

此种教学方法既可拓宽学生思维的空间，又能开辟学生广阔的想象力。

（七）整合回归全貌

它在原有学科与相关学科及社会生活知识之间的互补互促，回归知识的整貌，发挥育人的最大功效。如在数学教学中穿插讲述阿拉伯数字的来历；古时算术和记法；数学符号产生的小故事等，实现了历史与数学的整合。

教有法但无定法，教师要依据教学内容和学情确定教学方法。丰富多彩、灵活多样的教学方法能把数学课堂变成学生学习数学的快乐殿堂。

三、验证发现　知所以然

学生自主学习是课程改革的主旋律。由于学生认识能力的局限，通用的全国教材中的某些知识和内容不适合部分班级的学情，教师要因地制宜地对教材进行改造和重组。要根据学生的实际情况引领学生在探究新知中前行。

由于学生年龄所限，对教材中某些知识不能完全理解，表面已学会，但对算理模糊不清，即知其然不知其所以然。教师要抓住学生学习中难以理解之处，引领学生有针对性地探究，弄清知识的来龙去脉，解决学生似懂非懂的模糊认识，此举既可加深学生对所学知识的记忆，又能满足于学生内心对课本知识真相的探究。

如在教学商中间有 0 的除法自主学习时，学生都了解除到被除数的哪一位不够商 1 时就要补 0 占位,但在 621÷3 的练习中,仍然有些同学出现商 27,这说明学生不完全明白其算理。教师捕捉到这一情况后,为澄清认知中的盲点及时引导学生对此展开探究。

一是探究问题。请同学确认 621÷3 的商到底是 27 还是 207? 讨论并说明理由。

经学生个体确认后在小组各自说出根据。有的认为商应该是 207。因为 2 是百位上 6 分的结果,7 是个位上的商,十位没有 0 这个得数无法读,也没办法写。有的说,把 621 中的 600 平均分成 3 份每份是 200,百位上商 2 是正确的,十位上的 2 不够 3 分,就要与个位 1 合分,变成 21,再平均分成 3 份,每份应该是 7。商写在个位上,因为十位上不够分也没被分,所以应该写上 0。

二是验证释疑。商确定后,怎样验证商 27 是错误的呢? 有的学生认为只要验算 27×3 积是不是 621 就可以知道了。有的同学通过估算解决,27×3 积是一百多,肯定错了! 此时同学们恍然大悟,弄清了算理,脸上露出了满意的微笑。教师抓住学生对知识理解的疑惑点让学生自主探究,在学生强烈的求知欲望激励下会使学生产生学习的激情动力,为探究解惑释疑打下良好的学习基础。学生全身心地投入,强烈的求知欲望激励着学生学有所思、思有所疑、疑有所得。这种学习的方式会转化为学生良好学习习惯使他们终身受益。

三是举一反三。每个学生由于生活环境的不同,学习能力的差异和思考方式的不同,他们会对相同知识的理解和构建途径必然有所不同。教师要鼓励学生在所学知识的基础上,发挥各自的特长勇于质疑,大胆思考、多角度展示见解,相互学习取长补短。要让不同的见解在辨析中碰撞出火花。

如在教学加减混合计算时,教师出示:一个书包 18 元,一个文具盒 13 元。拿 50 元钱买一个书包和一个文具盒,还剩多少元? 教材只提供了 50-18-13 这样一种算法。可学生们认为还有其他算法。教师借此引导学生展开探究:

教师讲,同学们现在已经弄清了综合算式“50-18-13”的道理,但大家有不同意见,请你们说说自己的想法。有的学生站起来理直气壮地说还可

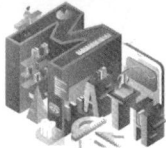

列式为:50-13-18。它表示先从总价里减去文具盒的钱。还有的学生跃跃欲试列出了50-(18+13)的式子后有的同学认为书包和文具盒一共花了多少钱,再从50元里减掉。

此时教师抓住生成的小括号问:"(   )"这个符号表示什么意思?那个同学站起来继续说,"这是小括号,表示要先计算里面的算式,这是我爸爸教我的。"面对学生似懂非懂的状态,正是深入探究的好时机,教师追问,这样列式可以吗?此时学生们迫不及待地行动起来,有的在纸上又写又画计算着,有的在思考;是不是真的要先计算小括号里的算式,也有的把50-18-13和50-(18+13)进行对比计算,其中不乏也有反对之声。对于这一探索活动,教师给学生留足了时间,让学生从多方面进行验证。几分钟的沉默后,学生开始欢呼;这样列式行!没问题!正确!……探讨使学生弄懂了小括号的作用,知晓了先把书包和文具盒共花的钱算出来,再从50元里减掉就是剩下的钱。多么好的探索,多么好的举一反三。学生在此探索过程中,不仅学会了从多角度思考问题、解决问题,还学会了对不同方法的验证,培养了学生的思维能力。探究给学生提供了更多的探索空间和发展,达到对知识深层次的理解。

四、点燃思维 灵感四射

学生在自主学习时会满足于对课本基本问题的了解与解决。对于解决问题方法的优劣从不加以思考。教师要引导学生不但会解决问题还要学会在多种方法解题的过程中选择最优的方法。

如课本在教学长方形周长中提供了以下方法:第一种7+7+5+5=24(厘米);第二种7×2+5×2=24(厘米);第三种(7+5)×2=24(厘米)。课本中给出的这三种方法对于学习能力有差异的学生来讲有不同的选择。怎样从中选出最佳解决方案呢?教师在教学时设计了让学生探究方案的优劣。要求学生对于课本中给出的方法。进行分析,你认为哪种好?为什么?

学生大部分因为长方形的四条边的数字清楚,一目了然而喜欢第一种方法;有的因为第二种方法计算省时而受青睐;还有的因为 7+5 得 12,再乘 2 算起来即简单又快而受欢迎。对于这一问题的判断,学生的思考角度是从计算方便与否来决定,所以觉得后两种好。

这时,一个学生站起身说:"我觉得这三种方法都不好!"一语惊得同学都将目光直愣愣地集中在他身上,等待他说出理由。这名同学镇定自若地介绍说:可以先算 7×4 得 28,再减去 4 得 24。同学们听后一头雾水。这时教师问其他同学:"谁能听懂他的想法?"面对新的方法,学生们一时还摸不着头绪。于是教师请原创者向同学讲解自己独创的解法:第一步把四条边都看成 7,这时长方形就变成了一个正方形,它的周长是 7×4＝28。第二步发现原来的长方形中有两条边各宽了 2 厘米,第三步从 28 中再减去 4。就是要求的这个长方形的周长。长方形在他的眼里居然变成了正方形,顿时激发了学生们的思考。此时教师并没有表示这种方法的对与错,而是留足时间让学生去充分地思考去辨析。同学们对这种神奇有趣的解题方法,有的点头认同,有的为他竖起拇指,还有的同学眼睛注视着老师,期待教师的表态。此时受其启发的一个同学站出来说:"把四条边还可以看作 5,5×4＝20,有两条长都少了 2,再加上 4 就行,列出了:5×4+4。""老师,还可以把长方形拉成一个平行四边形。"又一个同学站了起来,听此,同学们更感兴奋,有的已急不可待画图用尺量,经过学生的一番探讨和验证,很快发现长方形虽然发生了变化,变成平行四边形,但周长不变。

课上学生创新的思维一次次被激发,学生思维的浪花后浪追前浪,学生的创造思维再一次次被点燃,他们创造出的解法超越了课本内容。教师夸他们是了不起的发明家和科学家。教学中,学生解决问题的策略在优化中不断提升。这种提升借助于学生对不同方法的感悟与辨析得以实现。因此培养小学生学会多中选优、择优而用,既让学生经历知识的形成又让学生学会探究的方法。这种探究增强了师生间、学生间的信息交流,激起学生的思维火花不断碰撞,产生灵感。探究使学生大胆质疑,大胆想象,充分表达自己的见解,使学生学会参与、合作、选择、更体验到创新成功后的愉悦之情,享受探究的快乐。

第三节　关注生命成长　润泽生命丰盈

教育之本是对生命的点化和润泽。让学生学会并懂得,自己想要获取成功,自身必须不懈努力实现对自我的超越。因此教师的责任是把握时机,在日常的教学和生活中不断引导学生克服困难积极向上,启迪学生在日常生活实践中的智慧。数学学习需要学生的智慧和勇气。教师要关注学生在学习活动中的体验和感受。

一、激发活力激情奔放

激发每个学生的内在活力,发掘他们的潜能,尊重他们的意愿情感,满足他们的需求并给予培养。在教育教学中关注生命的成长,润泽生命的丰盈。课堂教学要从"知识型"走向"生命型"。这是因为人是具有自我意识的存在物,为此我们的课堂教学要保证每一名学生都享有发挥自己才能和掌握自己命运所需要的权利。活力是生命的力量,它意味着健康向上、生机勃勃、激情奔放,只有满足学生表现的欲望,才是激发生命活力和动力的源泉。它取决于每个人的日常生活的每一瞬间,来自灵魂的每一冲动。巨大的生命活力,蕴含在课堂教学之中。

(一)激情感唤发活力

在课堂教学中师生的生命活力得到有效发挥时,才能助力师生的成长,课堂教学上才有活力。师生互动的价值是让学生的思维处于活跃之中,突显生命的灵动。而生动丰富的教学情境,能在短时间内集中学生的注意力和学习的积极性与主动性。教材中蕴藏着许多创造性因素,如能通过教师的挖掘用以激起学生学习情感和新异感并利用学生好奇心去探究,孕育而生的则是学生创新意识的发展。

在教学"小数性质"时,教师出示:"6、60、600"三个数,让学生讨论:"能不能给它们加上恰当的单位且能用等号连接?"学生对这道题很感兴趣,立刻兴致勃勃地在小组内你一言我一语地讨论起来。讨论后有的小组表示:在它们的后面可以分别加上元、角、分,可得6元=60角=600分;还有的说:可以在后面加上米、分米、厘米,可得6米=60分米=600厘米。教学时教师运用这一练习题把学生的学习积极性调动起来,课堂氛围活跃。教师又提问:"能不能给三个数加上相同的单位名称,再用等号连接呢?"学生听后更是坐不住了,纷纷尝试着用不同的数填改,致使不爱动脑筋的同学也积极地投入其中,争抢着回答老师的问题:6元=6.0元=6.00元;6米=6.0米=6.00米。接着教师顺理成章地揭示出本节课学习的内容,问道:"像6、6.0、6.00这样的数大小是否相等呢? 为什么? 这就是今天我们要研究的'小数的性质。'"教师在教学中只是运用三个简单的数,唤起了学生对旧知的运用,唤起了学生对新知的渴求,唤起了学生积极的参与投入,激发了学生的思维,把学生带入愉快地学习情境之中。

(二)设平台展示经验

课堂教学是师生生命中的一段重要经历。它使学生在获取书本知识的同时获取丰富的情感体验。课堂教学也是主体经验对课程资源的加工和重组。如在教学"认识人民币"时,教师发现学生早已对此积累了丰富的相关知识和经验。据此教师果断地将原本设计好的教学过程,即通过感知和认识人民币为始端的小步前行,改为联系生活开放空间,直接导入:"关于人民币,你们都知道些什么? 请讲给同学们听。"学生虽年龄较小,但对这一熟悉的知识可谓"精通"。大家立即你一言我一语,愉快地说着,轻松地讲着,互相补充着,讨论得不亦乐乎。学生所谈内容不仅覆盖了课本中的知识点,还讲述了很多教材之外的内容。如有的学生说:"1元与5角的人民纸

币上画有我国美丽的风景:桂林的山水、三峡的风光……"有的说:"把每一张人民纸币放在灯光下都可以看到隐藏在里面的各种精美的图案。"有的同学补充说,那是防止造假用的……调整后的教学设计,将课堂的主角转让给了学生,让每个学生充分地说,开心地讲,他们相互展示、互相启发,将所学知识内容在教师的引导下更加系统化。通过课堂的小舞台,从容地展示了他们在社会大课堂中所获的相关丰富知识内容。这种教学设计使学生在愉悦的学习氛围中学得轻松。学生不仅会使用人民币还注意多方面观察币中细节,描述精准得体,使课本知识得到有效的延伸。

(三)给空间发明创造

课堂是最真实的动态生成。教学中以充分暴露的是学生的真实想法。反映的是学生学习的真实意愿,不论想法是普遍还独特,教师都要尊重和重视。

在教学"加法结合律"时,一名学生在快下课时举手质疑:"我觉得课本中$(a+b)+c=a+(b+c)$这种表达方式不科学。其实等号左边$(a+b)+c$只要写成$a+b+c$就可以了,他的运算顺序本来就是先算$a+b$根本用不着加括号。"一石激起千层浪,引发了同学们议论纷纷。老师:"书上错了!大家觉得应该怎么表示呢?"许多学生喊出:"$a+b+c=a+(b+c)$。"这时又有一同学说:"我觉得加法中谁和谁先加都可以,所以$a+b+c=a+(b+c)=b+(a+c)$。"老师又笑着问:"这样的话,算式中又运用了什么定律?""加法交换律!"学生异口同声地回答。"对!公式中有交换还有结合,那就不能只叫结合律了?"学生响应道:"就叫加法运算定律吧!"教师追问:"怎样用文字表述呢?""三个数相加,把其中任意两个数相加,再加第三个数,和不变。"此时有的同学不同意这种叫法:"我觉得再多也可以,几个数相加,先把几个数相加,再和一个数相加,和不变。"又有同学不赞同:"不够准确。还可以这样表述:几个数相加,先把其中一些数相加,再与剩下的数相加,和不变。""对!"同学们一致通过。教师当场宣布:这种加法的运算定律,是你们自己发现总结的,就叫四(2)定律。"事实说明学生是有情感、有思想的人,在教学中教师对学生的最大尊重是承认学生能力的差异、承认个性,只有这样才能在课堂教学中落实人文精神的生命意义。

(四)留余地　奇思妙想

提出新问题,需要创造性的想象力,而解决一个问题是数学经验或实践的技巧而已。因此,提出问题比解决问题更重要。如教学"行程问题"时教师出示:李强和王明同时从两个车站相对而行,李强每分钟走 50 米,王明每分钟走 55 米,经过 6 分钟相遇,两个车站相距多少米?

讲授新课时,教师分别采用了课件演示、画线段图助思考和直观表演等教学手段分析其中的数量关系,并要求学生运用两种方法解题。

一是先求每个人走多少米,再求他们共走多少米。$50 \times 6 + 55 \times 6 = 630$(米);二是先求两人每分钟走多少米,再求 6 分钟共走多少米。

列式计算:$(50+55) \times 6 = 630$(米)

学生按照这一思路简单思考,学习计算效果不错。但在课堂练习时教师对应用题进行了变式。

已知李强每分钟走 50 米,王明每分钟走 55 米,两人从相距 150 米的两地同时出发,3 分钟后两人相距多少米?

因学生已有前面解题的经验,产生了定式思维,大部分同学列出:$(50+55) \times 3 - 150 = 165$(米)这时有学生持有不同意见:"这道题没有说明李强和王明走的方向,刚才那样解答是因为他俩是面对面同时走。这次如果他俩是一块背对背走,那列式就错了"。教师默许地轻轻点了点头,问大家:"他说的对吗?请同学们画出两人相背而行的线段图。"同学们拿起笔,在老师的指导下,很快画出了图,依据所画之图列出算式:$(50+55) \times 3 + 150 = 465$(米)老师看后还没讲话,又一学生报以异意:"他说的不完全对,因为除'同时相对'和'相背'两种走法外,我想到了第三种情况。"老师高兴地把他请上台。他画出了李强在前,王明在后的图。还列出算式:$50 \times 3 + 150 - 55 \times 3 = 135$(米)。经过他在台前指图讲图这一比划,很多同学受到启发,想到了王明在前,李强在后的情况,教师又把学生请到黑板前,让他边画边讲边列

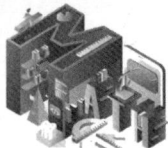

算式：

$55×3+150-50×3=165$（米）。

......

整个教学过程此起彼伏，学生你争我辩，充分发挥了学生好强的天性和思维的活跃，真正体现了学生是学习的主人，学生在充满好奇的促使下，不知疲倦地、愉悦的感受获取新知快乐、在新变式中探索中前行。

教师在试题中有意地隐去行走方向，为学生的思考打开了一扇窗，开辟了视野，放飞了思维与想象。正是教师埋下的伏笔，为学生搭建起质疑和施展才华的舞台，在教学中学生能独立思考、动手画图学会了解决问题的方法，并大胆地提出自己独特的见解感受到成功的喜悦。学生从多角度思考问题、解答问题，培养了学生的创新能力。学生积极的思维带来你争我辩，思维的火花不断呈现。

学生的大胆质疑，比做题更具有挑战性，它让生命具有了无限的生机与活力。因此，教师要为学生提出问题创造条件。如：对于一些学生比较容易接受的内容，教师与学生"互换角色"，让学生当老师，教师则当"爱提问的学生"，提出有思考价值的问题，给学生充裕的时间思考，让他们绞尽脑汁，从而领悟其中的奥秘。这样的开放式教学，既能激起学生高涨的学习热情又打破了学生听数学课做数学题的常规活动。学生能亲历在学习数学中探索的过程，在实践中表达自己的想法，勇于展现自己的才华。这样的数学课堂便成为学生求知的乐园。

在教学活动中教师要给足学生活动的时间，学生才会有机会奇思妙想，教学才会有精彩的生成，从而使学生的思维更加深入。要把学生外在的"做与练"引向内在的"思与辨"，把活动获取的成败经验，内化为脑中抽象的符号。因此需要教师在教学中灵活设计和处理好学生学习中生成的资源，让学生独特的见解与智慧的火花引领全体学生的思维走向深入，引向高端。

此外，教师应该允许学生在学习提问时提出幼稚、可笑的问题，帮助他们提高认识上的矛盾冲突。从而使学生相信，即使自己提的问题不恰当，也能得到教师耐心的帮助与亲切的关怀。教师要鼓励学生学会质疑,培养学生逐渐提出一些有价值的问题。教学要结合现实生活中的实际,使学生学会用数学知识和数学的思维方式去看待、分析及解决生活中的问题。在数学知识的应用中感受学习数学的兴趣,感悟数学的价值,发现数学与现实生活密不可分,从而喜欢上数学。

数学本从实践中来,还应回到实践中去。教师在教学时要给学生创造生活情境,提出学生感兴趣的问题,让学生带着问题去探究。在探究去发现问题、解决问题并在应用的同时加深对知识的理解,感受数学就在我们身边,生活离不开数学。学生在课堂教学中有时会突发奇想,甚至提出超越教材的问题。这些是教师在备课时考虑不到的。因此,教师要善于运用"教育的智慧",头脑保持清醒冷静,灵活巧妙地进行反馈。

如教学"小数和复名数"时,3 分米是多少米? 350 克是多少千克? 3 米40 厘米是多少米? 4 千克 70 克是多少千克? 老师要求学生观察这些数并改写成小数。学生回答完毕后,教师进行了小结,并板书:"把单名数或复名数改写成小数……"教师还没写完,这时有个学生说"老师,这样说不对,如果将 3 米 40 厘米改写成 3 米 400 厘米是多少米? 结果应该是 7 米,就得不到小数了。"教师笑着说:"就你瞎想,人家出题的永远不会这样出。"男同学不服气地坐下了。就真的不会出这样的题吗? 教师为什么不借此机会发动全班同学课下去查一查资料,把学生对知识的探索和研究向课外延伸呢,争取达到"课已尽,思未了"的境界呢。

再如教学"分数的初步认识"时,学生通过折纸认识了"$\frac{1}{3}$",教师让学生找一找图形中一共有几个 $\frac{1}{3}$ 时,同学们发现有 3 个。教师接着问:"1 个$\frac{1}{3}$ 是 $\frac{1}{3}$,那么 2 个 $\frac{1}{3}$ 是多少? 3 个 $\frac{1}{3}$ 呢?"学生异口同声地说:"2 个 $\frac{1}{3}$ 是 $\frac{1}{6}$,3个 $\frac{1}{3}$ 是 $\frac{1}{9}$。"后面还有人小声喊:"4 个 $\frac{1}{3}$ 是 $\frac{1}{12}$。"教师接着用图片启发,学生

们仍然坚持原来的说法。教师笑着说："至于 2 个 $\frac{1}{3}$ 是多少？3 个 $\frac{1}{3}$ 是多少？课下同学们可以向家长、老师、高年级的同学去请教请教。因为这部分知识并不是本节课要求学生掌握的。"

总之，教师在课堂中利用激励性的反馈能使学生始终处于信心十足、情绪高涨的心态，从而提高学生的学习效率，培养学生的探索精神，发展学生的创新意识。反之，将会熄灭学生创新的火花，使学生学习兴趣逐渐地枯竭。因此教师要树立正确的反馈意识，讲究反馈的艺术。

二、点化润泽　丰盈生命

动态的教学过程，伴随着教学内容的进展，学生的思维和情感也会产生起伏，教师要在教学预设的基础上及时调整教学环节与生成的内容。

如：在教学"年、月、日"时，学生发问："为什么有闰年和平年之分？"这个问题本属课外知识，教师可以推脱回答。当教师看着学生渴望的眼神时，马上改变教学程序，在教室的电脑中搜索出了相关的知识内容。对于这一教学资源的捕捉和探讨引发学生研究：①为何公历规定有平年、闰年之分；②结合地球绕太阳公转研究了为何有"四年一闰，百年不闰，四百年又闰"这些较为深奥的知识。学生的问题打乱了原有的教学程序，却满足了学生的精神需要。课堂教学的丰富多彩也源于这些不断出现的问题生成。教师要有动态生成的观念，善于捕捉教学中生成的问题，引进资源融入教学中来，让学生从中感受和体验到学习的乐趣，以体现对生命发展的整体关怀。

再如在统计方法的教学中，教师先播放了学校去年参加小交警韵律操比赛时的表演，视频中小演员们整齐统一的服装令人赏心悦目。借此，继续创设学校决定统一给今年参加比赛的 100 名同学买鞋的情景。买鞋就需要知道鞋码。教师请学生帮忙想办法来统计一下这 100 名同学的鞋码。这时班里的同学有的想问一问，每个人的鞋码是多少，然后记下来；也有的想让穿一样鞋码的同学站在一起……教师问大家："哪一种方法比较好？""还有没有别的方法?"教师让学生带着这样的问题,进入新知的探索。

教学内容的选择联系学生的生活实际,激发了学生学习的兴趣,使学生初步体会学习的必要性;通过小朋友的鞋码来研究、寻找统计鞋码比较好的方法,然后利用这一方法解决"统计 100 名同学所穿鞋码"的问题,初步培养了学生的策略意识。

(一)收集数据

教师先让学生以小组为单位快速上交写好自己鞋码的记录单,再根据记录单的情况,确定了本班学生鞋码的范围,统计后发现都集中在 19 号、20 号、21 号、22 号、23 号这五个鞋码。接下来,教师读鞋码,小组合作来统计。教师还特别提示学生:统计之前得先分好工,要求各小组先商量怎样分工记录,用什么方法记录。

(二)统计数据

教师一边读数据,一边巡视,观察以发现听得最认真,记录最准确的小组。学生记录完毕后,教师又要求各小组将统计的结果填在一张统计表中。在全班交流小组记录方法和统计结果时,教师引导学生重点讨论:你们组为什么统计得这么快? 用了哪些好方法? 有的学生认为自己听得认真,老师读一个记一个。有的学生表示小组先分工,每人记穿一个鞋码的人数,记完后再集中到组长那里。汇报后教师肯定了小组分工合作完成任务的方法,同时强调合理分工很重要,并进一步引导学生交流不同的记录方法。发现学生中有用"?"记录的,有用"x"记录的,也有用"◇"来记录的⋯⋯此时的教学教师不仅关注学生完成统计任务的结果,同时关注学生完成任务的过程,重视学生合作意识的培养。

(三)教学"正"字法

"听你们介绍了这么多好方法,我也有一种方法,你们想知道吗?"

基于学生现有的经验,教师邀请两名学生帮忙:一名学生读数据,一名

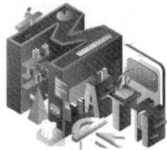

学生监督。其他学生观察教师用"正"字法在黑板上记录。

教师记录完毕后,先让学生回顾,说一说老师是怎样记的。"老师用正字来记。""一个正字有 5 笔,读一个鞋码记一笔。"学生发现了"正"字法是利用一个"正"字有 5 笔,一笔可以代表一个鞋码,教师请全班学生帮忙数一数每种鞋码的人数后,完成统计表。学生通过观察体会到"正"字法的便捷。

(四)比较并体会"正"字法的优越性

小组讨论:刚才有的小朋友用"×""?""○"……还有教师的"正"字法,这么多方法,你认为哪种方法比较好呢?

经过充分比较,每个小组阐述自己的观点,经过讨论大部分学生认为"正"字法好,也有学生认为自己的方法好,学生们出现了分歧和争议。

(五)抛硬币,进一步体验"正"字的优越性

1. 抛硬币,用认为好的方法记录

鉴于学生对问题的争议,教师再次组织学生做一个抛硬币的游戏,让学生在实践中体会到底哪种方法比较好。一枚硬币有两面,有字的那一面叫正面,没有字的那一面叫反面。活动中教师请三名学生做游戏,一人数次数,两人抛硬币,每人抛 25 次,抛完后告诉其他同学哪面朝上。教师巡视着观看学生的记录情况。在记录过程中有的学生反映记录单写不开了。

2. 谈体会,进一步体验"正"字法的优越性

"现在谁能马上告诉大家正面几次朝上,反面几次朝上?"用"正"字法记录的学生都抢到了先机:正面 27 次朝上,反面 23 次朝上。

这时用其他方法记录的学生还没有数完。教师询问一名用其他方法记录的学生:"你数完了吗?"学生羞涩地摇摇头。感受到自己用"?"来记录,数的时候很慢,需要一个个地数。其他没有用"正"字法记录的学生也感觉"正"字法好,因为它可以 5 个 5 个地数,速度非常快。

经过这次体验和比较,绝大部分学生认为"正"字法好。决定用"正"字

法来统计学校那一百名学生的鞋码。整节课的教学在教师的主导下,充分发挥学生主体作用,在尊重学生个性化统计方法的基础上,培养了学生的符号感和创新意识;通过引导学生经历统计"鞋码"和"抛硬币"的过程,使学生逐步体验到用"正"字法统计的优越性。在这样的课堂上,没有教师的"自我表演",把足够的时间留给学生去经历感受,去"做数学"。让学生在动脑、动口、动手中,自我感知、自我体验、自我发展。

三、探索实践　升华情感

人的创造力开发不但与人的智力有一定的相关性,而且与人的非智力因素有更密切的关系。动机作为非智力因素之一,不仅是其他非智力因素的前提与基础,对创造力开发更具有重要作用。教师应激发与培养学生的创造力,不能忽视对学生创造动机的激发与培养。

动机是激励个体为实现某一目标的内在动力。它是看不见摸不到的个体内部隐性变量,属于非智力因素。动机能诱发个体的情绪和情感。人所有的活动行为、兴趣爱好、毅力意志和性格都受动机的驱使。动机有以下的作用。

第一,它是以一定的诱惑为前提而产生创造性活动的起动器。如,当一个学生想把操场画成学生愉快的乐园时,他手下的笔画出的是课后操场上的热闹非凡:有的同学在跑道上跑步,有的同学在场地内掷篮球,有的同学三五一群投沙包,有的在跳皮筋,有的在跳绳,还有的同学在唱歌。这些画面的展现是因为他的喜爱动机驱使他创造性地完成了一张课间学生校园活动的感人画面。第二,具有导向性。机动能使个体为寻求一定目标而产生创造性活动,而不会盲从。第三,能维持活动到终结。创造性活动是艰辛而漫长的过程。它需要坚持不懈地努力,需要具有顽强的毅力,而动机可使人顽强地保持积极性,坚持把创造性活动进行到底。第四,具有强化作用。创造性活动是在不断挫折与失败中拼搏,带给人以不同的体验和感受,对人的创造会产生影响。成功可持续创造行为,失败会造成对创造的打击。人产

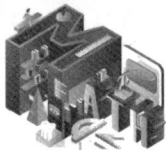

生创造活动一种是出于个体为了实现自我的喜好,其创造的动力来自本身;另一种则是对因创造的结果感兴趣,而产生创造动机。人们虽怀有不同的活动动机,但创造活动的目标却是相同的,既获得成功。因为成功能满足个体的精神需求,增进兴趣,即使失败,也不气馁。把失败当作成功的从头再来,再次寻求办法解决问题。在学习中发展学生的创造动机要从学生的需求开始,满足学生的需要会对其发展创造动机有促进作用。比如和谐的学习环境可使学生敢想、敢说、敢创造,从而使部分学生从紧张、焦虑、惧怕的心理解脱出来,获得心灵的愉悦。此乃归属孩子们需要得到尊重的满足。

学生认知需要的满足,能增进他们对疑问的探索和释疑的欲望;而自我实现需要的满足,有利于增强学生自我超越的信心。人创造动机的强弱与其抱负水平高、低相关。有远大理想的人,有强而稳定的创造动机。追求的目标越高,才能发展得越快,对社会越有益。为此教师在教学中要鼓励学生从小确立切实可行的奋斗目标,不断努力。教师要在帮助学生树立远大理想时,不但要激发他们的成功体验,获得体验的最好方法就是亲身参与,其意义在于它是生命的历程,而课堂教学是实现这一体验的最好载体。

(一)体验成功的喜悦

人在体验了一次成功的喜悦后会更自信。为此教师在教学中要根据教学内容尽量创设让学生感受"成功"的情境,让他们不断地体验成功的快乐。教师还要创设逆境使学生学会学习和探索,遭受挫折后学会思考,在成功与失败中获得丰富的情感和经历。

活动是认识的基础,智慧从劳作中诞生。探究操作、验证的过程是使学生动中促思。学生在学习活动中观察、思考、动口、动手等多种感官参与,可以使大脑兴奋,使创造性思维更加活跃。数学活动是学习数学知识的一种探究过程,其目的是促进学生思维能力和创新意识得到发展。

如在教学"圆的面积"时,教师鼓励学生动手把自己准备好的圆图片剪成16等份后,再将它们拼一拼,看看能拼成什么样的图形。学生在教师的引导下认真地剪,小心地拼,不一会儿每个同学的桌上圆变成了大小不等的平行四边形或长方形,拼后学生惊奇地发现:通过剪拼,圆还可以转化成平行四边形和长方形,看着自己拼出的图形,学生异常高兴。此时教师引导学生观察并想一想自己拼出的图形与本圆的面积计算有什么关联,进行计算。图形转换后,同学们利用已学过的知识很快计算出自己所拼图形的面积,并推导出计算圆面积的公式。当同学们发现两种图形面积相等时愉悦之情难以言表。接着,老师又让同学们把它们再拼成一个三角形,引导学生找出三角形的底和高同圆的半径比较,找出的关联并推导出圆的面积计算公式;有的同学还拼出了一个梯形,学生们自发地找出了梯形的上底、下底和高同圆的半径的关系,学生们也同样推导出圆的面积公式。在动手操作中,学生手脑并用,手变得更灵巧,脑更机智,脑使手变成创造的工具。与此同时,学生也体验到了学习的乐趣,发现的美妙及感受成功的喜悦。

(二)在情境的体验中增趣

小学生对未知的事物充满情趣,教师可以把教材内的内容编成有趣的童话或小故事,利用多媒体课件或请同学按情境进行表演,使学生有身临其境之感,是增加课堂教学效果的有益之举,它能在短时间内调动学生的学习积极性和参与度,使之全身心地投入学习活动中。

如,在教学"两位数加一位数的不进位法"时,教师便设计了童话故事引入学习内容:"一天早上,兔妈妈带着小兔子去菜园拔萝卜。小兔子边拔边玩,到中午才拔了 7 个。兔妈妈拔得又快又多,小兔子帮妈妈数了数竟然有 32 个。"课堂上随着课件的播放,学生入情入境,积极参与其中,学生在童话中学习了计算。这样教学满足了学生参与的欲望,培养了他们的学习热情同时使语言表达能力得到提高。

(三)在操作中体验数学魅力

小学生学习数学是以自己的经验为基础完成认识过程。因此学生已有的生活经验便成为他们已有的"数学现实水平"。由于学生的年龄小,他们脑中的"数学"与成人的理解有所不同。因此,教学要从学生已有的生活经

验出发,通过引导观察、模仿、实验和猜想等方法将生活中的数学相关现象的经验进行分析、比较、归纳、总结,逐步给学生形成较为规范、系统的数学知识。

如,小松鼠从一棵大树下要爬到树的另一端采松子,怎样爬路线最短?

初看问题,学生都判断:只要从树下垂直上爬,然后沿直线走到树的另一端即是最短的距离,其真实地反映现阶段学生已有的认知水平。这是凭自己的生活经验"直觉思维"的结果。但班里也有一小部分同学认为,从边上绕行向上可能距离更短。孰对孰错?教师没有急于讲解,而是让学生先确认自己支持哪种猜想,结果绝大部分同学同意第一种意见。这时教师请同学们再次进行讨论。小组同学各自发表自己的意见,仍分歧较大。最后在老师的引导下动手实践,先画图表示再打开侧面,连接两点,即是最短的路线,再把两点还原到曲面图上便验证了班内小部分学生的猜想是正确的。为什么绕着走距离会最短,通过操作验证,揭示了问题的原因所在。

在数学教学中对于学生面临较为复杂的问题而争论不休时,教师要让学生在实际操作中思考和体验。没有思考的操作等于无效,没有操作的思考会感困惑,两者互动才会辨别真伪。操作虽不是"灵丹妙药包治百病",但运用实践的方法可把教学内容简化、易化,让学生在生活实践中体验数学的应用和价值。

(四)在合作中体验知识内涵

每个学生经历不同,所产生的经验及观念各异。不同的学生对相同事物的理解也各不相同,学生站在各自的角度思维看待事物,对相同的事物也会产生不同的反映。教师在教学时可利用这些不同的思维方式、观点引发学生间的交流争辩,使学生在合作探索的情境中体验知识的内涵。这种体验不仅是对知识的感知与创新,更是一种情感的交流,是思维火花的撞击。疑最能引起定向的探索,这是一种条件反射,随之产生思维。人们的发明创造始于质疑,从解疑入手直至释疑而终。教师应注重对学生的质疑能力的培养,而解疑就是教学过程的探究,是综合知识的运用,是举一反三的验证,是创造思维的拓展,是教学过程中的重中之重。怎样鼓励学生大胆质疑,学会释疑,可以采取以下方法:一是浅显的问题让学生自己学习找到问题的答案。日常教学时教师常常发现,在自学过程中学生大多提出的是一般性的问题,面对这类问题,教师要鼓励学生边看书边思考,以读求懂,学会自学,增强自信,培养学生从小养成良好的学习习惯,使之终身受益。二是在学习中难点问题请学生自己讨论解决。对于学生在学习中产生的疑点及潜在的学习内容,教师要启发学生共同思考,在小组讨论的过程中互相启发、互帮互学,在共同的合作中探讨解疑并在探索与讨论中有所发现,学会创新。

如教学"面积的认识"时,为了让学生能充分理解面积的概念,教师先让学生认识"物体的表面",通过让学生摸课本的表面、桌面、尺子、橡皮、纸张等进行感知。然后教师又把问题引向深入:"我们认识了物体的表面,你想到什么?"一石激起千层浪,学生的思维如同打开的闸门,有的说:"纸盒的6个表面都是长方形的面,鸡蛋的是什么样的面?""水壶、茶碗的表面是哪一部分?""蔬菜和肉有表面吗?"……学生不断地发问,提出一连串的问题。针对学生提出的这些问题,教师让学生在小组进行讨论。

讨论时大家互不相让,各说各的认识和感觉。在总结汇报时,有位同学用自己的理解作出了具有新意的描述:"凡是我们看得见、摸得着的部分都是物体的表面。"这样新奇的回答,引起学生的思考,沉默片刻后,同学表示赞同。在教师指导下的小组的学习讨论,使学生的疑问得到释疑,在活跃的思维活动中集思广益,互相补充完善,达成共识。因此,在课堂教学中教师要鼓励学生大胆质疑,勇于释疑,敢于发表自己的独立见解。教学中要让学生各抒己见畅所欲言,以此培养思维的灵活性和批判性。

当教师发现学生的价值观产生分歧时,教师可组织学生"辩论"赛。让学生根据一定的理由表明自己的观点,去揭露问题的实质。这样的辩论能培养学生的逻辑思维能力,锻炼语言表达力,增强师生间、学生间的信息传递,加深学生对知识的理解。同时能纠正日常老师苦口婆心反复强调却又屡教不改的学习习惯、屡不见效的知识点,此举可使常常的叮嘱变得易于接受。

如教学"分数的初步认识"后,教师请同学们判断"把一个正方形分成两份,每份是这个图形的二分之一吗?"话音刚落,"是"与"不是"两个阵营分明,互不相让,面对学生面红耳赤的争论,教师请每个同学都各自准备3分钟的发言,以理拿出根据说服大家。辩论会开始了,双方你来我往唇枪舌剑,可道理也越辩越明。

在"辩论"中,师生、生生间信息共享,加深了学生对分数概念的认识和理解,激活了思维的火花。创造需要大胆想象,想象比知识更重要。

(五)在探究中丰富感知

小学数学应用于人们的生活领域和生产实际。揭示出数学知识的应用价值,可以激发学生对学习数学的动机和兴趣。教学中,教师应为学生提供应用的机会,使学生在反复的实际应用中,感受到书本里的知识都是与生活密切相关且有用。实践的应用,可以加深学生对知识的理解,培养学生运用知识解决问题的能力。这种能力的不断运用又能激起学生学习数学的兴趣。

如,学生学习了对时间的认识后,教师给学生留了课后作业:即要求学生以时间为线索设计一次"春游活动方案"。作业要求:内容具体、活动和程序等体现得当。学生可高兴了,对完成此类作业积极性很高,因为这种活动他们喜闻乐见,非常乐意参与其中,还没放学,学生便开始策划。第二天每名同学都交出了自己精心设计且自己倍感骄傲的春游方案。方案中,从早晨起床的时间、吃早餐的时间、全班同学集合的时间到春游过程中,参观、划船、自由拍照等内容详实丰富,且安排得井井有条。开放性的作业让学生展开想象的双翅,培养了学生的时间观念和知识的应用,并在实践中培养了学生的创新意识。

再如"利息"的教学,其知识内容约定俗成。课上教师让学生把自己知道的关于这方面的知识讲给大家听。这一舞台搭建使全班不同层次的学生尽情地释放潜能,毫无保留地把他们知道的所有相关内容无拘无束的脱口而出。教师的微笑和同学们的认真倾听,使他们的学习情绪更加高涨。学生对利息的知识已经铭记在心。

　　此时教师给每个小组分发了一张"银行存单",引导他们讨论"利息、利息税、税前利息、税后利息"等概念。这些知识是在对"利率"理解的基础上进行的。深入骨髓的学习,产生了"妙不可言"的学习效果。这些知识的获得不是教师的全部给予,而是学生在讨论探究中学会并掌握。学生从现实中学习数学,再把学到的数学应用到实践中去。课本中的数学与现实生活中的数学始终紧密地联系在一起。学生通过这种教学所获得的数学知识不是教师课堂灌输的现成结果,而是他们通过各种方式从其熟悉的生活中自己发现和得出的结论。

　　又如,教学"秒的认识"时,教师设计了丰富的体验活动。

　　1. 秒的体验

　　(1)观察体验 1 秒有多长。教师让学生看钟表体验一秒,接着让学生不看钟表想象 1 秒钟有多长。再让学生想象,现在我们的脑子里是否有个钟?

　　(2)体验 5 秒的小测试。教师交代游戏规则后开始做 5 秒钟的测试。老师说"开始"后,要求学生闭上双眼,自己认为 5 秒到了,请同学默默地举起右手告诉老师。在游戏中,教师对准时举手的同学进行表扬,同时也让过早和稍晚举手的学生发觉自己的时感差距。

　　(3)分组体验 20 秒的小测试。游戏规则是:每四人一小组来完成游戏,每次的时间要在 20 秒内。具体时间请组长自由规定,并请组长看钟当裁判,看谁的感觉最准,然后大家再轮流当组长进行测试。通过这样的活动,同学们互相评价,找出差距修正自己的时间观念。

　　2. "分"的认识与体验

　　学生在认识了秒与分及其关系后。教师请同学们看讲台上的大钟表,问现在秒针指向谁?（答12）如果秒针从此处开始顺时针走 1 圈,时间经过了多少秒? 教师边说边演示让学充分感悟,并让学生讲一讲自己的猜测。有的说是 12 秒,有的说是 60 秒,同学之间产生分歧。这时教师请一名学生走到台前用手有节奏地轻轻拨动秒针向前运行,大家按节律一下一下地数

着数。演示验证:秒针走 1 圈是 60 秒,大家心服口服。

教师又一次的引导观察秒针走 1 圈时,分针的变化,直观演示使学生明白分针走 1 小格是 1 分,从而体会到 60 秒等于 1 分的"秒"与"分"的关系。

课堂教学上,教师在学生对秒有了准确的认识和体验后,组织学生体验一分钟的活动。先让学生闭目在心中数 60 下,感受 1 分有多长,以此建立 1 分的时间观念。接着组织学生选做自己喜欢的 1 分钟活动。

同学开始行动了:有的计算自己一分钟内能算多少道口算式题;有的计算自己在一分钟内能跳绳多少次;有的同学则在一分钟内看自己能读多少个文字;有的考查自己在一分钟内能写多少个字,有的估算自己 1 分钟能登上几个台阶;有的用手测量,一分钟自己的脉搏跳多少次。1 分钟的体验活动可谓丰富多彩。除此之外教师还让同学讲一讲 1 分钟还能做哪些事情。

教师的这句话打开了学生的话匣子,学生联系生活实际估算:

1 分钟能走多少步;1 分钟能走多远;1 分钟能做几个蹲起等。最后教师又出示课件"1 分钟能干的事",打开了学生的思维,拓宽了视野,体验到时间在生活中的价值。一分一秒时间虽短暂,但积少成多不可忽视,只要充分抓紧利用就能做成很多事。这堂课的教学充满对学生爱惜时间和珍惜时间的教育。

四、课堂评价是精神力量

赞赏的评价语是阳光,能照耀人们的心灵。万物生长靠太阳,学生成长靠的是阳光沐浴。教师对学生的评价语要适合学生的年龄特点和他们的心理需求。评价语要有的放矢,根据不同的目的,根据不同的学生,根据不同的性格,或温和、或严肃、或激励、或默许,但不论什么样的口头语言还是肢体动作,但一定是激励性的。让学生在评价语中感受教师的关爱,唤起学习的激情,品尝到成功的喜悦。恰如其分亲切感人的激励评价语可使学生内化为学习的兴趣和动力,增强自信心。吴正宪老师执教时因学生运用思路不同的两种方法解题在进行比较时,一学生发现了它们之间的联系,吴老师赞赏他:"高人在这,掌声送给他!"仅仅 9 个字热情的评价,让这名学生很是激动,脸也涨得通红。引发全班同学的羡慕。教师简单的评价文字不多,但充满教师对学生的鼓励和赞赏。在评价语言的激励下,同学们纷纷发言,形成思维高潮并不断地喷发。赞赏与鼓励能焕发学生最大的学习能力。每个人的内心都有渴望被认同、被赞赏,学生也不例外。学生在课堂学习中,还需要受到教师的尊重、宽容和耐心的教诲。教师要学会用孩子的眼光去看待孩子,用孩子的价值观理解孩子,教师的评价语言要说到孩子的心坎中,让他们在评价中感到温暖可亲可信。数学课不只是单纯的知识性的活动,也是情感的活动。教师要充分利用"亲其师而信其道"的心理效能,强化师爱的作用,做到"三带":把微笑带进课堂,把鼓励带进课堂,把竞争带进课堂。

(一)评价的作用

1.评价是包容,温暖心房

教师要以自己高度的工作责任心影响学生。课上要多用鼓励表扬的方式把期待、信任的目光投向每一名学生。把尊重、恳切的温和话语送给每一位学生。

如教学"11-20 各数的认识"时,教师拿出一堆小棒,请学生猜猜手里有多少根时,一名学生猜得小棒的个数和实际相差甚远,可这位老师并未批评学生,而是鼓励他说:"你真棒,猜的已经非常接近了。"这样教师给予及时而积极的评价,为学生今后表现得更好扫清了障碍,打下了基础,也使学生获得不同程度的成功感。

教学是一个动态的生成过程。课上,教师不仅要关注学生的学习过程,还需关注他们在学习中的情感和态度。既帮助每名学生都在原有基础上得到发展、进步,又要运用评价调动学生的学习积极性,帮助学生认识自我,建立信心。

如,课堂教学时,教师设计了接字游戏,让全班同学每个人接说一句:一只小兔一张嘴,两只耳朵,四条腿;两只小兔两张嘴,四只耳朵,八条腿……

同学们兴奋地轮番上阵,接着说往下算,乐此不疲。活动结束后,大家为自己的创造和坚持感到兴奋。老师笑着为同学们竖起大拇指,夸奖大家都很棒,学生自然喜不自禁。俗话说一句话能让人笑,也能让人跳。教师这一环节的设计看似简单,其实用心良苦。一是打破了班上以前回答问题由几个同学的包场,做主角,其他同学旁若无事袖手旁观;二是使学生学会注意倾听,因为只有知晓前面同学所说,自己才能正确地计算衔接。他们从中体验了共同合作的必要性;三是游戏中包含着倍数计算,一人说全班同学都在心算,一举三得。为把学习引向深入,老师问:"接得完吗?该怎样表示呢?"学生的求知欲再次被激起,为接下来用字母表示数的学习做好了铺垫。

2. 评价是尊重,激励前行

在认识分数 $\frac{1}{2}$ 时,教师设计"用你喜欢的形式表示一半"。教师请同学们自己先画一画,然后请一名同学上台向全班同学展示自己表示一半的作品画,然后让全班同学欣赏和评价。谁知这位同学画的竟然是半个小猴子,同学们为此笑个不停。这时有个学生站起来说,他画得不是一半,而大部分同学肯定的表示是一半。相争无果,同学们的目光投向老师。老师首先评价:"这位同学想的画的与众不同。有创意,我很欣赏,不过只画半个小猴子可以准确地表示出谁是谁的一半吗?"思考后这位学生恍然大悟,明白了应该再画一个小猴子,再给它平均分成两份,那么其中的一份才是一半。他接受了老师和同学们的意见,在画中又补了一个小猴子。在这一教学环节中,假如教师直接说学生画得不对,一定会挫伤他的学习积极性。他不会再补画面,也不会探究到底怎样表示一半。教师把握住了感动学生的细节,将学生学习时的被动尴尬转化为教学中生成的积极因素,引领学生再进行深入探讨。

3. 评价是阳光,沐浴成长

在进行课堂教学时,师生可转化角色,把主讲让给学生,让学生多说多想。

如教学"可能性"时,教师课上设计了一个摸乒乓球的环节。盒子里面有白色和黄色两种乒乓球,教师让学生猜,摸到哪种颜色球的可能性大?学生饶有兴趣地抢着回答,有说白的,有说黄的,也有的说两种可能性一样大的。同学们的三种猜测互不服气,教室里热闹起来。教师请出三位持有三种可能性的代表。让他们说出依据和理由。教师听后评价说:"你们真会猜,猜测是发明创造的前奏,你们现在已经迈出了第一步,为你们点赞。"这样的评价让学生很感动,有的甚至欢呼起来。此时讲台前的老师不仅是传授知识,还是温暖的太阳,将积极向上的阳光洒进每一个学生的心田,滋润着他们茁壮成长。然后教师让学生合作摸球,再全班进行交流评价。最后统计结果。这样的活动丰富了操作中数量的差异,验证了结论的科学性、准确性。在学生汇报、讨论、总结的过程中,学生领悟到可能性大小与其数量相关,量多,可能性就大;量少,可能性就小。这个教学环节通过让学生猜测,实验与验证活动,学生学得积极主动达到了事半功倍的效果。使学生主动参与,从而构建自己的认知结构。

4.评价是鼓励,促人向上

心理学家威廉姆·杰尔士说过这样一句话:"人性最深切的需要就是渴望别人的欣赏。"教师在课堂教学中要尽量赞赏学生,尽管他回答问题不够完整,老师也要体面地让他坐下。如,老师欣赏你实事求是的态度等,同时要求学生在相互评价中,必须先说对方好的方面,再提小建议,用鼓励代替批评,以启迪学生的内在动力,才能自觉地克服缺点弥补不足,相互学习取长补短。这样的评价会使学生怀着一种积极向上的心态,创造出和谐的学习氛围和学习热情。哪里有鼓励,哪里就是学生成长发展的起点。激励对学生的心理健康发展有很大的帮助和促进。

教师在课堂上采用激励性评价时,也要让学生自己参与他人对自己的评价,亲耳聆听,有所感悟,触动心灵,扬长避短有所发展。评价时可以引导学生自评,自我反思,在反思中前行。评价还可以采取学生集体互评和小组合作评议等形式,提高评议的实效性,锻炼学生发现问题,分析问题的能力和语言表达水平。如在学生自编练习题后,可在小组里读一读,议一议,听听同学的评价,以加强学生对知识的理解和深化。在小组汇报讨论时,让学

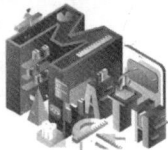

生交流沟通,学会倾听学会取长补短,以提高学生分析问题和解决问题的能力。经常这样训练,学生的评价能力会日渐提高。长此以往便可养成学生认真学习的好习惯,思维也变得更敏锐,课堂上精彩的探究场面也将层出不穷,把学生的探究活动推向更深入。

如教师出示练习题:"完成一批零件,王师傅独做需 12 小时,李师傅独做需 6 小时,现在由王师傅先做 6 小时后,剩下的由李师傅独做,还需要几个小时才能完成?"教师请同学们读题,理解题意再计算出结果。

经思考后学生各自按自己的思路进行列式计算。反馈时出现了以下四种列式:

① $(1-\dfrac{1}{12}\times 6)\div\dfrac{1}{6}$

② $6\times(1-\dfrac{1}{12}\times 6)$

③ $(12-6)\times(\dfrac{1}{12}\div\dfrac{1}{6})$

④ $6\div 2$

教师请同学们观察思考这四种列式,并算式讲一讲其中的解题思路。一名学生指出:"前 3 种算法我能理解,但第 4 种的做法我不明白。"又一名学生说:"我想他是不是凑出来的数?"在学生们疑惑不解中教师请列出第 4 种算式的同学,让其讲讲自己是怎么想的?

这位同学颇为不满地站起来解释说:我不是凑出来的。我想的是王师傅独做 12 小时完成,做 6 小时完成零件总数的一半;李师傅独做 6 小时完成,剩下的一半,他只要用 6 小时的一半。

师面向大家问:你们同意这位同学的做法吗? 同学们点头表示同意。这时刚才那个表示有歧意的同学站起来面带愧色说:"他的做法真好,我刚才还说你是凑出来的,真对不起!"教学过程中,学生解决问题的方法是多种多样的,面对众多来自学生自我体验的思维与方法,教师也不一定能理解,如④的做法,被许多学生误认为是凑出来的,如果教师不让学生进行自我评价,大家就不可能及时了解这种解题思路。

由此可见,在教学中,把评价的权利还给学生,让学生成为学习的主人,最直接的好处是让学生重新认识和审视自己的学习过程和学习结果,从而使自己以主人翁的姿态看待学习,加深自身对学习活动本身的体验和感受,不断调整自己的学习行为。

5.评价是信任,焕发活力

在学习中充分发挥学生的主观能动性是提高课堂教学效率的唯一出路,因为学生在课堂上的学习是带着情感接受知识的。学生是一个个鲜活的个体,课上,他们不仅要与老师交往,还要与同学有情感的沟通,完成这些行为,需要学生将动机和情感投入其中,把整个生命投入课堂。因此教师要从培养生命的高度看待教学。把培养学生良好的意志、品质、行为习惯及交往能力等作为教学中不可缺失的目标,且贯穿于教学之中。当学生提出好的问题或产生怀疑时,教师及时给予适当的评价激励显得尤为重要。

如"这个问题提得很好有价值!""这个问题值得大家共同研究"等。话语虽简单,却让学生感受到老师的尊重和思考后被肯定的快乐,体现了教师对学生的信任。

在课堂教学中教师要把爱的目光投向所有学生,把尊重的希望和鼓励的话语送给学生,把微笑洒满课堂。课堂教学要求的是全员参与学习,人人获得发展而不是强求每人都精彩。开放空间,让学生的思考多一点,思维活跃点,释放潜能的表现多一点。使学生在学习中获得快乐和不断体验成功的愉悦,自信自强,使课堂教学焕发出生命的活力。

(二)评价的主要形式

评价的主要形式有口头评价、体态语言评价和物化奖励评价。

1.口头评价

课堂教学中,常出现一些老师意想不到的现象。在这种情况下,需要教师机智地进行评价,运用简短热情而有激励性的语言,让学生的内心感到满足。如"讲得真棒!""你不是一般的聪明啊!""这种想法与众不同!"或"加油,你能行""老师为你点赞""相信你一定会成功"等加以激励,对于作业练

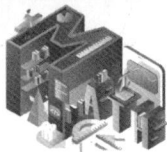

习中的激励可以写上"优+非常好"的评语或另外给练习加分以示鼓励。这种评价会使学生真正体验到自己努力的价值,产生积极向上的进取心。

如,在复习时,教师出示:某服装厂去年生产服装 546000 件,今年前 4 个月的产量等于去年的总产量,照这样计算,这个服装厂将比去年增产百分之几? 班内绝大部分学生遵循常规按定式思考问题,列出相同的算式,老师看后,启发学生说:"亲爱的同学们,想一想还有没有其他方法呢?"一语惊醒梦中人。同学开始讨论并思考,之后有同学列出:$\frac{1}{4} \times 12 - 1$,口述自己的解题思路给大家听:如果把去年的总产量看作单位"1",那今年每月完成的产量就是 $\frac{1}{4}$。全年的产量就是 12 个 $\frac{1}{4}$,那么比去年多的百分数为:$\frac{1}{4} \times 12 - 1$。同学们对这种解法与之前自己所列之式进行了验证,发现算题结果相同且更简便。这一列式的出现激活了学生的思维,打开了学生解题的视野,明白了解决问题要从多角度思考。解题方法要多中选优,优中求佳的独创性。提高了学生运用数学解决问题的创新意识。

教师对学生的口头评价要多点赏识,多点幽默,多点商榷,多点宽容。教师要学会多层次和多角度地鼓励学生学习的自信心。另外要抓住评价的时机,用自己的机智,给学生及时、恰当、积极且激励性的评价。在学生消沉失去自信时,需要毫不吝啬地耐心引导,鼓励提出建设性的意见;在学生自由放任时给以警醒和改进建议;在学生骄傲自满时给以中肯的提醒。

口头评价要考虑学生的特性和心理需求,要善于挖掘学生身上的闪光点,保护学生的学习热情。这就需要教师换位思考,心中有爱,把学生看成自己的孩子来呵护。这样才会收获满意的评价效果。

评价还可以变尴尬为激励。如在教学"分类"时教师让孩子们在生活中发现和寻找分类问题,孩子们从商场到超市,从图书馆到游乐场,从操场到教室,从饭店到家庭,他们找出了许多典型的分类问题。在进行汇报时,一个男孩子站起来大声补充说:"我知道上厕所也有分类,男生要上男厕所,女生要上女厕所。"

这一分类问题其实涉及按性别对人进行分类。童真的表达招来哄堂大笑。有的捧腹大笑,有的笑得前仰后合,班里的女同学则捂着嘴,不敢笑出声。那个孩子先是惊愕感到莫名其妙,将疑惑的目光转向了教师。之后他突然红了脸,似乎明白了其中的缘由,低下了头,他对自己的这一发现也产生了怀疑。此时,教师走过去轻轻地摸着他的头,对他说:"上厕所是大家都经历过的分类问题。老师和同学们都在用笑声祝贺你的发现。"那孩子立刻昂起头,眼中充满了自信。

教学中教师用评价语机智地化解了学生的尴尬,激励了他在生活中熟视无睹的发现。口头评价与体态语言评价有机地结合使事件发生了意想不到的转变。这些评价语没有华丽的词藻即不让学生产生飘然之感,又给学生以必要、恰当的鼓励,更给予一种学习方法、数学思想的引导和启示,从而促进学生的学习。

2. 体态语言评价

除了口头表扬外,教师还可以充分地运用自己的体态语言,一个手势、一个眼神、一个抚摸、一个微笑等都会起到即时评价的作用。这也有助于形成教师独特的个人教学风格,与学生建立一种亲密而默契的师生关系。

如:课堂上学生都在安静地做练习时,一名学生的解法独特或完成得又快又好,教师不一定用语言去激励,可用无声的激励,如竖起大拇指,脸上表现出赞许的神态等。

而当发现同学上课注意力不够集中后,为不影响教学气氛,教师可边讲边走到这位学生身边,轻摸他的头,轻轻地将他手中的物品放好,或面带微笑,并用眼睛关切地看着他,巧妙地提醒他注意并改正自己的不良行为。有时,恰当的体态语言评价可能比口头评价更能让人接受,会起到更佳的教育效果。

3. 物化奖励评价

即用书写文字或卡通印章图等方式表示的评价。如教师在批改作业时在学生的作业上写出鼓励的话语"继续努力!""有进步!"等,可以给学生的作业加盖笑脸的印章以示奖励。还可以给学生发优秀卡,记录学生在练习

中获优的次数;开辟"小园地",展示学生的成长日记和优秀作业等。但在使用物化奖励进行评价时,切忌用奖品刺激学生学习热情,或送完奖品后,因某种原因再将奖品收回,这种做法会给学生带来一种潜在的情感伤害,致使影响学生的学习热情,失去了评价激励学习的实质作用。

在评价过程中,表扬意味着对某人或某种行为的认同肯定,受到表扬的人从内心感受到一种自我满足。这种感受能有效地激发其内在学习动力和潜能。这种精神上满足对学生而讲比物质奖励更重要更自信更持久。我们常常看到低年级的学生受到老师的表扬后,回家的第一句话就是兴高采烈地告诉家人,今天受到老师表扬了。这种评价是一种积极的信息反馈。它能激起学生的探索知识的欲望,更可以强化和规范学生的学习行为。相比之下责备会伤害学生的自尊心,影响其健康成长。

(三)课堂评价的要求

评价的目的是帮助学生体验成功的喜悦,建立自信。但也要有"度"。单一的评价语言,频繁的使用,不能激发学生的学习热情。教学过程中不能"好"声一片,不论学生回答问题的水平如何,思考过程是否到位,或学生只算对了一道最基本的口算题,教师也给予赞赏,这是没有必要的。久而久之会使学生产生麻木无感之。评价语言,贵在少而精,及时且针对性强。评价要准确,集中要害使学习者生成内在的学习动力。寥寥几个字的评价短语使学生心潮涌动欲罢不能,调动起学生学习积极性。

1. 评价语言应该是辩证的

评价语言既可有激励学习动机,又要纠正错误和问题;既给学生成功的向往,也有学生面对现实,战胜挫折。如果课上教师引导学生探究问题时,有学生突发奇想,他的思路远离了教学的轴心,这在教学中是时常发生的事情。他提出的问题或回答的结论虽然是正确的,但是教材所学知识要求之外的,甚至涉及更高年级才学习的内容,形成答非所问、牛马不相及的状况。教师的回答既不能不置可否,也不能加以赞赏。教师要发挥辩证评价的作用,既肯定表扬其大胆敢想,不打击学生学习的积极性,又指出问题所在,引发思考把思维引回所探求的问题之中,进而培养正确的思维方法。

面对学生错误的回答,教师绝不能模棱两可地进行评价,要及时加以纠正,以免产生误导,使其他学生也默然接受。教师要与学生一起,共同分析错误的原因,帮其纠正,以免产生错误的信息的输入。在反思中辨析,在辨析中提高。

2.质性与量化评价有机结合

评价可以根据学生学习的内容采用质性评价。即考查学生学习的态度、情感方面的内容,一般在学习或活动终结时使用。这种评价教师要面对的是班内的所有学生。教师给出每个人的评价会出现千篇一律的现象。这种评价很少突出每人的个性,形成脸谱化的评语。而量化评语即是考查学生掌握基本知识的技能与技巧情况,两者结合采用量化等级制方式为宜。

质性评价通常运用于学习过程中,因其篇幅短小,用简单的三言两语即可,实效性强,不但客观且针对性强,操作及时简便。这种评价直接、温馨、亲切,感情色彩浓郁使学生感受到教师的关爱,能建立学生的自信,产生兴趣,易于接受而不断发挥其育人的功能。

终结性评价可采用自评的方法,用打钩等形式来进行评价,中高年级可以采用质性评语加量化等级制形式进行评价。这样,既有主动性、实效性,又有可行性。

3.科学性与操作性有机结合

随着社会的发展和教育观念的更新,涌现出各种各样的评价方法。它体现了"以人为本"。改革评价方法,不在于表面形式、内容多少,而是要以有利于学生发展为立足点,使评价走进课堂,走进学生的心灵,走向学生的发展,为学生终身服务。评价既要有科学性又操作简便可行。只有目标明确,方法科学合理,评价才具生命力。操作简单才能被广大师生接受,才容易推广应用。

4.评价语要因人而异,体现文本关怀

评价不能停留在表面,要根据具体情况因人而异,根据不同学生的学习水平、性格、个性、状态,在不同学科和不同时机的表现等,因时因地制宜,采

用不同的评价语言和方法引导。既指出学生的优点长处，也要婉言客观地指出学生的缺点和不足，及时提出改进建议。每个学生发展和进步的起点不同，但他们都希望得到老师的关爱、尊重与赏识，希望自己不断地成长获取成功的目标，却是相同。评价是实现教育目标和教学目标的桥梁。

教师作为学生在学校联系最紧密的人，要深入了解学生家庭、生活及学习水平等情况，了解他们的精神需求和价值取向，并因势利导。如班上的某某胆子小，不敢在公共场合讲话。课上老师给他创造锻炼说话的机会，提出基础性问题请他回答。当他战战兢兢站起后，由于太紧张，一时语塞说不出话来。老师说："别急，你会的，一定能答出来！"无奈之下他小声地作出了回答，但是答得不够完整。接着老师又鼓励他"说得不错，再想想，重说一遍，大声点好吗？"在老师的耐心鼓励下，在同学们的期待中，他成功了。同学们在老师的带领下为他鼓掌祝贺！他脸上露出了久违的笑容。

学生自身的认知与思维起点不同，考虑问题的角度也各异。教师在评价学生时要区别对待，层次分明，多方位进行。教师要尊重个性和差异，以不同的标准，给学生以客观、公正、合理的评价，让每名学生在评价中品尝到学习的快乐，增强自信。

再如，在教学"认数"时，教师在黑板上贴出一张画有 5 个一串的香蕉，让学生写出相应的数。同学们齐声喊出 5。这个答案确定无疑是正确的。当学生们学习写 5 时，教师却发现有一个同学的小手还高高举着不放。教师很奇怪，赶紧请他回答，他说填 1 也对。课堂上一片"啊！"声后，引起同学们哄堂大笑。他急得涨红脸大声说："这 5 根香蕉也是一串呀。"这时同学们恍然大悟，听懂了他表达的意思，笑声停止，同学们为他的观察和想象投去敬佩的目光。教师重重地点了点头，跷起拇指，夸奖他："你的答案与众不同，太聪明了。你能坚持自己的观点，我真佩服你。"这时学生才满意又自豪地坐下。教师的评价除具有激励和启发性之外，还要发现学生在学习时的闪光点，及时给予肯定，并巧妙地维护学生的尊严。学生年龄虽小，却更加渴望得到老师和同学们的赞赏。教师的赏识和激励能为学生扬起前进的风帆。

在教学过程中教师要用即时评价给学生搭建创造成功的舞台。给他们创造机会,让他们释放潜力、展现才华,以此培养他们的数学素养、数学思考和数学学习的兴趣。

评价是一个交往互动的过程。它的主体对象是学生自己、同伴、老师。评价的策略是多元的。一是自我评价:即学生自我总结自己的优点和不足。二是同伴评价:以学习小组为单位,结合自评进行,学生要学会用欣赏的眼光看同伴,善于发现别人的优点,可以更清楚地知道自己的优点和不足。三是老师评价:在自评、互评的基础上,教师要充分肯定全班学生的进步和发展,也委婉地指出学习存在的不足,使学生树立信心,明确努力的方向,促进进一步发展。评价不要只关注个体,还要关注群体,如,表扬整组同学时说:"这组有很大进步,很高兴和你们一起学习,或者说这是多好的组,尽管其他小组都已完成任务,但你们还是坚持把它做完了,老师佩服你们的毅力。"

表扬整班时教师可说:"这节课通过全班每个人的努力才达到这么好的效果,咱们每个人都奖励自己一个微笑。"在直截了当地给予一个班、一个组诚挚的表扬和奖励的情况下,注重了表扬群体,而不只表扬个体,没人会失落,没人会产生妒忌,也没有疏忽冷落之嫌。

第四节　多彩课堂　点燃智慧火花

课程改革强调形成积极主动的学习态度,改变过于注重知识传授的影响。在学生获得知识与基本技能的过程中形成正确的价值观。为了适应知识经济时代的需要,教育不仅要完成传递文化、知识、技能的学习与继承。还要开发学生的学习潜能,学会创造,把学生探索的欲望燃烧起来,使他们逐步成为充满信心、勇于开拓、积极向上的合格人才。

一、推理想象感受内涵

没有想象力培养,就没有数学教育。它可以围绕某一问题朝着多种不同方向展开思考,通过理清问题的逻辑关系找到解题的方法和路径。

1. 体会 1 万有多大?

教师出示学校操场的实景图片,明确地告诉学生,学校操场的跑道一圈长是 200 米,引导学生想象在操场的跑道上跑步的场景,同学们跑完一圈 200 米肯定没有问题。再算出 10 圈是 2 干米,一口气跑下来肯定很累。接着继续让学生计算 20 圈、30 圈、40 圈、50 圈分别是多少米? 同时想象要坚持跑下来 4 千米、6 千米、8 千米、1 万米的难度就更大了。有的同学可能跑不下来。老师鼓励学生要加强体育锻炼,争取跑到 1 万米。

2. 感知 1 亿

学生已经知道了 1 万是一个很大的数后,接着老师让学生描述 1 亿有多大。学生描述不出来,教师出示一张白纸,让学生感受一张普通白纸很薄,薄得很难量出它的厚度,借此让学生猜想一下,1 亿张纸摞起来有多高。

学生有的猜测有一米高,有的猜一张桌子那么高,有的猜有两层楼那么高……学生间想象出的高度差别很大。在老师的鼓励下,让学生继续大胆猜,可以想得再高些。后来有的学生猜1亿张纸摞起来是学校教学楼那么高。此时老师没有急于下结论,而是启发学生打开想象空间,再继续想,有的同学想象出一亿张纸的高度要比四层楼高得多,有的同学甚至想象比864米的盘山还要高。

一亿张纸到底有多高?激起学生学习的兴趣。于是老师鼓励学生想办法实际测算。同学们先讨论测算的办法,学生纷纷献计,因为不可能直接摞起1亿张纸进行测量,而且一张纸的厚度也不好测量,最终同学们决定先量出10张或100张或1000张纸的厚度,再从中推算出一亿张纸的厚度。这一推想得到全班同学的认可。

教师拿出1000张纸,用尺子实际测量出它的厚度大约是10厘米。(板书1000张——10厘米),接着推算出1万张纸的厚度是100厘米,100厘米就是1米(板书1万张——1米),十万张纸的厚度是10米(板书10万张——10米),1百万张纸的厚度就是100米(板书100万张——100米),1千万张纸的厚度就是1千米(板书1000万张——1000米),一亿张纸的厚度就是1万米(板书1亿张——1万米)。1亿张纸摞起来的高度是1万米。这样的推算使学生大开眼界。比8882米的世界最高峰——珠穆朗玛峰的高度还要高。这种感知使课堂上一片哗然,学生不禁感叹一亿太大了,真想象不到。

对于大数,虽然在日常生活中有着广泛的应用,但由于学生生活经验不足,具体接触少,同时更缺乏主动体会大数实际意义的意识,因此,体会大数的实际意义就成为本节课的重点和难点。

教学中教师首先利用学生非常熟悉的200米的操场跑道来体会“1万”的实际意义,由一圈、两圈、三圈到五十圈,使体验逐步深入。在这个过程中,不仅有对长度的想象和推算,还与跑步的实际感受相结合,加深了学生对1万的认识。感受“1亿”的实际意义是通过“一亿张纸有多高”这一活动实现的。从一张纸的厚度入手,开始引导学生估计和猜测一亿张纸的高度,

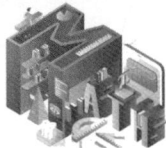

到寻找解决问题的策略,再一步一步推算,最后得出了远远超出学生想象和猜测的结论。这里不仅有数量的推算,还有共有情感的切身体验,深化了对1亿这一大数的认识和理解,体验到这个数大到不可想象。

二、亲身体验魅力无限

在数学教学中,问题是数学的灵魂,没有问题就不会有高质量的数学思维。数学教学活动的关键是培养学生的问题意识。因此,在数学教学中,要培养学生敢想、会想;敢问,会问、善问的质疑习惯。

如,教学"倍的认识"后,教师鼓励学生发现身边的数学问题。

教室顿时热闹起来,经过寻找,有的学生发现"踏"字的笔画数是"工"字笔画数的 5 倍。可以列算:15÷3＝5。有的学生以自己优秀作业中得到 8 面红旗,与同桌所得的 2 面红旗为已知信息,提问:"我的红旗面数是同桌红旗面数的几倍?"而且还请自己的好朋友来帮忙解答。还有同学提出:"我们小组的男生人数是女生的几倍?"等,这一活动,不仅把握住算理:要知道一个数是另一个数的几倍,只要看一个数里面有几个另一个数就可以了。还学会了从情感态度价值观的角度来相互评价。如"我认为他编的题非常完整","我觉得他的观察力真棒,连字的笔画数都数得那么准","××,你得了这么多红旗真棒;×××,加油呀!"

教师充分挖掘学生身边的教学资源,让学生在悠扬的音乐声中尽情地寻找身边的数学问题,增强了学生对数学的亲切感,使学生进一步感受到了数学就在身边,生活离不开数。在学生自由展示后同学们体验了解决数学问题的无穷魅力和成功喜悦。

三、调查分析升华情感

课上教师出示一组来自全班 54 名学生吃早餐情况的实际调查数据后,教师先引导学生观察表格中的数据并请他们提出不同的数学问题。学生看完数据有感而发,畅所欲言。他们发现班里喜欢喝牛奶的同学有 24 人;经常不吃早餐的同学有 6 人;喜欢吃面包的同学是喜欢吃豆包同学的 5 倍……由此展开了讨论:有的认为应该多喝牛奶,因为牛奶含有高蛋白和钙,是人体需要的重要营养成分;有的认为早餐还是以稀饭为主好。"人是铁,饭是钢";还有的认为,不吃早餐,不仅影响身体发育,还会影响学习等。

随后教师通过课件播放"电脑博士介绍健康学和营养学"方面的小知识,加深学生对健康与营养的认识,培养学生的情感态度,养成学生正确的价值观。教师借助班级学生吃早餐问题,让学生提出问题、解决问题、讨论交流、发表见解,体现了教学内容的开放性和人文关怀,学生不仅知道了不吃早餐不利于健康成长,还增长了有关牛奶、稀饭给人体带来的营养学问,深深感受到只有健康的身体,才能把学习搞好。实践练习过程,变关注知识为关注学生情感态度和价值观等方面的发展,使知识目标和发展性目标得到了完美的整合。

四、具体感受激活情感,给学生更多体验

教学"时、分、秒"的认识前,教师请学生提前观察钟面上有什么,猜一猜它们的作用,怎样看钟面上的时间等鼓励学生向家长咨询。意在相互促进,形成良好的最近发展区,使他们已有的认识与观察到的现象之间产生疑点,然后在这个基础上进行有的放矢的教学活动。这样的学习是以学生的经验为内容,学生觉得既亲切又与他们的生活息息相关。

在教学中教师把有价值的相关素材放在教室里,让学生触摸感受。这样有助于学生对所学知识概念的理解和加深。教师把钟面放在教室的数学角,便于学生观察学校生活的作息时间。既增强了学生的时间观念又加深了对时间相关知识的理解;即使有学生还不能较好掌握对时间的认识,那么他还可以利用这些机会请同学、老师帮助指点。这样边直观发现,边实践验证,对他们理解和运用所学知识非常有利。

如,学习了千克、克的知识后,教师会把重 1 千克的沙袋和 500 克的盐

袋等物品放在数学角,让学生反复掂量、体验;认识了米、分米、厘米、毫米后,把实际长度为 1 米、1 分米、1 厘米的绳子放在教室的讲台让学生观看。以此把课本上的知识变成活生生的素材,学生天天能摸到,日日能看见。通过看一看,掂一掂,量一量地反复操作,学生把这些知识的感知深深刻在了脑海里。知识的概念原本是抽象的,学生难以想象,因此在练习中时常会闹出笑话。

如练习中,有的同学竟然填出人的耳朵有 4 米长。这是因为学生脑海中的知识概念很难与其具体意义相对应。当这些耳熟能详的实物经常摆在学生眼前、身边时,这些概念由抽象变具体,由想象为直观,感知更加深刻。这些本来让教师头疼的教学内容,就这样简单地得到化解,让学生掌握了知识。

五、实验新颖转化能力

教学中,教师设计的探究活动要通过学生观察、实验、猜想变抽象思维过程为直观具体的操作使学生的数学学习充满活力。

1.验证三角形的内角和

例如,教师为了让学生探究三角形的内角和让学生通过实验来验证。先请学生分别把各自准备的三角形的三个角剪下,再分别把这个三角形的三个角拼接在一起,比一比哪位同学先发现其中的"奥秘"。这样设计实验,让学生对三角形内角和是 180° 的性质有了深刻的感性认识,而且也真正体现了学生是学习的主人。教师是数学学习的组织者、引导者与合作者。

2.猜验长短

教师执教"比长短"的时候,创设了一个游戏情境。教师用手握住一长一短两支铅笔的尾部,让学生猜哪支长,结果大部分学生都猜露出部分长的就长。然后教师放开手,结果学生们发现是中了老师的圈套,从中深刻认识到比物体的长短要从同一起点开始比。通过学生猜测的失败,在学生心里造成一种悬而未决但必须解决的求知状态。因为急切想知道答案,也就产生积极的求知心向,调动起学生学习的积极性。从课堂教学效果来看,这个小猜测是很吸引学生的。是什么让情境有了那么大的魅力呢? 是知识! 因为情境紧扣所要教学的数学知识,充满了理性美。同时,情境也让知识披上了直观的外衣,让知识有了吸引力。先猜后验证,学生急于想知道自己的猜想是否正确,活动也就成了他们的自觉性行为。

在这个过程中,学生不停地思考,不断地提出新的想法。这样的活动是实实在在的,富含思考性的。此时的学生也不是教师指挥下的操作工,学生的操作成为一种发自内心的探索行为。学生在理解基础上主动建构了数学知识。这种活动是有思维力度的,学生内在的情感得到激活,收获了触及心灵深处的精神愉悦。

3. 玩扑克比大小

为了让学生熟练掌握比较数的大小,可设计这样的活动:将一副扑克牌(去掉大小王)把牌洗匀后平均分成两份,同桌各拿一份。两人同时从自己的牌中随机抽出一张放在桌面上(正面向上),牌大者说出自己的牌比对方大几点,即可赢对方的这张牌(点数相同则无输赢)。如此继续,最后手中牌多者获胜。

4. 抽卡片位数

为让学生准确地把握数位、位数等概念,以及数的结构,可设计如下的活动:同桌的两位同学各拿一套自制的0到9的数字卡片,同时随意抽出一张(两张、三张……)放在桌上,谁先说出卡片上的数字组成的最大两位数(四位数、六位数……)和自己的卡片在什么位上,谁就获胜。

数感主要是指"理解数的意义;能用多种方法表示数;能在具体的情境中把握数的相对大小;能用数表达和交流信息;能为解决问题选择适当的算法,能估计运算的结果,并对结果的合理性做出解释。"小学生数感的形成是需要一个具体的"情境"来支撑的,这个情境一是要有趣,能够吸引学生;二是要便于学生直观地感悟数概念,即能够变抽象的思维过程为直观具体的操作过程。

5. 信息发布会

在学习百分数的意义前,教师先让学生调查身边有哪些事或物是用百分数表示的? 教学时教师首先组织信息发布会。学生争先恐后地发布自己

在生活中收集的信息:如海洋面积占地球的 97%;中国领土占世界的 20%;我国儿童 40%患有近视……

信息发布气氛热烈,调动起全班学生的积极性。全员参与的发布会,为每位学生提供了展示自我舞台,同时激发了学生对百分数学习的欲望。从而把学生的兴趣和注意力水到渠成地集中到学习课题上。

学习加深了学生对每条信息的具体理解:有 98%的住户拥有电视,即是 100 户中有 98 户拥有电视;全班同学都发布了自己的信息即发言率为 100%。发布会后同学们感到百分数处处存在,也充分理解了百分之几:是两个数的比;而不是实际的数目,并在教师启发下取得共识。

当学生打开课本,看到书上的结论和自己所得出的结论相同时,个个兴奋不已成功之感油然而生。他们互相击掌为自己的发现而自豪。在此之后,教师又请学生在黑板上写出百分数并进行评价。接着,教师在黑板上示范写出百分数后,请学生踊跃举手评价。教学过程中这些教学环节的设计使全体学生明确了百分数的书写方法。最后教师又请学生写出百分数,并用其联系生活,使学生了解了百分数的广泛应用,学习能力得到提升。学生在写和说的过程中,自我欣赏,感受到学习数学的乐趣。

这节课先以"信息发布会"引入学习课题,形式新颖、活动气氛热烈,激发了学生探索百分数的兴趣。接着让学生从发布的信息中任意选择信息材料,探索每个百分数的具体含义,交流百分数的意义;让学生自己写百分数、说百分数等,学生始终处于主动、兴奋的状态之中,每次活动中的成功,都给学生带来喜悦之情,让学生切实体验数学学习的乐趣。最后,通过百分数在生活、生产科研中的应用把学生的学习兴趣与成才愿望结合起来,促使学生树立学好数学的决心和信心。

总之,智慧的教学是动而不乱,收放自如,给学生自由的空间,但又给予学生自然无痕、适时的引领。在这个过程中,教师的作用不断转化为学生学习能力,让学生获得真正意义上的发展。

第七章 精心设计作业 放飞学生潜能

作业是课堂教学的延伸,其作用一是通过作业的反复练习和应用,巩固知识与技能;二是让学生自主安排时间和学习方法,培养学生自主学习的能力;三是帮助学生深入思考和运用学习内容分析和解决问题,提高学习效果;四是拓展学生的知识面,接触学习领域之外的知识。

作业分为两种:一是课堂作业,它是教师改进教学的参考,及时发现教学的问题或盲区,再通过查漏补缺和改进教学方法和行为,实现教学相长,落实因材施教。二是家庭作业,它是靠学生回家去完成对所学知识的巩固,也是家长了解、监督、辅导的手段。

总之,作业就是举一反三:课堂上教师讲的内容是"举一",作业中的拓展练习是"反三"。这种拓展既能加深学生对知识的理解,也有延伸应用,甚至能发现新知识和方法的作用。

第一节　作业是连接课内外的桥梁

作业是教学过程中的重要环节,是教学反馈的重要渠道,是巩固知识、培养能力的重要途径,是由知识形成技能的桥梁。作业能平滑地做到知识的延伸与拓展,犹如给学生戴上了一副"望远镜",站得高,看得远,正所谓:"课虽终,趣未尽,思不止。"

一、课堂作业有的放矢

课内作业以书面作业为主,它是课堂教学的重要组成部分,其关注知识、技能的学习与掌握,注重培养学生的思维能力、情感及学习态度的培养。课堂练习不能一马平川,要让学生经历认知的矛盾,使学生的认知经历"平衡——不平衡——平衡"的过程,这样既能激发学生学习的兴趣,又能展现数学本身的魅力。

(一)课堂作业的设计要助力高效课堂

1.体现趣味性

设计形式多样、内容有趣、富有探索与思考的数学课堂作业,能使学生在作业练习中掌握知识和技巧,以发展思维形成能力。

学生对作业是否感兴趣,取决于作业内容是否新颖、有趣,教师可以根据小学生的年龄特征,把作业中枯燥的数学知识编成谜语、游戏、童话、故事等形式,使学生产生一种强烈的内部需求感,在乐此不疲之中完成作业。

如学习了"植树问题"后,教师设计了如下问题:唐僧一行四人来到一

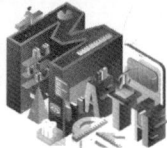

座寺院,寺院主持决定考考他们问:"从寺院山门直至大殿大道两旁共植树316棵,每两棵都间隔10米,那么从山门到大殿的距离是多少米?"

猪八戒的算式是 $316÷2×10=1580$(米),沙僧的算式是 $(316÷2+1)×10=1590$(米),孙悟空的算式是 $(316÷2-1)×10=1570$(米)。到底谁的算法对?为什么?有趣的故事吸引了学生激发了兴趣,学生愿做、乐做。创造性的作业,让学生发挥各自的潜能,使之在运用中再学习、再探索、再提高。

在小学数学课堂教学中,适当运用趣题,可激发学生学习数学的兴趣,提高数学教学质量。而教材中现成的趣题有限,所以教师必须结合教学内容,编拟一些趣题是很有必要的。教师平时应注意搜集有关数据,并注意扩大知识面,做生活中的有心人。这样数学教师才能有"趣"可生,设计出多种数学趣题,有利于激发学生的求知欲。心理学研究表明:当人精神饱满、兴趣盎然时,整个神经系统的兴奋水平提高,求知欲望也增强。因此在这种情绪背景下有的放矢完成课堂作业学习,能大大激发学生的学习兴趣,调动学生的学习积极性,其效果佳。

2.体现生活化

设计数学课堂作业时,注意要在科学性的保证下,将数学知识蕴含在学生的生活场景中,以此拓宽数学的宽度。

例如:在复习利用百分数解决问题时,设计了这样一道题:爸爸是某商场专柜的组长,在国庆三天的优惠活动中,店里根据每专柜业绩订出计划,销售额为11万元。活动结束后,完成任务的奖励1000元,超出部分给组长1.2%的奖励.同时商场开展"满意评价"活动,获顾客投票满意率达100%的再奖组长1000元。

以下是商场国庆三天小组的销售额情况:

	10月1日	10月2日	10月3日
销售额(元)	60000	57000	33000

(1)10月1日完成了总计划销售额的百分之几?

(2)三天的销售额超百分之几?超出部分爸爸能拿到多少奖金?

"满意评价"投票箱共收到 296 张选票,投票情况如下表:

非常满意	满意	一般	差
219	71	5	1

问题:满意率是多少?爸爸共拿到多少元奖金?

此题利用学生所熟悉的市场销售的生活实际,考查了百分数的相关知识。培养了学生仔细审题,认真分析问题和解决问题的能力。

3.体现层次性

作业应使不同层次的学生在各自起点上都得到最优的发展。因此设计的检测题应体现多层次,有差异,留给学生自主选择的空间。

在上复习课时设计了这样的练习题:180 名学生去旅游,大客车每车限坐 42 人,一天租金 800 元;中巴车限坐 18 人,一天租金 400 元。请你设计几种租车方案。(要求学生根据题意设计旅游方案,每人最少设计一种,多方案者获多奖)。

熟悉的生活情境为学生的积极思维提供了广阔空间。数学来自生活,在生活中发现规律;数学用于生活,在生活中运用规律。生活应用是数学永恒的主题。在不断地发现和运用中使学生感受数学在现实生活中的实际价值,增强学习数学的兴趣和应用意识。教师设计这种层次分明的作业,让不同的人在数学上得到不同的发展。在有限的范围内有选择的自由,这样就提高了学生作业的兴趣和学习效率。

在学习了"乘法分配律"后,教师可以设计如下作业:你能运用"乘法分配律"简便计算下面各题吗?(要求任选 6 道题或以上)

(1)76×68+76×32　　　　(2)201×73

(3)25×401　　　　(4)125×88

(5)91×101　　　　(6)327×99+327

(7)18×102-58×2　　　　(8)987×98

(9)69×301-69　　　　(10)5.7×39-4.7×39

(11)0.54×999+5.4×0.1　　　　(12)$\frac{4}{5}×101-1÷\frac{5}{4}$

这样的课堂练习,不仅培养了学生思考问题的全面性,而且使学生的创新精神得以发展,使不同层次的学生都有所收获,有所提高。

数学作业,不仅具有巩固知识,反馈信息的价值,更重要的是学生在完成作业的过程中真正形成技能、获取数学思想和方法、培养良好的数学素养。

4.体现灵活性

培养学生思维的灵活性是数学教学的一个重要任务,其表现在学生能从多角度对问题进行思考、分析、判断和推理,解决问题的方法也独具创新,因此课堂练习要根据学生的现有水平,设计出覆盖面广、灵活性大的开放性习题。

如,学习了"加减法解决问题"后,设计了这样的课堂作业:小强家离学校 900 米,小丽家离学校 400 米,小强家与小丽家相距多少米?学生都列出了 900+400＝1300（米）的式子。突然一个学生说:如果小强家与小丽家住在学校的同一方向,他们相距离应是 900-400＝500（米）。这种思维方式激发了其他同学创新的欲望,大家争先恐后地发言,谁也不甘示弱,最后得出了一种结论:当两家和学校位置呈三角形时,两家的距离就难以确定,但总比 500 米多,比 1300 米少。此题开放又灵活,培养了学生发现问题、分析问题的能力,为培养创新型人才打下基础。

学生在解题过程中,常会出现思维定式,对那些将课本上的内容稍作变化而形成的各种作业,学生便无从入手,为了改变这种局面,可设计些变式练习,让学生解答,以使学生理解问题的本质。通过变式训练,诱发学生的发散思维。学生的思维活跃了,才能激发学生的创新思维向纵深发展。

常见的变式练习通常是以变换形式、变换叙述方法等呈现给学生。例如在应用题的练习中,很多时候会用到对同样的数量关系采用变换叙述方式的形式,用不同的方式进行变式练习,打破学生解题的固定程序,避免学生见"多"就加;见"少"就减等,按词定算法的惰性定势思维,以使学生分析问题和解决问题的能力得到提高,认识得到深化,促智力发展。这样教学在一定程度上克服了学生思维的定向和惰性,既激发了学生的兴趣,又训练和激活了学生的思维,同时也从中培养了学生认真审题,积极思考的良好学习习惯。

5. 体现拓宽性

在课堂练习的设计过程中,不仅要着眼文本的教学目标,还应瞻前顾后,放眼整个学习系统,挖掘练习的内容。让练习走向发展,助力课堂教学,在悄无声息中增强学生的应用能力,逐步形成数学素养。

如,学习了"掷骰子"后,教师出示:××商店推出摸奖促销活动,摸奖的规则是:有 12 个球,编号分为 1—6,每个数字只有两个,摸奖时,每次付 1 元钱,同时摸 2 个球。两个球上数字之和为 0 和 1 为一等奖,可得漫画书一套;两个球数字之和为 2 和 12 为二等奖,可得文具盒一个;两个球上数字之和为 3 和 11 的为三等奖,可得一支笔。小明第一次没有摸到奖,第二次和第三次依然没有摸到奖。小明莫名其妙地问:"你们说这是怎么回事?"

生 1:一等奖是不可能摸到的,因为两个球上的数字和最小是 1+1＝2。

生 2:二等奖的可能性太小了,因为只有 1+1＝2,6+6＝12 这两种情况。

生 3:三等奖的可能性也很小。

接着教师让学生想一想,怎么改一下得奖条件,让小明摸到一等奖得到漫画书的可能性最大。

生 4:如果把和改为七可能性最大。

数学与生活有很多联系,要让学生会用数学的眼光解决生活中的问题。总之,课堂练习是学生学习过程中夯实基础的重要环节,是提升学生学习能力的前沿阵地,学生通过练习可丰富认知的经验,在优化学习方法的同时获得成功的体验。课堂练习也是教师备课的指南针,通过练习反馈,可以让教师掌握一节课的教学情况,了解和评价学生的学习状况,从而有利于教师对课堂进行调节和控制。

练习的目的是使知识得到迁移,所以课堂练习的设计既要含有旧知,又要异于新知,以引发学生在新知与相关旧知的联系中有所发展。通过练习,使学生对新知识的理解达到全面、深刻、稳定,所以教师的教学中必须在巩固重点的练习后进行延伸性练习。

二、家庭作业探骊得珠

课外作业是课堂教学的延伸和补充,教师要以充分发挥学生自主潜力为出发点设计作业,给学生探索知识的崭新、辽阔的发展空间,放飞潜能。通过学以致用,获得亲力亲为的体验,思索、感受和领悟,收获自信和成功,感到做有所得。

(一)用已学知识完成有力度的练习

如,有的教师教学"三角形的内角和"后布置了这样的作业:探究四边形、六边形的内角和分别是多少度? 学生们的作业创意无限:四边形内角和,将四边形分成两个三角形,然后将两个三角形内角相加。再探究六边形内角和时,有的将六边形分成四个三角形,然后将四个三角形的内角和相加,有的将六边形分成一个四边形和两个三角形,然后分别将一个四边形和两个三角形的内角和相加,有的将六边形分成两个四边形,再将它们的内角和相加,也有的将六边形选取一个中心,然后分成六个三角形,用六个三角形的内角和减去一个圆周角。

一道好的作业题能激发学生的学习兴趣,促进思维向深度发展,既学会了用已学的知识解决带有一定思考力度的题目,又满足了学生的求知欲和好奇心;既激发了学生的探索精神又尝试了带着疑问动手做的实践能力,使学生感受到数学就在身边,"习"已尽而意无穷。

(二)在操作中悟出真谛

如,教学长方体表面积后教师设计的这样一道家庭作业题:

每平方米的墙面需2千克油漆,如果重新粉刷你的卧室,100千克油漆够吗?

本题一要先测出卧室的长、宽、高;二要求出自己卧室的四壁和屋顶的面积;三要扣除门窗的面积;四要算出100千克油漆是否够用。这样的实际操作,让学生了解到数学在生活中的应用,加深了对长方体表面积的认识,使学生在巩固知识的同时,思维在深度和广度上得到发展,在操作实践中悟出数学的真谛,因此学生的数学家庭作业应具有实践性,让学生在活动中体验、应用、探索、感悟,自主完善认知结构。

(三)在体验中培养创新

在教学"调查与统计"后,教师要求学生调查所居住单元的人口、年龄、性别填写统计表。当老师问学生还会想到哪些问题、怎样解决这些问题时,学生又"节外生枝":有的对单元幼童、老年人统计后需要配备多少保姆进行安排、有的对单元人口的消费品及相应产生的垃圾进行了统计、有的对单元居住户的用水、用电进行统计、有的对本单元的汽车、电动车和三轮车进行调查统计……开放互动的课外作业萌发了学生许多奇思妙想,灵感顿悟引发猜想,这其中有合理的想象,也有不合理的安排。但教师利用课外作业的形式捕捉、把握住这些有利资源为教学所用,在学生生动活泼的快乐体验过程中培养了他们的实践能力和创新精神。作业记录了学生实践、应用、成长、发展的过程,对数学教学具有重要价值。

(四)富有挑战性的探索作业

观察作业培养学生的观察意识与观察能力,敏锐地发现事物的规律与本质;调查性作业是培养学生数学意识的有效途径,在调查中逐渐具备数学的眼光;实验型作业是激发学生学习兴趣的较好选择,可激发学生的探究欲望;问题作业不仅要解决别人提出的问题,重要的是自己找出问题并解决;应用型作业,学生利用所学知识解决现实生活的问题;探究性作业,开发学生的智能,促创新意识的萌发……总之,课外作业的设计要"多维",让作业贴近生活,更富有人情味。

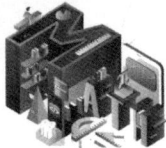

第二节　作业是展示才能的大舞台

首先,教材作为一种"文本",它的容量和表现力是有限的。如果教师不敢逾越教材的束缚,不能丰富、释放其内涵,只是照着教材的"指示",简短完成教学内容,完成书后的练习,就带领学生进入别的单元学习,那么这些知识在学生的大脑皮层上只是一闪而过,没有留下更多深刻的印象。况且根据艾宾浩斯的遗忘规律,学生进行两三节课的学习后,形成的也只是短时记忆,如不及时巩固运用的话,这些知识很快就会被遗忘。

其次,对这些内容的教学可以联想到吃东西:教师只是关注学生把知识"吃下去"了,至于学生能不能细嚼慢咽? 消化得怎样? 我们并没有给予更多的关注,或者说没有给予学生更多的时间慢慢消化吸收,而这个消化的过程很重要。况且这些内容的实践性很强,如果没有得到充分有效的运用,学生是很难深刻理解的。

再次,教师在新授教材内容时,都曾精心为学生选择提供了典型的具体事物作为背景来支撑这些概念,且学生在理解这些概念时,脑子里往往闪现教师提供的背景材料,但这不够全面,教师还应提供更多生动的材料来丰富他们对概念的认识。要解决这些困惑,必须从以下这些原因着手。

一、联系实际理解运用

美国教育家杜威的"教育即生活"理论:最好的教育就是从学生生活中学习。学生学习这些内容,不应局限在课堂教学这个主阵地,在课堂教学之外的引导、教育也应该得到重视。把这些知识有机地渗透到学生的生活中,并且应该在平时利用一切可以利用的教学资源,丰富学生对概念的认识,直至他们能较深刻地理解、灵活地运用,才能真正地达到预定的教学目标。作业是对主阵地的延伸、深化,也是学生消化知识的过程,它同样可以是学生展示才能,发展自我个性的大舞台。

如,学习了"小数加、减法"后,下课前教师布置家庭作业:计算自己家某个月水费、电费、电话费等支出情况,并预测下一个月电费、水费、电话费大概是多少。通过这些练习的设计,不仅加深了学生对小数加、减法算理的理解,巩固了计算法则;而且使学生学会了在生活中如何应用小数加减法。

学习了"长方形和正方形的面积"后,教师设计了这样的练习:结合学校实际情况,根据已知条件求各班清洁区的面积,想办法求出自己家的居住面积。

学习了"统计的初步知识",教师引导学生调查与自己的生活密切相关的问题,并制作出统计表。如,某班同学对一节课的"满意度"情况统计表、某班同学完成作业所用时间统计表、某班同学所喜欢的任课教师统计表、某校图书馆图书分类情况统计表、某班同学读课外书情况统计表、某班同学所喜欢的体育项目统计表、某班同学身高情况统计表、某班同学体重情况统计表、某班同学喜欢的电视节目统计表、某班同学居住面积统计表等。

学习的"平均数"后,让学生以小组为单位,自选专题,开展活动。如:计算出本班同学的平均身高、体重、年龄;各班的平均人数、男女平均数及教师平均年龄等。老师还充分利用课余时间给学生留作业到商场、超市调查某一物品的价格,并计算出这种物品的平均价格。为了完成"作业"学生们相互协作,在解决简单实际问题的同时提高了学生数学的应用能力。

二、观察发现提出问题

教师还应引导学生从生活中发现、提出数学问题,并运用所学过的数学知识和方法加以解决。学生们从自己熟悉的生活中提出并解决了许多数学问题:附近超市的营业时间有多长?一支粉笔有多少立方厘米?学校购置

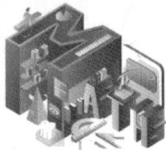

教学用品一共花了多少钱？一年的学习时间是多少,预测自己家明年的水费、电费、电话费的支出,自己家实际的居住面积是多少平方米等。教师还把学生收集到的问题汇集成册,编成校内"数学报"。同学们看到自己的成果被展示出来,非常激动。

再如,24 时计时法在广播、交通、邮电等部门应用非常广泛。学习这部分内容时,教师引导学生寻找生活中的"24 时计时法"。学生把日常生活中时常看见的,但又没有注意到的都一一统计出来。商店、银行、邮局等的营业时间、邮箱上的开箱时间表以及火车站的列车时刻表等。

教师还引导学生在生活中应用"24 时计时法":吃饭时,看一看钟表是几点,吃完饭再看一看钟表是几点,然后说一说吃饭用了多长时间;写作业前看一看钟表是几点,写完作业再看一看钟表是几点,然后说一说写作业用了多长时间;睡觉前看一看钟表是几点,第二天起床时再看一看钟表是几点,然后想一想自己的睡眠时间是多长;每次离家时看一看钟表是几点,回家后再看一看钟表是几点,并计算出自己外出的时间;教师还引导学生制定出符合自己的实际的作息时间表。

不仅如此,教师还引导学生对自己的记录和设计进行分析,看看各项活动所用时间是否合理,是否应该提高效率,保证睡眠时间。与此同时教师适时对学生进行珍惜时间的教育。

生活资源的开发利用,加深了学生对计时法的认识,丰富的体会和广泛的应用使他们亲身感受到学习计时法很有必要。教师把学生的生活经验,当作数学作业中一个重要的资源、一笔宝贵的财富。学生们在参与实践活动过程中,不仅体会到数学与生活的联系,感受数学与生活同在的乐趣;而且学会了与他人合作。

除此之外,还可以设计操作性作业如小发明、小制作、小调查,小设计等让学生深入地参与到知识的产生、发展、形成及应用的全过程。如"小调查",在学习了"统计初步认识"后,可以让学生调查一下班内同学每周的零花钱是多少？手机问卷,制成统计表,然后做出分析,写成小论文。在这些调研型的实践作业中,通过自己的调查研究、计算比较、分析概括,既学到了知识,又锻炼了能力。

再如有的学生选择了对重庆火锅的小课题研究。他思考:为什么重庆人喜欢这种又辣又麻的饮食?在调查中学生弄清了,火锅源于码头工人的饮食,明白了饮食文化是与当地的气候、物产及经济、劳作特点等综合作用的产物,同时探究到巴渝人的性格和文化,理解和加深了对"一方水土养一方的人"的内涵,增进了学生对各地域文化的探究兴趣,从生活中来,到生活中去。作业要以提高学生的学习积极性为前提,而学生完成作业的积极性又依赖教师的培养,二者相互联系,互相贯通,才能更好地达到教学的目的。

总之,作业是培养学生的创新精神和实践能力的重要载体,它能有效地培养学生收集或处理信息且获取新知,并在分析和解决问题的过程中,学会团结协作。开放性的课外作业能充分发挥作业的积极作用,它成为建构课内外、校内外联系的桥梁,作业也成为连接学校、家庭与社会的纽带,作业也成为学生更加开阔的创新天地。

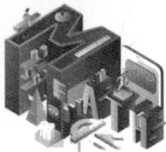

第三节 匠心独运的作业要把好度

作业是教学的重要环节,是对课堂教学的巩固和运用,是师生教与学信息交流的途径之一,小学数学作业设计要把握好几个"度"。

一、尊重差异,作业设计有"梯度"

学生由背景、环境、智力、性情等不同,让具有参差不齐学习能力的学生完成无差异的统一作业,后果可想而知,要么"吃不饱"要么"消化不了"要么……因此教师在作业设计时要有所区别,作业设计要分层次与梯度。

作业可以分为:基础性作业,它匹配文本中的教学内容,目的是巩固知识;变式提高性作业,目的是弄清知识间的区别和联系;拓展性作业,其具有挑战性和灵活性,目的是培养学生的深度思维。分层设梯是让不同学习水平的学生都能选择适合的作业。既达基本要求,又可让部分学生挑战自我。在作业设计中教师还要秉持让学生"跳一跳摘桃子",鼓励学生努力前行和攀登。

如学习"乘法分配律"后,教师设计了以下的作业:

(1)比较哪道题计算更简便?

$73×(64+36)$ $\qquad$ $64×73+36×73$

$402×25$ $\qquad$ $400×25+2×25$

$823×15-523×15$ $\qquad$ $(823-523)×15$

(2)将计算变得简便?

$25×(40+8)$ $\qquad$ $159×27-59×27$

（3）说明下题是否成立？

73×82+27×82＝（73+27）×82

（4）计算他们的结果相差多少？

某同学把25×（□+4）错写成25×□+4 结果相差（　　　　）

这样分层设计作业，练习由浅入深，使学生的数学素养在符号意识、运算能力和模型意识形成过程中得到发展。教师巧妙地设计分层作业，使数学作业有温度、有梯度，能促进学生个性发展。

二、贴近生活加大作业的"力度"

数学具有很强开放性，它与生活紧密联系，因此，设计数学作业时，教师应当充分利用学生与社会交往、家庭生活广泛接触的机会，将课堂的教学内容与现实生活中的数学资源有效对接。教师既要设计书面作业，也要设计非书面作业，使作业的内容丰富、形式多样；既能激发学生做数学作业的兴趣，又能促使学生掌握数学基础知识，提高思维能力，形成数学基本技能。

（一）游戏性作业

它是以游戏为载体将知识蕴含其中的一种作业。这种作业可以让学生在欢乐中不知不觉地掌握和应用知识，轻松愉快地锻炼数学思维获取知识技能。因此，遵循小学生的年龄特点，设计具有趣味性的数学游戏作业，使学生在玩中学、学中做，以此点燃学生做作业的热情。例如在教学"乘法口诀"时，教师利用扑克牌中的 24 点做游戏，在玩中给学生形成数感、提高运算能力。

（二）体验类作业

体验型作业是依据教学目标和教学内容，以学校、家庭、社会、为载体的体验与实践的作业。体验给学生带来了模仿、操作、测量、设计等实践机会，可促进学生在发现问题和解决问题中提升知识、技能，感悟思想方法，提高

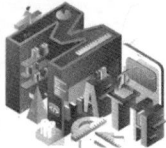

动手操作能力、语言表达能力和空间想象能力及应用能力。如教学"认识人民币"时，设计模拟购物情境，让学生在购物活动中体验使用人民币，从而进一步认识人民币，感受不同面值人民币之间的关系。

（三）操作性作业

类作业是让学生动脑思考、动口表达、动手操作，并学会观察，通过绘画来清晰地呈现所学内容，多种感官紧密联系在一起，深化对知识的理解。这种作业以自主探索知识为主，通过画一画、做一做、剪一剪、拼一拼等发展学生的思维。例如，在教学"20以内的进位加法"时，引导学生拨计数器以理解满十进一的道理，助力对进位加法理解。

（四）整理型作业

它是对课堂中所学的知识进行回顾或对单元中的某些内容进行梳理的作业。它可以通过思维导图、记数学日记等形式记录自己的想法和做法，以建构完整的知识体系，使所学知识条理化、系统化和结构化，培养学生的整体观念。

如在教学"多边形的面积"时，引导学生利用思维导图整理单元知识，通过整理学生建构出了多边形的面积计算公式间的联系，建立起结构化的知识网络。根据学习内容、学生年龄特点设计多元化的作业，可以满足学生的不同作业需求，让学生在反思中发展，从而达到作业效果的最大化。

三、激发兴趣，作业要有"热度"

兴趣是学生学习的不竭动力。教师设计作业要在调动学生的学习兴趣上下功夫，要根据文本的教学内容设计出灵活新颖，富有情趣，能吸引学生乐于主动积极地动手参与，满足他们探究求果的欲望，并保持在一个恒定的"热度"中。在愉悦的环境里，体验寻觅真知和增长才干的乐趣。知识只有与人的生命、生活息息相关时，才能唤起学生学习的内在兴趣和需求，以此在实践中不断增强他们的学习热度。创造生活化的数学作业,可以把数学知识融入生活,呈现知识的"生命态",亲身体验真实生活中的问题,体会数学的价值,使课堂教学得以延伸。

如,学习了"时、分、秒"之后的作业是:每位学生回家后要记录下吃晚饭,看动画片,睡觉的时间。早晨要记下起床的时间和去学校的出发时间等,并要求学生给自己制定出一份每日的作息时间表。当一张张安排合理的作息呈现在教师、家长、同学眼前时,获得老师的赞叹,家长的夸奖和同学之间的借鉴,成功的自信不断增强学生的学习热情,也使知识的掌握和运用深记心中。

学习了"认识方向"后,教师让学生观察自己家周围每个方向都有哪些建筑;写出你睡床四周都有些什么。在认真观察辨方向中学会叙述和绘图。

学习了"认识角"之后让学生找一找,看谁能找到生活中更多的带角的物体,再请他们比一比所有角的大小,并找出其中的直角。学生对此乐此不疲,汇报时同学都惊奇地发现原来我们身边有这么多角呀!角在生活中的作用真大呀!此时数学知识已不是书本中死记硬背的文字,而是呈现知识的生命态。教学"统计"之后,让同学统计班内参加运动会各项比赛的人数。在完成这些作业时教师只启发引导,任务交给学生独自完成。这样的作业,摒弃了传统机械式写练,它留给学生的是更多的思考与实践,真正达到提高学生经验进程的能力,提高学生学习兴趣。

再如:学生有了八个方向的认识后,教师带学生去公园游玩时,先组织学生观察公园的平面图,了解大致的景点,计划好游览的路线,然后再游玩,并且在游玩的过程中不断根据路边的指向标来判断自己的路线是否正确。

又如教学"千米"这一概念,在课上无法让学生亲身体验千米的实际长度,但在学生进行远足活动时,就注意告诉学生从哪里到哪里是1千米的距离,然后学生通过步行,实际感受千米的具体长度,从而形象直观地让学生了解千米的概念,很好地发展学生的空间观念。

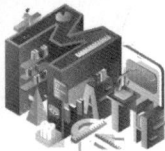

四、立足文本拓展作业的"宽度"

拓展是课内向课外的"适当"延伸,但拓展不能无度。"度"是练习内容要围绕文本的重点进行。"拓展"注重探究和创造,学生在完成作业的过程中获得挑战和成功感。开放性作业的特点是没有固定的算法与标准答案,它能激发学生的思维,培养创新能力。

如在教学"百分数的认识"时,设计了这样的画图作业:

(一)把一根( )米的木材,平均分成( )段,每段占这根木材总数的 $\frac{(\quad)}{(\quad)}$。

(二)按要求编题。用 $\frac{3}{4}$ 把题目补充完整并计算。

果园有 120 棵苹果树,_____梨树有多少棵?(你还能再编几道吗?)

此题学生可从自身的能力出发完成练习,这种作业是开放性的,需要学生对知识的综合运用,它以学生的个性、能力为前提,以发展学生的思维能力和创新能力为目的。

五、从会到活培养思维的"深度"

限于课内练习时间有限,即使有一、二道题的课堂练习用以巩固新知,但也达不到深化的目的,而课外作业却能有效地进行补充和对接,灵活多样的课外作业设计能将学生所学知识巩固和灵活运用并得以深化理解。

如运用变式练习给出某问题的算式让学生讲算式表示什么意思?根据教材改编练习,可使练习更具思考。用从多角度、逆向思考问题的练习转变学生的思维定式,学会从实际情况出发运用多种方法解决问题。为此教师应凭借自己的智慧、经验,在尊重教材的基础上对所用文本内容的价值进行挖掘,适当完善或加工,以这种作业形式拓展学生思维的广度和深度为提高教学质量服务,为加深学生思维的深度服务。学生才能从"会"过渡到"熟",再由"熟"过渡到"活",使全体学生都有收获。

六、合作探究,增加作业"参与度"

教师的作业设计要更多关注一些探索式、合作式作业,促使学生联合同伴和家人共同完成,以此培养学生的合作意识和探究能力。

例如,在教学"比例尺"时,教师结合劳动教育设计如下作业:学校花坛铺优质土,运来的 5 车优质土可铺多厚?

活动一:测量数据,绘制坛平面图,计算花坛的面积。花坛的种植面积和优质土的体积是解决"铺多厚"的前提条件,为计算花坛的面积,学生需要先绘制花坛的平面图再计算。

活动二:计算优质土的体积,求出厚度。要平均铺到花坛里,即是高相等。运用等积变换,将优质土的体积除以花坛的面积得出土的厚度。

活动三:小组分享和评价。通过小组分值性评价和过程性评价,帮助学生明确任务,提高学习的积极性。

教师组织学生进行合作探究,整个活动让学生经历实地测量、收集素材、调查研究、解决问题的过程,已达到提升学生在实际生活中解决问题的能力。积累根据问题的需要合理选择策略的经验,发展创新思维。

总之,合理适量的作业是巩固知识、发展能力的基本手段,是提高教学质量的保证。当数学作业跳出了"题海战术"的误区,撕开了一成不变的枯燥冷面孔,变成了展示个性、激励自信、沟通情感的载体时,作业也就成了学生喜爱的学习活动。

第四节 打开数学综合实践新天窗

长期以来，人们往往把作业的功能定位于"知识的巩固"与"技能的强化"上，导致作业陷入题型呆板、形式单调、内容封闭的误区，严重禁锢了学生潜能的发展。如何使学生在具有趣味性、实践性和创造性的作业中充分发挥自己的潜能，从感到厌倦、枯燥、反感的书面作业中解放出来？结合教学实际谈几点看法。

一、教师活用课本，学生作业精彩

数学课程标准指出，教师要"用课本教而不是教课本"。如果教师能依据学生的生活经验，把作业的方式和时序稍加改变，常会收到意想不到的效果。

如，五年级关于"抛硬币"的实验是放在课中进行的，如果把它改为课前作业，让学生自由结合，抛币时做详细记录，即抛币的次数；正、反面朝上的次数；做统计；计算结果等。学生通过统计数据会得出结论："抛掷的次数越多，正、反面被抛到的次数就越接近。""硬币正、反面被抛到的次数差不多相等。"

这样的作业设计把新的知识纳入"待解决问题"的情境中，学生触景生思，用数学的眼光把生活中的现象转化成数学问题，在快乐的探索中经历由困惑到理解的寻找规律的过程。实验把概率的思想融入体验的活动中，使学生理解"皮尔逊的第 24001 次猜测"的认识。学生靠自己的体验、感知，用自己的活动建立起对人类已有数学知识的理解。

二、亲子轻松互动,知识活化丰富

学生除在课堂学习知识外,会有更多的机会从父母、亲友中获得。对如何充分利用家庭教育资源的调查后,教师进行了大胆的尝试。如教学"和老师一起到校外走1千米的路程,体验1千米有多远"。在实际教学中,因时间和场地的限制,教师把这项活动设计为亲子作业:由家长带学生,以一个地方为起点,选择步行、跑步、骑自行车或电动车或乘车等方式,行1千米的路程,把感受记下来与同学交流。这一改,地点可选空间变大;从学生跟教师被动地走变为在家长带领下快乐地行;由单一的走变为多种方式的体验,学生体验时间充裕,身心放松。通过亲身体验大大丰富了学生对"千米"这个单位的感知,也使课堂知识得到了延伸。

三、鼓励动手实践,学生创造无限

皮亚杰说:"活动是认识的基础,智慧从动作开始。"在教学"长方体、正方体的表面积"时,教师让学生把准备的长方体纸盒沿棱剪开,然后标明它们原来是长方体的哪个面。这样学生既能理清表面积的概念,又能理解和掌握表面积的计算方法,但对立体图形与平面展开图之间转化的空间观念理解得还不够透彻。为此,教师设计了"我是剪纸魔术师"的课堂作业,把准备好的若干正方体纸盒沿棱剪成平面组合图形,看谁剪出不同形状的展开图最多。不一会儿,学生的桌面上就摆出了形态各异、数量不等的正方体平面图。

四、学会探究交流,学生喜获成功

"数学和认识周围世界的过程充满情感。这种情感是发展儿童智力和创造力的重要土壤。"在教学中教师应努力实现认知过程的"情感化",使学

生的认知和情感和谐发展。

如教学"循环小数"之前教师设计了这样的计算作业：1÷7 得多少。计算中，有的学生一筹莫展；有的怀疑自己抄错了题；有的检查计算过程的正误；"老师，怎么总是有余数呢？""咱们除到第几位呀？""这样的结果是循环小数吗？"教师为他们竖起大拇指说："问得好！如果谁能发现其中的奥秘就更棒了！"

课前教师仔细阅读了每份作业。学生计算出来的商几乎都除到第二个循环节，商的表示方法各有创意，但都体现了"依次不断重复出现"的含义。

作业清晰地记录着学生们饶有兴趣的解题过程："我发现 142857 这几个数字在每道题的商里都出现，真有意思。""这题是循环小数，商是142857142857142857……永远也写不完。""我发现这些题的整数部分都是0。""我发现小数都是除到第 7 位才相同的。""我认为数学很有趣也很奇妙，有的数怎么会永远也除不尽呢？""我感到数学挺有意思的。横式的商后面能写省略号吗？""我发现这些数字很像四季在不停地更换。"

新课开始，学生激情澎湃地畅谈了各自不同的作业感言。交流，给学生营造了和谐的沟通氛围；交流，使学生学会认真倾听他人的发言；交流，让"学困生"悟出别人的方法简单巧妙在哪里；交流，让"学优生"悟出各种方法的本质联系；交流，发展了学生的思维能力。他们带着问题、带着困惑、带着好奇、带着自信、带着成功的情感，进入新知识学习的过程中。当教师在作业讲评中对他们提出的猜想给予肯定时，当他们发现的规律被证实时，他们品尝到了作为研究者、发现者和探索者的无以言表的成功喜悦。

五、作业内化习惯，反思生成智慧

计算能力的培养是小学数学教学的一项重要任务。它不但要求学生掌握运算方法、提高计算能力，还承担着数学思维能力和学生良好学习习惯的培养，而作业就是沟通知识与能力的桥梁。

学了小数乘法后，作业中出现的错误比较多，据此教师设计了这样的作业:①计算课本上的练习题。②你计算的结果都正确吗？③想一想你做对的原因和算错的教训各是什么？④请你把完成作业的好经验编成儿歌。

学生经过反思,集体整理编写出"作业要牢记"的顺口溜:作业前,细读题,明白要求和题意;计算时,数字符号莫抄错,运算方法要牢记,一步一步算仔细;计算后,要验算,写上得数别忘记。

此后,学生作业的正确率有了较平稳的提高,但仍有错误不断出现,如何把作业中的错误巧妙地转化为教学资源？教师的做法是:让他们做"医生",自己"会诊",查明"病因",自我"治疗",避免重犯。用他们的自省、自悟取代了教师的讲解。教师在关注学生作业结果的同时,更关注学生学习的过程,将作业内容与良好学习习惯的养成构成一个和谐的整体。久而久之学生的外部活动逐步内化成严格认真、一丝不苟的学习态度和坚韧不拔、勇于克服困难的精神。学生在不知不觉中进入了学会学习的轨道,内化成严谨的思维能力。

六、作业形式多样,学生竞展风采

在"对称、旋转"教学后,教师请学生当"设计师",让他们运用平移、对称和旋转的方法设计自己喜欢的图形。第二天"设计师"们拿出了令人眼花缭乱、充满灵气的创作成果。展示中,有的学生拿着自己的作品边演示边讲解,有的学生高举自己的作品提出若干问题请其他同学回答,也有的学生因作品太复杂而引起了大家的争论。学生研究的专注、争辩的热烈源于对问题的兴趣。课后教师把这些作品在学习园地中展出。一个星期后,仍有许多学生驻足欣赏。

总之,作业要针对不同的知识点及学生特点进行设计,以发掘学生数学潜能为目的,采用多种形式,使学生在愉快的实践中不知疲倦地感知、活用所学的知识,使不同层次的学生拾级而上,自觉迈向掌握知识的最高点。这样的作业就成为激发学生潜能的一片崭新而辽阔的天空,也成为通向课堂教学特色的思维"快速路"。